La biblioteca,
el corazón de la escuela

Jaume Centelles Pastor –L'Hospitalet (Barcelona), 1954– es maestro de la escuela de Sant Josep-El Pi, y compagina la docencia directa en la educación infantil con algunas horas de responsabilidad en la biblioteca escolar. Ha impulsado, conjuntamente con el equipo de la biblioteca, un programa de invitación a la lectura con acciones semanales para los diferentes niveles educativos.

Forma parte del grupo de trabajo *¿La lectura: pasión o presión?* de la Asociación de maestros Rosa Sensat, y del grupo Bibliomedia, adscrito a la Federación de Movimientos de Renovación Pedagógica de Cataluña.

Colabora con el servicio de bibliotecas del Ayuntamiento de L'Hospitalet en la selección de lecturas que han de leer los niños y las niñas de quinto de primaria que participan en la actividad *La liga de los libros*, y contribuye a hacer la *Maratón de los cuentos*, que se organiza cada año durante las Fiestas de Primavera, una acción de participación ciudadana extraordinaria.

Dados Internacionais de Catalogação na Publicação (CIP)
(Câmara Brasileira do Livro, SP, Brasil)

Centelles Pastor, Jaume
   La biblioteca, el corazón de la escuela / Jaume Centelles Pastor. -- São Paulo : Cortez, 2016.

ISBN 978-85-249-2458-3

1. Bibliotecas escolares I. Título

16-04813   CDD-027.8

Índices para catálogo sistemático:

1. Bibliotecas escolares : Proposta de trabalho   027.8

Jaume Centelles Pastor

La biblioteca, el corazón de la escuela

La edición en catalán de esta obra, *La biblioteca, el cor de l'escola*, ha recibido el Premio de Pedagogía Rosa Sensat 2004

La realización de este trabajo ha sido posible gracias a una licencia de estudios concedida por el Departament d'Educació de la Generalitat de Catalunya (DOGC núm. 3926, de 16/72003)

Adaptación al castellano: Manuel León Urrutia

Direitos de impressão no Brasil — Cortez Editora

Rua Monte Alegre, 1074 – Perdizes
05014-001 – São Paulo – SP Tels.:
(55 11) 3864-0111 / 3611-9616
cortez@cortezeditora.com.br
www.cortezeditora.com.br

Nenhuma parte desta obra pode ser reproduzida ou duplicada sem autorização expressa dos autores e do editor.

© Jaume Centelles Pastor

© Ediciones OCTAEDRO
Bailén, 5 - 08010 Barcelona
Tel.: 93 246 40 02 – Fax: 93 231 18 68
email: octaedro@octaedro.com

Edição original
ISBN: 978-84-8063-299-2007 (Octaedro)

Producción editorial: Servicios Gráficos OCTAEDRO

Impresso no Brasil — agosto de 2016

Índice

1. **La biblioteca, el corazón de la escuela o la relación entre un libro, una cuchara y un martillo**
   Una miscelánea de la práctica educativa, a modo de presentación ... 9

2. **La pedagogía de los sentimientos y su implicación en el proceso de creación de contextos de aprendizaje**
   El Programa de Invitación a la Lectura (PIL) y otras consideraciones acerca del acto lector ... 25

3. **Del *Orbis pictus* a *¡No es fácil, pequeña ardilla!* o un viaje sucinto por la literatura infantil de los últimos tres siglos y medio**
   Algunas lecturas recomendadas para la educación infantil y primaria ... 35

4. **En aquel tiempo de los catorce vientos... o por qué las golondrinas hacen el nido en los aleros de las casas**
   La influencia de la biblioteca escolar en la evolución personal del alumnado de ciclo infantil ... 57

5. **Castañas, barquillos, cuchufletas, y dragones o cuando las ondas cotidianas se alteran y se proyectan más allá de los márgenes, ¡fiuuuu!**
   La participación de la biblioteca escolar en el ciclo festivo ... 83

6. **Entender la biblioteca o qué poco importa si antes fuiste monstruo o bandolero**
   La biblioteca escolar y la formación de usuarios autónomos ... 101

7. **Las exposiciones creativas sobre un libro o cuando las alegres lavanderas blancas nos alegran la vida**
   La biblioteca escolar se transforma, cíclicamente, en un museo 111

8. **Amar la poesía o cómo leer los versos escritos sobre la piel de una gota de agua**
   Biblioteca y poesía, un binomio indivisible 141

9. **Recordando a Rodari**
   Un capítulo que nos quiere acercar a la figura y a la obra del autor de la *Gramática de la fantasía* 153

10. **La aventura de escribir un libro o de las hierbas mágicas que crecen sobre las nubes**
    La biblioteca escolar como impulsora de la creación de libros colectivos 173

11. **«De rana a rana y tiro porque...» o cómo saber si dentro de la jaula hay un kiwi ave o un kiwi fruta**
    La biblioteca escolar como favorecedora de las posibilidades educativas del juego 193

12. **Ven conmigo a la biblioteca, dubi, dubi, dubi, dubi, dubi, dubá**
    Ejemplos de acciones de invitación a la lectura en la educación primaria 215

13. **Café y libros o cuando la biblioteca huele a verbena**
    Una interacción de las familias con la escuela a partir de la biblioteca escolar 229

14. **Sísifo, el mito del esfuerzo inútil o cuando el voluntarismo, la tenacidad y la constancia se diluyen inevitablemente por la falta de consistencia legal**
    La normativa que regula el funcionamiento de las bibliotecas escolares 245

    Agradecimientos 261

    Bibliografía 265

CAPÍTULO 1

La biblioteca, el corazón de la escuela o la relación entre un libro, una cuchara y un martillo

UNA MISCELÁNEA DE LA PRÁCTICA EDUCATIVA, A MODO DE PRESENTACIÓN

> No se obtendrán resultados en lectura si no se les proporciona a los niños el placer de leer, el gusto por las palabras. La escuela no puede hacerlo sola. Todos sabemos cómo el medio, en particular el medio familiar, genera una función importante en este dominio [...] pero es a la escuela a la que le corresponde plantar las bases de esta práctica de la lectura. La biblioteca es el corazón de la escuela.
>
> LIONEL JOSPIN[1]

Un día cualquiera (anotaciones del diario del maestro)

A las tres menos cuarto de la tarde de un viernes, el maestro está preparando una sesión de cuentos para los niños y las niñas de cinco años. Como cada semana, treinta y dos viernes cada curso. Coloca las sillas en semicírculo, veintiséis sillas. Es una manera cómoda y práctica de situarse cuando se escucha una narración. El semicírculo facilita que todos puedan ver al narrador y a su vez permite que los niños puedan compartir la misma sensación y sentirse cercanos los unos de los otros, además de propiciar las miradas de complicidad, y las emociones comunes.

Enciende la luz roja que se esconde en un rincón, bajo los troncos de la chimenea. El ambiente se torna cálido y se suspende en la calma. Todo está a punto: las cortinas cerradas, el suelo limpio, los libros del día en su sitio y a punto para ser redescubiertos...

En el otro lado de la sala hay un espacio con mesas y sillas. Es la zona de los libros de no ficción y habitualmente está ocupado por los alumnos mayores, buscando datos para sus investigaciones o leyendo. Hoy hay una maestra que remueve entre los documentos de la colección local buscando una información acerca del crecimiento de la población de L'Hospitalet, para preparar unas clases con los chicos y las chicas de quinto de primaria –la escuela siempre se ha esforzado por ir abasteciendo este fondo y en la actualidad hay más de trescientas entradas sobre la ciudad.

Se oyen pasos. Es el grupo de los «pingüinos», los párvulos de P5. El maestro sale a recibirlos al pasillo y los invita a entrar. Se van sentando en orden y en silencio. Miran la mesa que ha preparado, buscan al duende, comprueban que todo está en su sitio. Un pensamiento en forma de *flash back* pasa por la cabeza del adulto que los observa y piensa en cómo han crecido. Recuerda las primeras sesiones, justo hace dos años, y el griterío que se organizaba, la cantidad de libros que se habían echado a perder –el tributo de todos los años con los de P3– y los buenos ratos que pasaron con los cuentos del mar.

Observa a Antoni[2] y su jersey naranja desgastado. No falla nunca: se lo pone todos los viernes porque el jersey naranja es el pasaporte para mecer entre sus brazos al duende «Sentadillo», la mascota de la biblioteca, que sólo se deja tocar por quien lleve una pieza de ropa de ese color.

También mira a Mercè, que el año pasado le definió perfectamente el lugar donde se encuentran. Mercè tenía dificultades para ordenar los días de la semana, al igual que muchos de sus compañeros, y a menudo preguntaba, cuando se encontraban por los pasillos o coincidían en el patio:

–¿Hay hoy *viruteca*?
 –No, Mercè, todavía faltan tres días –le respondía.
 –¿Hoy hay *viruteca*? –insistía al día siguiente.
 –No Mercè, hoy es miércoles. Y se llama biblioteca, ¡bi-blio-te-ca!, ¿a ver cómo lo dices?
 –*Vi-ru-te-ca* –decía, y se iba corriendo.

El diálogo se repetía a menudo. El maestro sonreía y ella lo miraba como diciendo «¿Es que no lo entiendes?». Finalmente, lo comprendió. Mercè tenía razón. El espacio de la escuela donde están la mayor parte de los libros, más o menos bien clasificados y catalogados, no es todavía una auténtica biblioteca, aunque está en proceso, eso sí, pero no se puede considerar más que un proyecto apasionante, vivo, al cual se dedican muchas horas y muchos esfuerzos, pero que no es más que una *viruteca*, a pesar de que algún día será una verdadera biblioteca escolar.

Se hace el silencio y la sesión comienza. Se abre una caja y aparece un pequeño libro. Es de Taro Gomi y se titula *Hay un ratón en la casa*.³ Van pasando las páginas y se va narrando la historia. Lo miran y se ríen. Después el maestro comenta que está escrito en castellano y que si quieren lo pueden volver a mirar y pueden jugar a adivinar las palabras.

–¡Sí, sí! –dicen.
–Empecemos, entonces; mirad, dice así: «sin ninguna invitación, entra en la casa un...»
–¡Ratolí! –comenta uno [*ratolí* es ratón en catalán].
–¡Ratón! –comenta otro.
–Eso es –les dice–, «sin ninguna invitación, entra en la casa un ratón».

Aplauden y continúan haciendo rimas y riendo como locos.
Al acabar, les anuncia que el próximo día escucharán y aprenderán la canción de esta historia.
El segundo libro que se presenta va también de ratones: *Rufus y las piedras mágicas*.⁴ Lo miran y escuchan la aventura con detenimiento y, cuando se acaba, hablan de la naturaleza y qué hay que hacer para su conservación.
A continuación llega el momento importante, el **cuarto de hora del cuento**. Hoy se contará *La ratita presumida*.⁵ Es un libro publicado por Kalandraka, una de las editoriales que mejor está trabajando últimamente, con ideas innovadoras y un diseño muy moderno y arriesgado. El libro es de José Antonio López Parreño. Se trata de un álbum ilustrado diferente: los personajes están hechos con algún elemento musical y en un primer momento se puede pensar que la lectura de las imágenes va a resultar difícil para el alumnado del ciclo infantil.
Cuando se preparaban las sesiones trimestrales, el maestro dudó en el momento de incluir este álbum porque no conocía al autor. Entonces, llamó a la editorial para pedir información acerca del mismo y le comentaron que se trataba de un cómico de títeres de Madrid. Una segunda llamada a los compañeros del Servicio Permanente de Bibliotecas Escolares de Fuenlabrada⁶ le situó sobre la pista definitiva. Le explicaron que este libro son las fotografías de una de las historias que se narraban en el Parque del Retiro, en las sesiones de títeres que allí se representan habitualmente.

Se decidió que la idea parecía adecuada y el maestro, con la ayuda del equipo de biblioteca y algún padre habilidoso, montó los personajes como en el libro. Hoy lo explica con los personajes y los instrumentos musicales. Los niños lo entienden bastante bien, sobre todo cuando después se muestran las ilustraciones del libro.

–¡Ah!, ¡Sí, mira, es la ratita!
–¡Claro!, ¡y éste es el gato!

Está contento porque la apuesta era difícil. No siempre tenemos claro que los niños y las niñas puedan entrar en el juego de los símbolos y en los diferentes lenguajes visuales que se les presentan. Pero en este caso, sí.

–¿Sabes? –se acerca discretamente un alumno–, me ha gustado el cuento, sobre todo el final, cuando el ratón se casa con la ratita. En casa tengo dos campanas pequeñas que traeré para que hagas como si fuesen sus dos hijos, ¿vale?
–¡De acuerdo!

Los últimos momentos de la sesión se dedican a mirar libremente los libros que se han preparado para hoy. Unos niños se agrupan por parejas, otros se sientan en la alfombra a mirar su álbum, muchos se acercan a los maestros y piden que se les lea tal cuento o tal otro.

–¿Puedes contarme éste?
–¿*El túnel*?[7] ¡Pero si ya lo hemos leído más de diez veces!
–Bueno, pero me gusta...

Y le vuelve a leer *El túnel*. Se agregan tres más, se arrebujan bien cerca, observan los dibujos, imaginan el miedo del hermano mayor y la preocupación de la hermana pequeña.

–¡Anda!, mira este árbol, ¡si parece un zorro!
–Y esta casita pequeña que está en medio del bosque, lejos...
–¡El túnel es húmedo!
–¡Y oscuro!
–¡Y largo!

Pasa la hora y deben volver a clase. Empiezan a recoger y a ordenar los libros en las estanterías. La maestra que les acompaña mira al maestro y le guiña el ojo como diciendo «ha ido bastante bien».

–El poder de la palabra, ¿sabes? El otro día vinieron los de quinto y les expliqué unas cuantas historias de misterio y, antes de marcharse, Marc me dijo que se lo había pasado muy bien y que le gustaba que les contase historias, que leer está bien pero que si te lo explican es más emocionante. Debe ser eso, ¿no?
 –¡Me lo creo, me lo creo! Sólo hay que ver la cara que ponen las criaturas. Además, es una experiencia tan rica y educativa, ¿no?
 –Sí.

El «regalito» del duende en una mano, el cromo en la otra y la mirada risueña. Hasta la semana siguiente.

Es probable que, mediante acciones como la descrita, los alumnos lleguen a comprender que en los libros duermen el saber, las ilusiones, los sueños..., y que a través de las narraciones y de las lecturas personales se pueden encontrar a ellos mismos, pueden ser felices, pueden vislumbrar un pedacito de libertad.

¿El corazón de la escuela o de la comunidad?

La biblioteca es el corazón de la escuela. Está situada en un lugar accesible, principal y con una clara función de soporte a la enseñanza. Es el centro gravitatorio sobre el cual descansa una buena parte de los materiales que van a ayudar al crecimiento intelectual de nuestro alumnado.

Lo que tenéis en las manos es el resultado de la voluntad de un grupo de maestros y maestras comprometidos con una escuela, un barrio, un alumnado y unas familias que confían en el proyecto pedagógico y el carácter particular del centro donde se educan sus hijos e hijas.

Un proyecto se hace realidad cuando detrás hay un fundamento teórico que lo sustenta y unas personas que creen en él. Parece que el camino iniciado hace unos cuantos años y los esfuerzos que se han hecho han convertido nuestra experiencia en un pequeño referente. Nuestra particular transmutación bibliotecaria ha sido fundamentada y otros factores externos que pueden ser determinantes han ido acercando posiciones hacia nuestra idea de hacer de la lectura una prioridad.

Muchas voces apuntan que aprender a leer y escribir –y hacerlo frecuentemente y con placer– es la base de todo aprendizaje posterior, incluso en los aspectos que hacen referencia a los valores y las conductas. Es evidente que no es suficiente con saber leer correctamente, pero es que sin este conocimiento todo es más difícil y complicado.

Las experiencias y los pensamientos que presentamos son una parte de las reflexiones que como escuela hemos ido generando durante los últimos veinte años, equivocándonos unas veces, con éxito otras.

Contamos con un colectivo de maestros estable, entusiasta y diverso. Contamos con el soporte incondicional del servicio de bibliotecas del ayuntamiento de la ciudad, que nos ha asesorado siempre que se lo hemos pedido, y contamos con unas familias entregadas fielmente al proyecto.

El objetivo principal, el objeto de nuestros esfuerzos, es ayudar a nuestro alumnado en su formación, poniendo a su alrededor todos los elementos necesarios para que se desenvuelvan aunque, como explica Philippe Merieu,[8] no siempre se consigue (¡claro!):

> Debemos admitir que lo que es «normal» en educación es que la cosa no «funcione»: que el otro se resista, se esconda o se rebele. Lo que es «normal» es que una persona que se construye ante nosotros no se deje llevar o que incluso se oponga, a veces simplemente para recordarnos que no es un objeto en construcción sino un sujeto que se construye.

La biblioteca es un lugar donde buscar información pero es también un lugar de encuentro, lugar de aislamiento para uno mismo, lugar donde estudiar, compartir, evadirse. La función tradicional de la biblioteca escolar no ha perdido su sentido, pero es necesaria una adaptación a los nuevos tiempos. Últimamente hemos oído calificativos tales como *mediateca, centro de información, centro de documentación* o *centro de recursos,* posiblemente porque la llegada de las tecnologías de la información y la comunicación (TIC) a las escuelas, nos está haciendo replantear el acceso a la búsqueda de información. A nosotros nos gusta la palabra *biblioteca* –del griego *biblíon*, libro– y es la que usamos para definir el espacio objeto del presente ensayo, a pesar de que los anaqueles se están llenando de discos compactos, cederrones, DVD y vídeos, que hay ordenadores conectados a diferentes redes (intranets, internet) y que las nuevas posibilidades que se nos ofrecen provocan toda clase de reflexiones. La conexión en red con otras escuelas y bibliotecas públicas, por ejemplo, multiplica la oferta de recursos de una manera exponencial, si hay una buena coordinación.

Tradicionalmente, la palabra *biblioteca* ha ido asociada al libro. Decía Sartre:[9]

> Un instante después lo comprendí: era el libro quien hablaba. De él salían frases que me daban miedo: eran verdaderos ciempiés, hervían de sílabas y letras, estiraban los diptongos, hacían vibrar las consonantes dobles. Unas veces desaparecían antes de que las pudiese comprender, otras...

Otro aspecto que hay que considerar es el enfoque que se le da a la enseñanza. Hasta hace no demasiado, la escuela (y el instituto y la universidad) tenía la obligación de preparar al alumnado para la incorporación al mundo del trabajo en las mejores condiciones. Ahora parece que esta formación no se termina en las aulas y, en muchos trabajos, se habla de formación continua. Las tecnologías nos hacen pensar en un punto de acceso al saber y la biblioteca se convertirá probablemente en eso: un punto de partida dinámico y cambiante en vez de un simple almacén de libros. ¿Podríamos pensar, entonces, que su función actual se está perdiendo? Si, ahora, desde cualquier lugar y a cualquier hora podemos acceder a la información, ¿tendrá sentido la biblioteca en un futuro no muy lejano?

Creemos que sí, que la biblioteca seguirá siendo, probablemente, el corazón de la escuela, pero habrá que considerar la incorporación de las TIC y parece necesario resaltar que se necesitarán maestros bibliotecarios preparados para ayudar a los niños a moverse tanto por los libros como por la red y, además, las escuelas deberán emplear los medios informáticos para difundir sus especializaciones y su tarea al resto de la comunidad educativa.

Imaginemos una escuela de Tarragona que elabora un material didáctico sobre la ciudad romana o imaginemos una escuela de La Garrotxa (zona volcánica de Cataluña) que tiene unos materiales valiosos sobre vulcanismo. Si lo *cuelgan* en la red y todas las escuelas están conectadas, quien quiera podrá bajar esta información al momento, desde la escuela pero también desde casa, porque cualquier chico o chica tendrá acceso a la biblioteca de su centro y, de rebote, a todas las bases de datos y documentos del resto del país (¡incluso del mundo!).

Se nos abren nuevas reflexiones: ¿qué horario tendrá el servicio de biblioteca?, ¿quién tiene que sacar provecho?, ¿sólo el alumnado?, ¿toda la colectividad?

En este sentido, actualmente algunos centros que dependen del Ayuntamiento de Barcelona –las escuelas municipales– ya están interconectados con un programa de gestión de bibliotecas, llamado Absys, que les permite conocer todo el material que hay en los diferentes centros.

Las tecnologías están aquí y el proceso es irreversible. Las TIC nos permitirán el acceso a toda clase de servicios educativos y de ocio, la posibilidad de publicar y difundir los conocimientos generados por un centro o por un aula determinada y establecer contacto inmediato con las demás escuelas, grupos de alumnos o maestros de todo el mundo. Para facilitar este acceso habrá que abrir la biblioteca más horas, conseguir máquinas y programas específicos con puntos de conexión en la red y cierta especialización.

Probablemente, la biblioteca escolar pasará a ser una biblioteca tradicional en horario lectivo y estará abierta las veinticuatro horas del día para las personas que se están formando continuamente.

Las máquinas nos ayudan pero no cambiarán la escuela por sí solas. Cuando se inauguró la nueva Biblioteca de Alejandría, Umberto Eco apuntaba[10] que pese a los ordenadores, Internet y el hipertexto, los libros eran, son y serán imprescindibles para las personas:

> Si naufragamos en una isla desierta, donde no hay posibilidad de conectar el ordenador, el libro sigue siendo un instrumento valioso. Aunque tuviéramos un ordenador portátil con batería solar, no nos sería fácil leer su pantalla mientras descansamos estirados en una hamaca. Los libros siguen siendo los mejores compañeros de naufragio. Los libros son de esa clase de instrumentos que, una vez fueron inventados, no se han podido mejorar, simplemente porque son buenos. Como el martillo, el cuchillo, la cuchara o la tijera.

Las experiencias que presentamos en los capítulos siguientes son fruto de las reflexiones del equipo del servicio de biblioteca del CEIP Sant Josep-El Pi. Se trata de un centro público situado en el barrio de Sant Josep de L'Hospitalet, con unas connotaciones similares a muchas escuelas de Cataluña y, por lo tanto, buena parte de lo que contamos podría prolongarse fuera de los límites de la escuela.

Estamos asistiendo a una propagación extraordinaria del interés por crear marcos teóricos que fomenten el funcionamiento de las bibliotecas escolares. Desde la década de los ochenta del siglo pasado se ha manifestado una preocupación de los maestros por asistir a cursillos y jornadas, formar parte de los grupos de trabajo y leer los artículos y libros que se han ido publicando. Con motivo de la aprobación de la Ley de Bibliotecas de Cataluña, aparecida en 1993, este interés ha aumentado y ahora nos encontramos ante una oportunidad histórica de concretar el modelo ideal de biblioteca escolar. Harán falta las aportaciones de muchos estamentos, de personas que hayan reflexionado, de las referencias de otros países que, posiblemente, van unos pasos por delante de nosotros, de las experiencias del Colegio de Bibliotecarios y Bibliotecarias. Y también hará falta la implicación de los docentes, maestros que tienen un bagaje importante y que han experimentado, con más o menos acierto, tratando de encontrar los argumentos que ayuden a los chicos y chicas de nuestras escuelas a disfrutar de los beneficios que proporciona la lectura, a disfrutar de una lectura con la que se accede al saber, que favorece el conocimiento de nuestra lengua, que nos enriquece el vocabulario, que nos da la posibilidad de ser críticos y de pensar y nos ensancha los horizontes.

Nuestro caso no es diferente. Hace años que dedicamos horas y esfuerzos a hacer posible el funcionamiento de la biblioteca escolar. Año tras año, semana tras semana, hemos ido efectuando acciones de todo tipo: con el alumnado, con madres y padres, publicaciones internas, asistencia a jornadas, intercambios con otras escuelas de Cataluña o de fuera, asesoramientos, etc. La biblioteca se ha convertido en un elemento indispensable, un elemento fundamental del quehacer diario y de las relaciones del centro educativo.

Se han impulsado una serie de acciones que nos tienen que abocar a hacer de nuestros alumnos unos lectores que sean capaces de entender, de relacionar, de encontrar y comparar las informaciones, a la vez que se van aficionando a la lectura recreativa y como fuente de placer.

De entre las **funciones de la biblioteca** de la Escuela de Sant Josep-El Pi, que desarrollaremos en los capítulos posteriores, señalamos las siguientes:
- ▸ Promover la lectura.
- ▸ Ayudar a despertar la curiosidad por los libros; ofrecer novedades.

- Orientar al alumnado, padres y madres en la elección de sus libros.
- Facilitar la bibliografía seleccionada.
- Enseñar a cuidar los libros y a respetarlos.
- Formar al alumnado en el manejo de la información.
- Favorecer el acceso a diversas fuentes de documentación.

Son **objetivos generales** de la biblioteca escolar:
- Proporcionar un soporte continuo al programa de enseñanza-aprendizaje.
- Impulsar el cambio educativo.
- Asegurar el acceso a toda clase de recursos y servicios.
- Dotar al alumnado de las herramientas básicas para obtener informaciones.
- Habituar al alumnado a emplear la biblioteca con finalidades recreativas, informativas y de educación permanente.

Para dar respuesta a uno de los objetivos generales del área de lengua –*emplear la lectura como fuente de placer, de información y de aprendizaje, y como medio de perfeccionamiento y enriquecimiento lingüístico y personal*– durante los últimos años de implantación del Programa de invitación a la lectura en la escuela, se han elaborado múltiples propuestas de acciones en los diferentes niveles. Estas acciones abordan los conceptos básicos del currículum escolar relativos a la lectura, insistiendo en la *adquisición de procedimientos como la lectura crítica y comprensiva, el uso de fuentes de información variadas y documentos y el desarrollo de estrategias de búsqueda, recuperación y transmisión de la información.*

Se han programado noventa y seis sesiones para el alumnado de educación infantil –treinta y dos por nivel– que se han experimentado semanalmente.

Para los niños y niñas de educación primaria se han programado ciento noventa y dos actividades –treinta y dos para cada nivel– algunas de las cuales son acciones colectivas que implican a toda la escuela.

El modelo de biblioteca escolar que defendemos quiere centrarse en su finalidad, en un *para qué*, evitando de entrada una concepción más organizativa que fija su interés en un *cómo*. Por este motivo, en el presente trabajo no encontraréis ningún capítulo que explique cómo estructurar el espacio ni cuál es el proceso de catalogación de los libros; no se explica tampoco cómo seleccionar los fondos, qué horarios son los más indicados, ni otras cuestiones de ordenación del espacio. Hemos centrado las explicaciones en las acciones o actividades concretas que hacemos de forma habitual relacionadas básicamente con el «goce de la lectura», intentando ofrecer ideas prácticas y soluciones pedagógicas concretas. En determinados puntos hemos anotado algunas indicaciones teóricas.

Tampoco entramos en la parte de la vida de la biblioteca que tiene que ver con la búsqueda de informaciones, aunque consideramos imprescindible en cualquier proyecto orientar al alumnado y ayudarlo a saber distinguir entre los libros de ficción y los de conocimientos, conocer y utilizar las diferentes fuentes de información, distinguir los tipos de documentos, identificar qué podemos encontrar a partir del índice, del sumario, reconocer la parte relevante de un escrito, saber interpretar los datos bibliográficos o saber utilizar los procedimientos de búsqueda y tratamiento de la información. Este aspecto es merecedor de una explicación más exhaustiva y limitaciones de espacio nos obligan a aparcarlo momentáneamente.

El presente trabajo está estructurado en capítulos que abordan cada uno de ellos un aspecto determinado de la vida de la biblioteca. Encontraréis:

Un capítulo, el segundo, en el que hacemos unas breves consideraciones acerca del hecho lector y defendemos la importancia de forjar un buen programa de invitación a la lectura desde la biblioteca general, insistiendo en la necesidad de implicación del claustro de maestros a la hora de conseguir transformar este espacio en un verdadero motor de la actividad docente.

El capítulo número tres hace un repaso de los principales libros que desde hace tres siglos han acompañado a los niños, proporcionándoles conocimientos y entretenimiento. Nos detenemos en los libros que se pueden encontrar en el mercado y hacemos una clasificación de lecturas dirigidas al alumnado de los diferentes ciclos educativos atendiendo a las orientaciones piagetianas del crecimiento mental y social de los niños. No es una selección exhaustiva pero creemos que la muestra es suficientemente significativa para ofrecer una pista y dar a entender por dónde se mueven en la actualidad los materiales de las distintas corrientes literarias.

El capítulo cuatro se centra en cómo organizar las sesiones con el alumnado de ciclo infantil y en qué efectos beneficiosos reporta a estos niños y niñas el contacto semanal con la biblioteca. Se valora especialmente la hora del cuento y se dan indicaciones sobre cómo contar las narraciones y cuáles son las acciones para conseguir que este acto comunicativo sea realmente mágico.

La lectura de los capítulos que siguen, del quinto al duodécimo, no es necesario que se haga en orden de numeración. Cada uno de ellos representa un aspecto puntual de la actividad que se desarrolla en la biblioteca en diferentes momentos del curso escolar.

Así, encontraréis un capítulo, el quinto, que plantea las sesiones que se organizan cuando la escuela se ve inmersa en las fiestas del ciclo escolar, deteniéndonos en las cuatro fiestas principales: la *Castañada,* la Navidad, el Carnaval y *Sant Jordi.*

El capítulo sexto comenta la necesidad de dedicar algunos momentos a hacer de los alumnos personas autónomas que puedan gestionar el acceso a los materiales de la biblioteca y puedan encontrar las informaciones con garantías de éxito.

El capítulo séptimo está dedicado a una de las acciones más espectaculares y que requieren más esfuerzos, a la vez que implican a toda la comunidad escolar: son las exposiciones creativas alrededor de un libro y representan la culminación de un proceso que dura meses. Es posiblemente la actividad de la que nos sentimos más satisfechos. Concretamente se explican cuatro exposiciones y en una de ellas, dedicada a la luna, se hace una explicación detallada de cada una de las actuaciones.

No queríamos dejar de incluir un capítulo dedicado a la poesía, todavía demasiado olvidada en la vida escolar, la cual a pesar de su brevedad e inmediatez puede ser una herramienta valiosísima para ayudar a los chicos y las chicas a reflexionar y a entender el mundo que les rodea. Planteamos dos tipos de acciones: una referida a la lectura de poemas y la segunda dedicada a ayudar a los niños en su proceso creador. De poesía, hablaremos en el capítulo ocho.

Gianni Rodari da pie, en el capítulo siguiente, para ejemplificar cómo trabajar un autor de literatura infantil y juvenil. Comentamos cinco actividades posibles, algunas directamente relacionadas con la *Gramática de la fantasía* y otras relacionadas con los libros de Rodari. Este autor, premio Andersen en el año 70, nos da la posibilidad de estimular mediante técnicas concretas la creación de narraciones literarias. No es el único autor que nos lo permite, pero sí uno de los más fácilmente adaptables. Naturalmente hay otros nombres interesantes que permiten una profundización que, sin duda, será riquísima.

El capítulo décimo enlaza con el anterior y reflexiona sobre la creación colectiva de libros, atendiendo tanto a los aspectos relacionados con la creación propiamente dicha, como a los aspectos formales de ilustración, maquetación, encuadernación, etc. Al final del capítulo añadimos dos ejemplos de libros elaborados por el alumnado de ciclo inicial a partir de dos lecturas: *Historia de un círculo rojo* y *El sueño de Fellini*.

La actitud lúdica con la que encaramos a menudo las actividades se puede entender mucho mejor con los ejemplos que proponemos en el capítulo undécimo. A partir de normas de juegos populares conocidos por todos, podemos hacer lecturas en voz alta, descubrir títulos, conocer los elementos de un libro, obtener conocimientos diversos, etc. Las normas del juego de la oca, del Trivial Pursuit, de las palabras encadenadas, etc. nos ayudan a difundir los títulos que queremos potenciar.

El capítulo duodécimo concluye esta parte dedicada al alumnado y es como una especie de cajón de sastre donde comentamos algunas de las acciones de las llamadas *habituales*. Es un abanico que pretende ofrecer diversos enfoques de lo que se puede hacer en la biblioteca. Hay acciones relacionadas con la actividad musical, con la expresión plástica, generadores de debate sobre temas controvertidos, policiacos, etc.

En el penúltimo capítulo queremos explicar el funcionamiento de unas tertulias muy especiales que se organizan con los padres y las madres de la escuela y que tienen como finalidad ofrecer un espacio de discusión y de debate que pueda servir para enriquecer a las personas que asisten. Las llamamos *Café y libros* y tienen una periodicidad mensual. Se incluyen tres resúmenes de tres tertulias concretas.

El último capítulo es informativo y presenta el estado de la cuestión legal en estos momentos. Se basa en las normativas y leyes que teóricamente deberían sustentar el objetivo largamente reclamado y deseado de conseguir un soporte legal y efectivo para el buen funcionamiento de las bibliotecas escolares.

Estamos viviendo en un país tecnológicamente avanzado, plural, democrático, en el que la cultura, la formación y la información son fundamentales para el crecimiento y la integración del alumnado. La biblioteca escolar, además de estar dotada de tecnología, debe responder a una visión más amplia, humanista, incluso crítica, de la sociedad.

Un funcionamiento adecuado de la biblioteca escolar incide positivamente en el alumnado y le ayuda a adquirir las competencias básicas en los distintos niveles educativos, especialmente en las áreas de lengua y de conocimiento del medio social pero también, en menor proporción, en las áreas de matemáticas, medio natural, educación artística y musical y educación visual y plástica.

Muchos de los contenidos y objetivos didácticos del segundo y tercer nivel de concreción tienen que ver con el desarrollo del gusto por la lectura, la investigación y el tratamiento de la información y el conocimiento de la biblioteca.

La biblioteca escolar posibilita, de manera global, el trabajo en la educación en valores y la convivencia, porque permite la democratización de los medios y de los materiales de aprendizaje, los cuales pone a disposición de todos sus usuarios.

La biblioteca escolar, además, es compensadora de las desigualdades porque proporciona los recursos de que dispone a los alumnos y a las familias con menos capacidad cultural y económica.

> Las bibliotecas como instituciones flexibles y adaptadas a las necesidades de la comunidad, pasan a ser parte activa para la construcción de una sociedad cívica. El hecho de que sean espacios abiertos a todo el mundo y que en ellos se pueda entrar sin tener que pedir permiso, los convierte en lugares ideales para la socialización.[11]

La biblioteca escolar es un espacio de convivencia porque puede ofrecer un ambiente relajado, de reflexión y de aprendizaje. Es un buen lugar para practicar la cooperación, un sitio donde los niños comparten trabajos, tiempos, esfuerzos y lecturas.

La biblioteca escolar contiene muchos materiales que ayudan a la reflexión. Cuentos, escritos que ayudan a pensar, a crecer, a amar al mundo que nos rodea, a comprender a las personas, a tener conciencia de la diversidad.

Hemos entrado en un nuevo milenio y en una revolución tecnológica que no se detiene y permite que la información viaje más deprisa. Estamos interconectados, sí, pero las desigualdades sociales persisten y debemos encontrar los medios para romper las barreras de pobreza, de acercar el norte al sur, de luchar contra las diferencias. Tenemos medios para hacer la vida mejor, tenemos capacidad para construir hospitales, tenemos escuelas, parques públicos, transportes para todo el mundo, agua potable, aire puro, parques. Debemos tener medios para diseñar y para dotar a las escuelas de bibliotecas.

Todas las bibliotecas (las municipales, las de la Diputación, las escolares) son necesarias, son una parte activa en la construcción de la sociedad, son lugares privilegiados para la socialización, están abiertas a todo el mundo, son espacios donde los niños pueden descubrir libros, unos libros que activarán su mente, su imaginación y su creación.

En la biblioteca, los niños pueden hallar autoestima, comprensión, seguridad y atención. Allí se pueden escuchar historias, hojear libros, leer tranquilamente, cultivar la libertad de pensamiento.

Las bibliotecas son un derecho elemental, fundamental, de la infancia.

Notas

1. Lionel Jospin, ex ministro socialista francés, en un discurso del año 1990.
2. Hemos cambiado los nombres de los niños y las niñas para preservar su identidad.
3. GOMI, Taro. *Hay un ratón en la casa*. México: Fondo de Cultura Económica, 1993. Hay un cedé editado por el FCE con las canciones de algunos de los libros de la colección «A la orilla del viento», como *Hay un ratón en la casa*.
4. PFISTER, Marcus. *Rufus y las piedras mágicas*. Barcelona. Montena, 1998.
5. LÓPEZ PARREÑO, José Antonio. *La ratita presumida*. Barcelona: Kalandraka, 2002. (Libros para soñar).
   Este cuento lo explicamos a la manera de López Parreño con el soporte visual de los instrumentos musicales, que son los personajes del cuento.
6. El Seminario Permanente de Bibliotecas Escolares de Fuenlabrada, el grupo Abanico, es un colectivo de maestras y bibliotecarias que se reúnen cada quince días para asesorarse mutuamente sobre la organización y el funcionamiento de sus bibliotecas. Organizan cada año unas jornadas en el mes de septiembre –en el año 2005 se organizaron las undécimas– en las que participan muchos maestros.
7. BROWNE, Anthony. *El túnel*. México: Fondo de Cultura Económica, 1993. (A la orilla del viento)
8. MEIRIEU, Philippe. *Frankenstein educador*. Barcelona: Laertes, 1998.
9. SARTRE, Jean Paul. Escritos sobre literatura. Madrid: Alianza, 1985.
10. ECO, Umberto. Extraído de la revista electrónica *Imaginaria*, en cuya edición 118 se publicaba íntegro el texto de la conferencia que Umberto Eco ofreció

el 1 de Noviembre de 2003 con motivo de la reapertura de la Biblioteca de Alejandría.
11. PÉREZ IGLESIAS, Javier. «Las bibliotecas como bien público: el factor humano». Artículo publicado en la revista *Educación y biblioteca,* núm. 97 (enero de 1999).

CAPÍTULO 2

La pedagogía de los sentimientos y su implicación en el proceso de creación de contextos de aprendizaje

EL PROGRAMA DE INVITACIÓN A LA LECTURA (PIL) Y OTRAS CONSIDERACIONES ACERCA DEL ACTO LECTOR

> –El señor Hemingway dice muchas cosas que no entiendo –le dijo Matilda–. Sobre todo sobre los hombres y las mujeres. Me gusta igualmente. Su manera de explicarlo me hace sentir como si yo estuviese allí mismo mirando cómo pasa.
> –Un buen escritor te hará sentir siempre esa sensación –dijo la señora Phelps–. Y no te preocupes por los trozos que no entiendes. Échate atrás y deja que las palabras te sumerjan, como si fuesen música.
>
> ROALD DAHL[1]
> *Matilda*

El aprendizaje de la lectura es una de las preocupaciones históricas del profesorado. En las reuniones o conversaciones, la constante inquietud sobre los progresos del alumnado en este ámbito es motivo de debates y de interrogantes múltiples.

En la escuela se dedican abundantes esfuerzos personales y materiales a atenuar las carencias que a menudo se generan en el alumnado por causa de las deficiencias de comprensión lectora, la pobreza del lenguaje oral y escrito o la deficiencia de ciertos métodos de aprendizaje. Son horas y horas las que se dedican a la ortografía, a los dictados, a las descripciones, etc., con unos resultados exiguos, desesperantes.

Los maestros y las maestras somos profesionales que intentamos estar al día, nos esforzamos en encontrar lo mejor para que el alumnado aprenda a leer, programamos refuerzos de todas clases, preparamos fichas de comprensión, juegos de lenguaje y cuadernos, hacemos cursillos y leemos revistas especializadas…, pero parece que no tenemos éxito. La obcecación nos lleva a plantearnos soluciones fáciles del tipo «los niños de hoy en día están poco motivados», «ven demasiado la televisión y no leen», «no están atentos en clase», «están en la lectura mecánica y ya madurarán».

Si preguntamos a cualquier maestro o maestra por el sistema de lectoescritura que emplea en su centro, la respuesta será más o menos la misma. No hay un método definitivo, único. Los maestros y las maestras, especialmente los de educación infantil y del ciclo inicial de educación primaria, saben que, según la etapa y el momento, hay que tener presentes las orientaciones montessorianas, las instrucciones decloryanas o las indicaciones freinetianas por lo que respecta al «texto libre». Estos tres pedagogos nos dan la posibilidad de avanzar –y mucho– en la mecánica y la comprensión lectora. Pero posiblemente no sea suficiente y es necesario que nos hagamos la pregunta correcta. Más que preguntarnos cuál es el mejor método o cómo podemos enseñar a leer al alumnado, la cuestión es anterior: ¿qué es el lenguaje?, ¿qué es hablar?, ¿qué es leer?, ¿qué es escribir?

¿Qué es leer?

Ésta sería la pregunta. Tres sencillas palabras entre dos interrogantes que deberían tener una respuesta también sencilla, en principio.

En el Diccionario de la Real Academia de la Lengua Española encontramos: *pasar la vista por lo escrito o impreso, haciéndose cargo de los caracteres empleados*. Pero una segunda definición es más clarificadora. Dice: **leer es entender** *o interpretar un texto*.

Leer, aprender a leer, supone un esfuerzo considerable para el alumnado, para cualquier persona. Leer cuesta. En el acto lector se ponen en marcha unos mecanismos mentales y unas operaciones físicas realmente complejas, pero los esfuerzos que dedica el niño a aprender a leer, ya son *per se* los primeros pasos para conseguir el hábito lector. A menudo este hábito es anterior a tener automatizado el mecanismo. Podríamos decir que el proceso va en paralelo: a medida que va leyendo, el niño va adquiriendo una rapidez y una agilidad, va automatizando y le es más fácil comprender el texto.

Es en este «entender» donde debemos insistir. Isabel Solé[2] escribió: cuando un alumno se sumerge en la lectura hace algo muy diferente a «decir» aquello que está escrito en el texto.

Uno de nuestros objetivos como educadores debería ser conseguir que los alumnos no sean unos simples *leedores* –como diría

Borges–, sino que pasen a ser auténticos *lectores* capaces de emocionarse con la lectura de un poema de García Lorca, lectores a quienes tiemblen las manos cuando lean *La historia interminable*, que se enternezcan con el elefante Elmer, que se alíen descaradamente con Fabián contra la guerra, que crezcan y encuentren los argumentos y criterios que les permitan comprender la vida, conocerla y vivirla mejor.

En el hecho lector hay que considerar dos protagonistas. *El texto y el lector.*

El **texto** es el conjunto de signos y de símbolos gráficos que encontramos aglomerados como hormiguitas sobre el fondo blanco del papel –o de la pantalla del ordenador– y es el que aporta la información. Lo explica muy bien Bradley, el protagonista de *Hay un chico en el baño de las chicas*.[3]

–¿A que es sorprendente?
–¿Qué es sorprendente?
–La biblioteca. Todos esos libros... Y todos son diferentes, ¿verdad?

Carla asintió con la cabeza al tiempo que sorbía el zumo de Bradley con una pajita de refresco.

–Me he pasado todo el tiempo que he estado allí pensando en eso –dijo Bradley–. Todos los libros son diferentes, sin embargo, todos usan prácticamente las mismas palabras. Sólo que las ponen en un orden diferente.
–¿Has sacado...?
–En nuestro alfabeto hay veintiséis letras –afirmó–. ¡Basta con cambiarlas de orden para que signifiquen tantas cosas diferentes!
–¿Has sacado...?
–Lo más fácil sería pensar que después de un rato se agotarían las formas de colocarlas de forma diferente –reflexionó Bradley.
–¿Has sacado algún libro? –por fin logró preguntar Carla.
–No. La señora Wilcott no me deja. Hace mucho tiempo, antes de conocerte, solía sacar libros y no devolverlos. Solía garabatearlos y arrancar páginas. Así que ya no me deja sacar libros.

Bien, sólo tenemos estas escasas dos docenas de letras –si estuviéramos en la China de antes de la Revolución Cultural tendríamos más de 20.000 signos diferentes. Estos indicadores, palabras, sílabas o letras, ponen la información ante nosotros y entonces, si queremos, se produce un mecanismo fisiológico mediante el cual una serie de músculos alargados que tenemos a los lados de los ojos se contraen, se relajan y se paran durante unas milésimas de segundo para que podamos decodificar lo que hay escrito.

Para entender lo que leemos es necesario que el cerebro pueda comparar la información que le llega, procedente de los globos oculares, con los registros que tiene archivados. Si leemos, por ejemplo, *baina nik oraindik ez dakit irakurtzen*,[4] lo leeríamos, sí, pero podría ser que no lo entendiéramos.

Aquí es donde entra el segundo protagonista, **el lector**, que aporta, por un lado, los conocimientos particulares que tiene del mundo y que almacena en su memoria, su sensibilidad, sus gustos y sus prejuicios; y por el otro, los conocimientos sobre la estructura del texto, su identificación como género. No es lo mismo una noticia del periódico que una novela. En el caso de la literatura infantil el niño lector conoce o presupone unos personajes, unos temas y una estructura que pasa por unas fases más o menos similares: situación y presentación de los actores, desarrollo hasta llegar al conflicto o nudo y resolución final o desenlace.

No se defiende que la lectura sea fácil, más bien al contrario, la lectura debe significar descubrimiento, emoción. La lectura tiene que arrastrar al niño o la niña a un esfuerzo por comprender, por desenmascarar misterios. Los buenos libros actúan tensando la cuerda sin que se llegue a romper. Hemos de poner en manos de nuestro alumnado lecturas que propicien el contacto directo con un texto que debe ser recreado, imaginado, vivido, emocionado al fin y al cabo. Eso no siempre es posible. Las lecturas son un hecho individual, silencioso y misterioso.

Leer, ¿para qué?

Los beneficios que nos proporciona la lectura son múltiples y evidentes. Si hiciéramos una lista de diferentes provechos que podemos sacar del hecho lector obtendríamos, sin duda, respuestas diversas:

> ▸ Algunas incidirían en aspectos de crecimiento personal: la lectura da acceso al saber, favorece el conocimiento de nuestra lengua, nos enriquece el vocabulario, nos da la posibilidad de criticar, de pensar, ensancha los horizontes.
> ▸ Existirían respuestas más pragmáticas y utilitarias: la lectura nos sirve para buscar el nombre de una calle, para saber el

número de teléfono del señor equis, para entender un formulario, para leer el diario, para saber qué dice el prospecto de un medicamento.
- Finalmente aparecerían los aspectos lúdicos: la lectura nos proporciona placer, nos distrae.

Aún habría una cuarta razón: la lectura nos sitúa ante un enigma, una adivinanza. En realidad de lo que se trata es de llenar un vacío. La lectura nos entra como entra el aire en los pulmones. El aire no sólo entra y ya está. El aire entra porque en los pulmones hay un vacío y este vacío empuja al aire a entrar. Es este vacío el que hay que llenar, es así como respira la lectura. Hay un vacío que hay que llenar y sólo se puede llenar leyendo. Si no existe la necesidad de conocer, de resolver enigmas, de poco servirá que en casa o en la escuela tratemos de empujar las lecturas hacia adentro.

La invitación a la lectura

Esta parte importante de la vida escolar necesita, además, una implicación personal directa, una complicidad, una proximidad. En nuestra escuela denominamos al programa con las palabras **Programa de invitación a la lectura** y es en la palabra *invitación* donde ponemos más énfasis. Invitar quiere decir hacer partícipe a alguien de algo que te gusta. Invitar a un amigo al cine presupone que iremos juntos, invitar a merendar indica que charlaremos juntos en una cafetería, invitar a leer quiere decir ser cómplices de un viaje maravilloso. Kepa Osoro[5] lo define muy bien cuando habla de *lectura compartida*.

En la escuela practicamos la **pedagogía de los sentimientos**, y nuestra invitación, para que sea posible, necesita un maestro o una maestra capaz de emocionarse con las lecturas, que tenga interés por conocer. Es la única manera, la lectura de cerca, de distancias cortas. Es el placer de leer libros que nos ayuden a encontrar respuestas, a resolver enigmas que nos permitan explorar nuevos caminos, a repasar los nombres de cada cosa, a crecer, a transformarnos...; en definitiva, libros con todas sus sugerencias. Hay que estar muy cerca de los niños, de los libros. Debemos ser capaces de contagiar el placer por la lectura.

El hecho lector no se vive de la misma manera por parte de los niños, de los maestros o de los padres.

A los padres y a las madres hay que tenerlos informados. Es importante que conozcan la evolución de sus hijos, que conozcan que hay momentos que pueden parecer retrocesos pero que en realidad son reordenaciones de su pensamiento, que estén tranquilos y no comparen a su hijo con su sobrino que «es más pequeño y ya lee su nombre y el de sus hermanos»:

> –Ay, señorita –dice una madre–, ¡usted sí que sabe! No hace ni dos meses que el curso ha empezado y mi niño ya lee. ¡Yo que pensaba que no aprendería nunca! Usted sí que lo hace bien.
> –Mire, señora: su hijo ya hace tiempo que empezó a leer. No es de ahora. Ha pasado por muchas fases, por muchas etapas. Antes de venir a la escuela hacía una lectura perceptiva, miraba un cuento, veía un perro y decía «perro». Después, a los cuatro años, hizo una lectura combinatoria de descubrimiento de los significados, ahora está en una fase de lectura alfabética y más adelante entrará en una etapa de lectura universal. Tendrá ocho años y seguirá aprendiendo. De hecho, yo todavía estoy aprendiendo a leer y lo que tenemos que hacer con su hijo es seguir estimulando su deseo de leer, que encuentre placer, que no pierda el interés. La lectura sirve para todo y es para siempre.

Los niños y las niñas son otros lectores con intereses variables y diversos, con posibilidades y medios también diferentes.

Algunos viven el hecho lector de una manera natural. Son chicos que tienen libros en casa, que ven al padre o a la madre leyendo la prensa o una novela y para ellos es normal entrar en la lectura, en el mundo de los adultos. A estos niños no les costará, en principio, aficionarse a la lectura.

Otros viven envueltos de un ambiente poco lector, con muy pocos libros en casa y sin modelos a los que imitar. A algunos de estos niños y niñas les cuesta mucho más entrar en esta aventura, no lo ven como un hecho habitual, cotidiano.

Hay, evidentemente, muchas otras tipologías de alumnos. Los que tienen dificultades diversas, los que no quieren crecer, etc.

Finalmente, estamos los maestros y las maestras. Cada uno con nuestras posibilidades, con nuestros intereses. Hay quien cree que la lectura colectiva es válida y dedica sesiones a leer el mismo capítulo del mismo libro a toda la clase, con escasos resultados. A este maestro le cuesta entender que todos los niños son diferentes, le cuesta imaginar otra manera de acercarse a la lectura. Está convencido de que este sistema le ha funcionado y aún le funciona.

Fig. 1. Espacio de la biblioteca preparado para la narración de cuentos con el alumnado de ciclo infantil e inicial.

Así, año tras año, se empeña en hacer leer el mismo libro, sin tener presente que ni siquiera los grupos son iguales.

Hay, en cambio, maestros que potencian la biblioteca de aula, que la abastecen con materiales de la biblioteca general de la escuela y que dedican cada día momentos a leer libros en voz alta a su alumnado, a comentarlos, a conocer el nombre del autor, a imaginar cómo debe de ser. Son maestros que trabajan a partir de los intereses de su grupo. Algunos se inventan estrategias maravillosas con pocos recursos y son capaces de avanzar muchísimo. Es evidente que esta manera de proceder requiere más dedicación, más implicación emocional y más horas de preparación. Pero el esfuerzo suele ser recompensado.

Un elemento clave para alcanzar estos objetivos es el buen funcionamiento de una **biblioteca general de escuela** y de las diferentes bibliotecas de aula. Los esfuerzos de los claustros deberían ir en esta dirección. El modelo de biblioteca pública no sirve, no se puede extrapolar a la realidad escolar. Las aportaciones de la

Fig. 2. Otro espacio de la biblioteca escolar

biblioteconomía se han de tener presentes, naturalmente, porque son imprescindibles en la organización y el tratamiento de los fondos documentales, en las técnicas de difusión, en la concepción de los espacios, etc., pero las decisiones pedagógicas por lo que al funcionamiento de la biblioteca escolar respecta, deben sustentarse en otros supuestos ya que el alumnado es, cada vez más, *el verdadero protagonista de su proceso de aprendizaje* y ha dejado de ser un receptor de mensajes académicos. El concepto de enseñanza-aprendizaje tiene que ir ligado a unos objetivos que se concreten en las capacidades del alumnado y unos contenidos que integren tanto los aspectos conceptuales como los procedimentales y actitudinales, superando el marco de una enseñanza puramente transmisora de conocimientos localizados exclusivamente en el aula.

Notas

1. DAHL, Roald. *Matilda*. Madrid: Alfaguara, 2005.
2. SOLÉ, Isabel. *Estrategias de lectura*. Barcelona: Graó, 1997.
3. SACHAR, Louis. *Hay un chico en el baño de las chicas*. Madrid: SM, 2003 (El barco de vapor, 161).
4. ZUBIZARRETA, Patxi. *Dibújame una carta*. Desclée, 2001.
5. OSORO, Kepa (coord.). *La biblioteca escolar: un derecho irrenunciable*. Asociación Española de Amigos del Libro, 1998.

CAPÍTULO 3

Del *Orbis pictus* a *¡No es fácil, pequeña ardilla!* o un viaje sucinto por la literatura infantil de los últimos tres siglos y medio

ALGUNAS LECTURAS RECOMENDADAS PARA LA
EDUCACIÓN INFANTIL Y PRIMARIA

> [...] fíate de aquéllos a los que les gusta leer, fíate de aquéllos que siempre llevan encima un libro de poemas. Mira con desconfianza a los que te dicen que no tienen tiempo, que la literatura es una cosa bonita, que cuando eres joven puedes leer, pero después... mienten, les da igual. Mienten sabiendo que mienten.
>
> ROBERTO COTRONEO[1]

La producción actual de libros para niños y jóvenes es extensa y variada. Nunca los niños han tenido a su alcance tal cantidad de títulos –de buenos títulos– como de los que ahora disponen.

Pronto se cumplirán trescientos cincuenta años desde la aparición del que se ha considerado el primer libro para la infancia. Fue obra de un maestro llamado Johan Amos Comenius, nacido en la región de Bohemia en el año 1592. Circunstancias políticas le obligaron a moverse por diversos países de Europa, donde escribió algunos libros de pedagogía. En el año 1658 publicó un librito que pretendía enseñar, mediante imágenes del mundo y de la vida cotidiana, el idioma materno y el latín. El libro en cuestión se llamaba *Orbis sensualium pictus,* pero todo el mundo lo conoce por el *Orbis Pictus* (*El mundo pintado*) y se considera el primer libro pensado para los niños.

Cuarenta años más tarde aparecían las *Histories et contes du temps passé avec des moralités* de Charles Perrault, una antología de cuentos que se narraban en los salones de la aristocracia, en París. Entre las historias, había una que tenía mucho éxito: *La piel de asno*. Eran unos cuentos cargados de moralidad y se contaban para aleccionar y prevenir de los posibles peligros. Por ejemplo, la primera versión del cuento de *La Caperucita Roja* acaba con un lobo que se come a la niña y no aparece ni el cazador, ni castigo para la bestia, ni fiesta final.

Años después, en 1719, ve la luz *Robinson Crusoe*. Una novela escrita por Daniel Defoe. El autor narra las peripecias de un hombre que está treinta y cinco años solo en una isla, un joven rebelde y holgazán que sufrirá grandes penalidades hasta convertirse en una buena persona. Una historia moralizante bien documentada en una época en la que el comercio con las colonias sudamericanas y africanas comportaba aún el intercambio de chatarra y cuchillos por oro y esclavos. *Robinson* tendrá una influencia crucial en Rousseau, que llega a escribir en su *Émile:*

> Éste será el primer libro que leerá Emilio. Durante mucho tiempo constituirá toda su biblioteca y siempre ocupará un lugar preeminente...

A partir de Rousseau se produce un cambio fundamental en la visión del hombre. Es la época de la Ilustración y el *Contrato social*, de la búsqueda de las raíces, de la tradición popular, de la autenticidad. Es el Romanticismo que se expande. En Alemania serán los hermanos Grimm los encargados de recoger toda la riqueza oral de los cuentos populares (1812), que han llegado hasta nuestros días y todavía se siguen reeditando. Las historias de *Hansel y Gretel* o *Blancanieves*, por citar dos de los más conocidos, todavía fascinan al niño o a la niña que los escucha de boca de los padres o de alguno de los muchos cuentacuentos que visitan las escuelas y las bibliotecas.

Perrault en Francia, los Grimm en Alemania, Afanasiev en Rusia y Basile en Italia recogieron las viejas historias que iban pasando de boca en boca.

En España también ha habido grandes escritores que supieron recopilar las leyendas y los cuentos tradicionales como Félix María de Samaniego, Gustavo Adolfo Bécquer, Saturnino Calleja, Federico García Lorca, Antoniorrobles o Carmen Bravo Villasante, entre otros folcloristas, etnógrafos o eruditos que han conservado en letra impresa la memoria popular.

Aparte de los compiladores de cuentos populares, en el siglo XIX aparecen algunos escritores cuya obra han hecho suya los niños y jóvenes de las generaciones posteriores. Entre los más destacados, convertidos en clásicos, podemos situar a Hans Christian Andersen (1805), autor danés de *El patito feo*, *La princesa y el guisante*, *La vendedora de cerillas*, *La sirenita* o *El soldadito de plomo*, algunos de ellos con final triste; Charles Dickens (1812), que nos dejó *David Copperfield* y *Oliver Twist*; Julio Verne (1828), autor de numerosos libros que han sido devorados por los jóvenes, como *La vuelta al mundo en 80 días*, *De la tierra a la luna* o *Miguel Strogoff*; Lewis Carrol (1832) y su *Alicia en el país de las maravillas*, y Carlo Collodi (1883), autor del entrañable *Pinocho*.

El siglo XX fue el del estallido del binomio literatura-niños. Pero este estallido no se produjo hasta los años sesenta. Antes, los periodos de guerras, las crisis mundiales y –en nuestro país– las dictaduras y las crisis culturales sembraron un paisaje más bien desértico por lo que respecta a la producción literaria para niños y jóvenes.

De la escasa producción de la primera mitad de siglo XX podemos destacar las novelas de autores clásicos como Jack London (*Colmillo blanco*), Rudyard Kipling (*Kim*), Selma Lagerlöf (*El viaje maravilloso de Nils Hölgersson*) o J.M. Barrie (*Peter Pan*).

En nuestro país podríamos situar el comienzo de la literatura infantil a mitad del siglo XIX, cuando Fernán Caballero publicó *La mitología contada a los niños* (1865) y *Cuentos, oraciones, adivinanzas y refranes populares e infantiles* (1874).

A finales del siglo fueron muy notorios el Padre Coloma y Saturnino Calleja.

A principios del siglo XX es donde situamos a Antonio Joaquín Robles Soler (Antoniorrobles) y a Elena Fortún, autora de *Celia*.

La época de la posguerra no fue muy fructífera. Aun así podemos destacar en una primera etapa a José María Sánchez-Silva con su *Marcelino pan y vino*, y en una segunda etapa a Ana María Matute con *Paulina y las estrellas* (1960), a Carmen Kurtz, a Gloria Fuertes y a Pilar Molina Osorio.

Es en los 60 cuando llegaron las traducciones de *El principito* de Saint Éxupery; los *Babar* de Jean de Brunhoff; los disparatados y divertidos libros de Erich Kästner, como *El 35 de mayo*; *Pipi Calzaslargas* de Astrid Lindgren, y alguno más. En cualquier caso, todavía eran pocos.

A partir de la Transición hay un «boom» de buenos autores de literatura infantil, con la característica de que muchos de ellos son escritores para adultos, como Miguel Delibes, José María Merino, Rafael Sánchez-Ferlosio y un largo etcétera.

Poco a poco se han ido creando nuevas editoriales –algunas especializadas en literatura infantil y juvenil– que han ido poniendo en manos de los niños un gran número de autores y autoras. En estos momentos podemos encontrar un extraordinario abanico de libros maravillosos (y otros no tanto, evidentemente), a pesar de las quejas por parte del sector editorial que hacen comparaciones con otros países como Francia o Suecia.[2]

A continuación presentaremos algunos libros que hay en la biblioteca de la escuela y que proporcionan momentos de entretenimiento y reflexión individual y colectiva. No es la selección definitiva ni la mejor. Simplemente son algunos de los buenos libros que, a modo de ejemplo, nos pueden servir para ilustrar los criterios empleados a la hora de facilitar el contacto niño-libro.

Lecturas para los alumnos de educación infantil y primer ciclo de primaria

Para las primeras edades lectoras buscaremos álbumes ilustrados en los que las historias sean sencillas, que contengan repeticiones o encadenamientos (como pasa en *El topo que quería saber quién le había hecho eso en su cabeza*[3] o *¿A qué sabe la luna?*,[4] etc.), o historias de animales que representen tipos «humanos» y permitan la identificación con los personajes *(Una sopa de piedra,*[5] *El conejito blanco,*[6] etc.).

En los álbumes encontramos los mismos elementos que en los demás libros pero con características propias: la proporción de las imágenes (en cantidad y en intensidad) es superior al texto y se prioriza el mensaje visual.

El álbum es diferente por lo **que** dice, por **cómo** lo dice y también por **quién** lo dice y **para quién**. El álbum no deja indiferente al lector, tenga la edad que tenga, porque la gracia de este tipo de libros están en el conjunto, en la manera como están dispuestos el texto y la ilustración. Los relatos pueden ser fantásticos, cotidianos o clásicos y pueden ir dirigidos a cualquier tipo de público (veamos si no los ejemplos de *El último refugio,*[7] *Los últimos gigantes,*[8] *La composición*), aunque por tradición se suelen hacer pensando en los niños de edades comprendidas entre los 0 y 6 años.

Según Teresa Durán,[9] cuando un niño mira un álbum ilustrado está *reconociendo* y aprendiendo lo que representa aquella ilustración o imagen que, además, le será familiar y le producirá una *implicación afectiva*. De esta implicación, el niño o la niña que mira el álbum podrá pasar a *imaginar* lo que nos quiere mostrar el libro y podrá leer las imágenes. También lo estamos educando en la **sensibilidad estética**, la percepción plástica o artística y en la **sensibilidad emotiva**. Los libros ilustrados en manos de los niños son objetos afectivos y mucho más si es el adulto quien le pasa las páginas y lo explica. Se establece una relación triangular entre el libro, el niño y el adulto donde cada uno tiene un papel que jugar. El lenguaje visual es particularmente adecuado para transmitir sensaciones, emociones y afecto.

En los libros infantiles las ilustraciones tienen muchas posibilidades comunicativas. Lo hacen a través de diversos elementos, como el formato, la composición, la luz, el trazo, etc.

Los niños de primer ciclo están inmersos y muy interesados en la adquisición de la lectoescritura. Entre los cinco años y medio y los seis y medio aproximadamente están al final de la fase de lectura *alfabética*, una época para comenzar a leer con cierta fluidez, y entre los seis y medio y los ocho años entran de lleno en la fase de lectura *universal*, momento en que serán capaces de afrontar textos sencillos, cortos, con diálogos, los cuales incluyan repeticiones y frases enteras que se puedan captar de una vez.

Deberemos considerar, pues, el lenguaje en sus dos manifestaciones: por una parte, el lenguaje de las imágenes, y por otra, la entrada progresiva en el lenguaje escrito.

En la escuela, a través de la biblioteca, tendremos que ofrecer aquellos álbumes ilustrados que tengan «vida», que transmitan belleza plástica cuando se contemplan sus imágenes. Nos interesa tanto la educación estética como la rentabilidad pedagógica.

Los libros, los buenos libros, nos permiten reinterpretar el mundo que nos rodea. Esta búsqueda personal es para todas las edades, naturalmente. Lo que importa es cómo vemos, cómo caminamos, cómo somos después de la lectura.

Un libro que nos hace entrar en su historia es *Donde viven los monstruos*,[10] un álbum clásico, una obra maestra de la literatura infantil que la editorial Kalandraka ha tenido el gran acierto de reeditar en un formato muy cuidado. Nos habla de un niño que está descubriendo el mundo exterior y que se muestra agresivo por su propia inseguridad. Un día, su madre le sorprende maltratando al perro y le envía a su habitación, castigado sin cenar. Allí, el niño empieza a pensar en lo que le ha dicho su madre («¡eres un monstruo!») y nota cómo la habitación cobra vida y las paredes se transforman. A medida que las páginas avanzan también crece la ilustración que no es otra cosa que el sueño del niño y aparece el viaje, un viaje que le lleva a una isla, al país de los monstruos, donde será nombrado «rey de los monstruos» y organizará una «fiesta monstruosa». Es como el clímax, la catarsis del sueño. Después vendrá el retorno a la realidad, como pasa con todos los sueños, y la ilustración se hará más pequeña y el texto irá llenando el espacio.

En estas edades en que la maduración y el crecimiento personal avanzan deprisa pueden surgir algunos problemas, algunas preocupaciones que se pueden resolver, tal como hemos precisado unas líneas más arriba, mediante historias en las que los protagonistas son animales. Más o menos como lo hacían las fábulas, pero evitando los aspectos moralizantes. Al niño le será más fácil entender la realidad referida a otro ser, sin que deje de serle cercana. Es el caso del libro *No es fácil, pequeña ardilla,*[11] en el que una narración directa

> la ardilla pequeña estaba triste. Sentía una pena muy honda porque su madre había muerto y pensaba que nunca volvería a ser feliz

plantea un tema tan difícil de explicar como es la muerte. Es probable que en la escuela nos encontremos con niños y niñas que durante el curso sufren la pérdida de un abuelo o de una abuela. En estos casos tenemos recursos literarios de todo tipo para explicar este proceso natural, pero la muerte de la madre es mucho más complicada de explicar. Por eso, libros como *No es fácil, pequeña ardilla* pueden ser de gran utilidad. El trabajo gráfico es espectacular por la cantidad de sugerencias y detalles que nos aportan unas ilustraciones muy elaboradas de Rosa Osuna.

Otro tipo de situaciones que conviene citar son las referidas al entorno familiar, porque en él el niño reconoce situaciones cercanas que él mismo vive y que le ayudarán a crecer, a resolver los pequeños conflictos y a encontrar salidas gracias a esta identificación.

Es lo que puede pasar con los miedos nocturnos. Hay un álbum que lo explica perfectamente: *Un monstruo debajo de la cama.*[12] Es un libro que nos habla de los miedos que algunos niños tienen a la noche y a la oscuridad y de las reacciones inicialmente comprensivas del adulto (la madre). Tiene unas ilustraciones de gran formato y la tipografía está muy cuidada. Hay un momento álgido en la historia cuando la madre encuentra finalmente el «monstruo» bajo la cama.

Con la misma intención de explicar las relaciones familiares encontramos *El regalo*,[13] un libro que es una joya. Cuenta la historia de un niño que pide un regalo muy especial a sus padres para celebrar su cumpleaños, pero no le sirve cualquier cosa; tiene que ser un regalo grande, dulce, fuerte, suave, que le haga volar, etc. Hay dos historias: lo que pide el niño y lo que imaginan los padres que puede ser.

Respecto al texto hay que considerar las historias lineales, con un vocabulario asequible para el niño, sin nombres abstractos y sin ambigüedades. Es preferible que se empleen las palabras con el valor real, aunque se pueden ir introduciendo pequeños elementos figurativos o poéticos. Es importante vigilar la tipografía –que sea generosa– y que las frases, sencillas, estén bien distribuidas en las páginas.

La estructura narrativa debe ser cerrada, que no deje al niño con dudas ni demasiadas opciones, porque necesita sentirse seguro de lo que lee, necesita saber cómo actúa cada personaje. Eso lo entiende muy bien el álbum *Una sopa de piedra*, un cuento popular muy antiguo que en Cataluña estaba protagonizado por un soldado que volvía de la guerra y que aquí es un lobo hambriento que llega a un pueblo donde viven los animales de la granja. El formato es grande y las imágenes a doble página con un fondo plano que nos invita a centrarnos en los personajes, unos animales, algunos de los cuales tienen pequeños elementos humanos (una gorra, un collar). Es remarcable el tratamiento dado a los ojos de los animales, unas miradas muy expresivas.

Los libros pueden ayudar a entender el mundo y actúan, a menudo, como identificadores. El niño puede reconocerse a nivel inconsciente con el protagonista y puede advertir cómo los problemas que les son comunes tienen solución. Ésta es una de las finalidades de los cuentos –ojo, no siempre debemos buscar libros con finalidad educativa.

El cuento o el álbum puede servir para pasar un buen rato disfrutando de una bella historia y educando los sentidos plásticos, el gusto artístico, como pasa, por ejemplo, con *Dos amigos*,[14] un álbum que nos habla de la amistad entre dos seres diferentes, un pájaro y un pez que un día se encuentran y se explican mutuamente las excelencias de su hábitat. Con la ayuda de personajes mágicos, el pez conseguirá unas alas para volar hasta el bosque y el pájaro conseguirá unas aletas para poder nadar por el río. Aquel día, no obstante, no se encuentran porque cada uno está visitando la casa del otro, y tendrá que pasar mucho tiempo hasta que no se reencuentren y comprendan cómo son de necesarios el uno para el otro. Este libro nos habla de las cosas importantes, de la amistad por encima de todo, y lo hace con un tratamiento plástico muy original, con tonos dorados y unas ilustraciones muy sugerentes y únicas.

Los álbumes nos permiten captar la realidad. Hay un libro que explica el ciclo del año de una manera fantástica, genial. Se llama *Riqui y Marisa*[15] y, como el anterior (*Dos amigos*), es la historia de una amistad, en este caso entre una oruga y una mariquita. La oruga está aterrada por lo que se puede encontrar en el mundo si baja de su rama y la mariquita tiene un ala rota y no puede volar. Juntas, y complementándose, llegarán al jardín, conocerán otros insectos y ambas verán cómo los sueños se realizan. La oruga pasará a ser mariposa y la mariquita finalmente podrá volar muy alto. Las ilustraciones, a doble página y muy naturales, presentan la vida de los insectos que habitan en un jardín y todo lo que les pasa a lo largo de un año.

Aún otra autora, Jannell Cannon, en *Stelaluna*,[16] plantea las costumbres de los murciélagos a partir de una historia de separación de un pequeño murciélago de su madre y del viaje iniciático que le llevará a conocer a los pájaros diurnos y sus costumbres. Con un tratamiento muy científico y unas ilustraciones majestuosas, la aventura de Stelaluna cautiva a los niños, ¡y de qué manera!

Muy a menudo los autores y las autoras se sirven de los animales humanizados para componer fábulas y alegorías de la vida y del entorno que nos rodea. Uno de estos libros que aportan múltiples lecturas, para diversas edades, es *La rana Valentín*.[17] Valentín es una rana que se piensa que no es una rana, porque su madre sólo le dice «eres un príncipe» o «mi príncipe», hasta que llega un momento en que cree que realmente no es una rana, sino un príncipe y que lo que ha de hacer es ir a buscar una princesa para casarse con ella. El viaje le llevará a vivir un montón de aventuras en compañía de Isabel, una pequeña cigüeña perdida a quien recoge y acompaña con su coche descapotable rojo. El cuento explica las costumbres de las ranas y los peligros que les rodean, pero también tiene muchas otras lecturas sobre la amistad, las relaciones familiares y el crecimiento personal.

La cebra Camila[18] es una aventura que invita a la imaginación y a la risa. Es un cuento acumulativo que tiene las características de los cuentos para los más pequeños, con imágenes que se van encadenando una tras otra, y a la vez tiene un punto de fantasía y de *nonsense*. La posibilidad de que el viento se lleve las rayas de la cebra es un punto de partida alocado y divertido. Un grillo que toca el violín, una serpiente, el arco iris, una araña o un caracol son los personajes que ayudarán a la cebra en la búsqueda y recuperación de las rayas perdidas.

Para los niños de primer ciclo hay una serie de libros que tratan temas sociales como la guerra, las diferencias, la separación de los padres, etc.

Un elemento que contienen muchos de estos álbumes y que hay que valorar positivamente es el elemento repetitivo, encadenado o acumulativo de las secuencias. Es importante porque relaja el prever qué pasará. Pertenecen a este tipo de libros:

El topo que quería saber quién le había hecho aquello en su cabeza. Es muy divertido porque habla de cacas. Los dibujos están bien proporcionados –de los animales muy grandes, como el caballo, sólo aparece la cabeza y la pata.

¿A qué sabe la luna? Los personajes, como en el libro comentado anteriormente, son animales y la secuencia siempre es la misma, repetida. Es una buena historia para narrar.

Un criterio que como maestros nos puede ir bien a la hora de escoger los libros para el alumnado es el criterio editorial. Editoriales hay de todas clases. Muchas trabajan con rigor y con criterios de calidad, y hacen envites valientes. Destacamos algunas:

- ▶ Kókinos, una apuesta segura. Sus libros a menudo hablan del amor de los adultos hacia los niños. Han editado libros como *Inés del revés*, *¿Duermes, pequeño oso?*, etc.
- ▶ La segunda, Kalandraka, es posiblemente la más innovadora en cuanto a ilustraciones. A veces cuesta entrar en sus propuestas.
- ▶ Otra recomendación es FCE (Fondo de Cultura Económica), mexicana. Tiene colecciones muy buenas, como por ejemplo «A la orilla del viento».

▸ Corimbo es una editorial que traduce del francés, básicamente de L'école des loisirs, y sus álbumes ilustrados son de edición muy cuidada.

Lecturas para el segundo ciclo de educación primaria

Los chicos y las chicas de segundo ciclo, de edades comprendidas entre los 8 y 10 años, se caracterizan, en general, por la necesidad de afirmación de su propio ser y por la exigencia de conocerse a ellos mismos. Esta búsqueda interior particular no impide que busquen colaboraciones, afinidades y lazos con los demás; al contrario, es en estas edades cuando empiezan las amistades o las primeras relaciones «de pandilla» en las que cada uno busca, por una parte, reafirmarse, y por otra, la valoración del resto del grupo. Estos niños que se están abriendo al mundo ya no dependen tanto de la opinión de los adultos, hasta se podría pensar que parecen predispuestos a confiar más en los compañeros.

En este ciclo encontraremos chicos y chicas lectores de obras que corresponden al primer ciclo así como otros capaces de leer obras clasificadas para ciclo superior. Hay que considerar esta heterogeneidad de ritmos y no caer en anquilosamientos rígidos de edades para que cada uno vaya a su propio ritmo lector y de crecimiento personal. En la escuela, en la biblioteca de aula o en la biblioteca general, tendremos que poner en manos de los escolares las historias que les gusten y que sean coherentes con su evolución individual –el progreso de cada niño es diferente y esto presupone que cada uno tiene unas necesidades concretas. Considerar la edad cronológica como tabla o nivel sería un error. Si pensamos que los libros llamados álbumes ilustrados no corresponden a su edad, les estaremos privando de conocer y de disfrutar de las emociones que nos proporciona, por ejemplo, *Si la luna pudiera hablar*,[19] un álbum con poco texto donde unas frases breves, muy poéticas, complementan lo que podemos ver con los ojos de la luna, desde su ángulo. El libro planea sobre dos situaciones paralelas: la primera, el espacio interior de la habitación de una niña que se prepara para ir a dormir; y la segunda, el espacio exterior, con todos sus paisajes –el desierto, la playa, el bosque, etc. Es un álbum para mirar e ir descubriendo detalles constantemente.

En el momento evolutivo en que se encuentran estos niños se estructura la realidad, no sólo a partir de sus propias experiencias sino también por la explicación más objetiva de una sociedad en la cual no todo el mundo piensa igual y donde hay que aceptar las diferencias. En estas edades ya pueden entender juicios de valor como justicia e injusticia, ya pueden entender que lo que para unos es absurdo o negativo es para otros bueno y divertido. Es el caso de las guerras y de las posturas que tomamos ante los conflictos. Un libro que expresa muy bien esta dualidad entre el bien y el mal es *Los tres bandidos*,[20] un clásico de Tomi Ungerer. Los tres bandidos son unos seres muy malos que cambiarán de actitud cuando se encuentren con Úrsula, una niña que les hace pensar en el porqué de sus acciones. El autor utiliza la vía humorística y la ironía para ayudar a reflexionar sobre la condición humana.

En esta línea en que el niño comienza a tener una cierta capacidad de asimilación de la realidad y puede entender la diversidad, hay que situar libros con contenido ideológico (pacifistas, feministas, ecologistas, etc.). Por ejemplo, un libro de contenido pacifista es *Ferdinando, el toro*,[21] un toro que vive tranquilo paseando y oliendo las flores del campo mientras que el resto de toros corren y se pelean por demostrar quién es el más fuerte. Ferdinando no; él se dedica a disfrutar del olor de las amapolas. Pero un día le pica una avispa justo en el momento en el que los hombres llegan para seleccionar el toro más bravo para la próxima corrida. Lo escogen a él porque en ese momento está furioso, pero cuando llegan a la ciudad la picadura ya no le escuece. Cuando sale a la plaza ve una margarita. Eso le salva la vida. Es un libro interesante, editado hace unos cuantos años –escrito en los años treinta.

Otros libros que se sitúan en la corriente ideológica son los feministas. Vienen de Italia, de la mano de Adela Turin. No cuentan grandes historias, se limitan a cuestionar problemas concretos. Suelen estar muy bien dibujados y son una herramienta perfecta para trabajar en la escuela. *Arturo y Clementina*[22] es uno de los títulos que plantean la relación hombre-mujer, personalizada en dos tortugas. *Rosa Caramelo*[23] es otro álbum de esta colección y nos habla de un país donde las elefantas eran de color rosa y los elefantes eran grises. Hasta que un día una elefanta nace gris. Los padres no saben qué hacer, le ponen ropas de color rosa, le hacen comer flores que hay en el vallado donde viven todas las elefantas, pero no consiguen cambiar el color de su piel. Un día la elefantita sale del vallado y se marcha allí donde viven los elefantitos, donde descubre lo que es vivir en libertad, en libertad para decidir dónde bañarse, con quién jugar, qué comer, etc.

Una línea abierta en esta corriente son los libros ecologistas. Hay muchísimos y su mensaje es bastante claro y directo. Se trata de respetar la naturaleza, entenderla, como le pasa a *Pedro y su roble*.[24]

Otro álbum adecuado para el segundo ciclo es *Abuelos*,[25] premio Llibreter del año 2003, un libro de relaciones personales entre un matrimonio de ancianos que, con la llegada de una orquesta al pueblo y ante la perspectiva de ir a bailar o de no ir, se plantean cómo les ha cambiado el paso del tiempo. El amor y la autoestima son interpretados con un vocabulario sencillo pero sugerente.

El deseo de estos niños de conocer cosas de los pueblos alejados, de sus costumbres, de su manera de entender la vida, les hará interesarse por los libros de aventuras. Libros de aventuras que pueden ser muy variados. Los hay que tienen un esquema de género policíaco, otros enfocan el misterio, el miedo, y los hay que renuevan la aventura clásica y los personajes robinsonianos. Es el caso de *Hermano de los osos*,[26] una narración que explica el abandono de un joven indio en medio del bosque y la acogida que recibe por parte de los animales que viven allí. Es un cuento precioso que nos envuelve, nos seduce y nos transporta, dos siglos atrás, a los bosques americanos inexplorados, cuando los únicos habitantes eran los indios. Son remarcables las ilustraciones en blanco y negro que acompañan al texto.

Los libros ya pueden presentarse con una estructura narrativa por capítulos y conviene mantener aún bastante definido el esquema de inicio-nudo-desenlace, como si de un cuento tradicional se tratase.

Lecturas para el tercer ciclo de educación primaria

En estas edades, entre los 10 y 12 años, los chicos y las chicas están en la cumbre de su infancia, en un momento de plena expansión, y ello se ve reflejado a través de su determinación, su creciente voluntad de control, su equilibrio y su seguridad y desenvoltura.

Respecto al ciclo anterior no hay una ruptura importante y el alumnado de tercer ciclo va superando etapas, tanto desde el punto de vista afectivo –se amplía la capacidad de estima hacia los demás con un compromiso más íntimo de amistad y de afecto–, como desde el punto de vista intelectual y social. Este conjunto de características se nota en la ampliación de sus relaciones y en un dominio más amplio de sus sentimientos.

La «pandilla» tiene su importancia y las lecturas de aventuras misteriosas y policíacas serán el vínculo que enlazará con la etapa anterior, especialmente en quinto de primaria. Un libro de aventuras con mucha acción y con protagonistas activos es *El secreto del andén 13*.[27] Esta novela, muy en la línea del conocido *Harry Potter*, narra la odisea de unos personajes mágicos que llegan a Londres. Cada nueve años se abre una puerta secreta que hay en el andén 13 de la estación de King Cross en Londres. Mientras permanece abierta –nueve días– se tiene la posibilidad de acceder a través de un túnel a la Isla, un mundo habitado por toda clase de seres fabulosos. Es en uno de estos periodos, cuando el *gump* (así se llaman estas puertas) está abierto, en el que las ayas del príncipe (un bebe de días) van de visita a la parte de Arriba (Londres) y la mala suerte quiere que les sea robado el príncipe.

Tendrán que pasar nueve años hasta que la puerta se vuelva a abrir. Esta vez, un grupo particular de «rescatadores» cruza el *gump* con la intención de encontrar al príncipe, que ahora tiene nueve años, y convencerle para volver a la Isla con sus padres de verdad. El grupo de rescatadores está formado por un viejo mago, un hada, una pequeña bruja y un ogro que se puede volver invisible. Juntos vivirán episodios fantásticos y aventuras de lo más divertidas para intentar encontrar al príncipe. Sólo tienen nueve días y la misión no es sencilla.

El crecimiento personal llevará a establecer nuevas relaciones y vivencias con los compañeros y las compañeras –en sexto, por ejemplo, es habitual que aparezcan los primeros enamoramientos–, y con la familia, en su núcleo más cercano, que a menudo es motivo de enfrentamientos domésticos y donde hay que ir adaptándose al modelo social predominante. Una autora catalana, Maite Carranza, plantea estos dos aspectos –el enamoramiento y la relación con los padres– en su novela *¿Quieres ser el novio de mi hermana?*[28] Esta novela nos narra la vida de Alicia, o más concretamente, el verano que pasó con su familia en la playa de Torredembarra, cuando ella tenía once años. La acción se centra especialmente en la relación con su hermana Sonia, tres años mayor, una adolescente que, según Alicia, la maltrata.

La solución que se inventa consiste en encontrarle un *novio* para ver si la deja tranquila. Las estrategias que urde son de lo más original y variado –si se quiere, poco correctas– para conseguir su propósito.

Está narrado en primera persona, con un estilo y un vocabulario bien adaptado y fácil de entender para los chicos y las chicas, rico en pensamientos propios de estas edades. Por ejemplo, en la segunda página, cuando nos habla de la madre y de su forma de conducir dice:

> Mamá corre un montón, coge las curvas sin frenar, toca la bocina e insulta a los demás conductores para desmoralizarles. Con mamá ganamos de calle. Tiene muchos fans. Mis amigos dicen que es una pasada y siempre quieren ir con ella en nuestro coche, aunque vomiten, porque es como subir al Dragon Khan sin pagar entrada ni hacer cola.

La autora narra situaciones cotidianas, tan normales como las caravanas de la operación salida de vacaciones, los celos entre hermanas, la segunda residencia, los caprichos de la hermana mayor, etc. de una manera realista, huyendo de lo que se llama «políticamente correcto» y presentando unos personajes con todos sus defectos y todas sus virtudes.

Otros libros que plantean relaciones familiares, a veces atípicas, son *Korazón de pararrayos* y *Danny, campeón del mundo*:

En *Korazón de pararrayos*, la protagonista es una niña china de once años, adoptada, que nos explica, con mucha naturalidad, sin razonamientos preconcebidos ni moralidades pedagógicas, las historias que le pasan y que son importantes para ella. Son las cosas que tienen que ver con las personas que la rodean. El libro nos habla de temas de actualidad como son la adopción, la familia con estructura no convencional, las residencias de ancianos, etc.

Una parte importante del libro se centra en la relación que la chica mantiene con su hermanastro, a quien ella llama Korazón de pararrayos y a quien tiene idealizado. Es un chico a punto de acabar los estudios de medicina, comprometido con la causa okupa, primero, y con una ONG que trabaja en África, después.

La otra novela, *Danny, campeón del mundo*,[29] es una historia de amistad y entendimientos entre un padre y un hijo. Un padre fantástico que construye globos y cometas, que explica cuentos e historias llenas de emoción, que es capaz de entender la naturaleza como nadie, etc. Los dos viven en una caravana, no de las actuales sino de aquellas que antiguamente iban tiradas por caballos. El padre trabaja de mecánico y tiene una pasión secreta: la caza furtiva. Y el mejor sitio para practicarla es el bosque del seños Hazell, un nuevo rico que se comporta despóticamente con todo el mundo haciendo valer la presión de su estatus. La práctica de esta pasión secreta comportará muchos líos, pero la amistad, la sana confabulación y el ingenio llevarán a buen puerto el entramado.

Es un libro que, por encima de todo, es un canto a la amistad y a la naturaleza, una llamada a amar las cosas pequeñas, cotidianas.

Stone Fox y la carrera de trineos[30] presenta la relación de Willy con su abuelo. Con ellos vive Centella, una perra negra muy grande. Juntos vivirán una aventura extraordinaria el día que el abuelo enferma y no puede pagar los impuestos de su granja.

Deciden participar en la carrera de trineos para ganar el premio y poder ayudar al abuelo. Se presentan con mucha ilusión, pero en la carrera también participa Stone Fox, un indio campeón que siempre gana.

Una narración que se lee del tirón, escrita con un estilo pleno y con mucha sensibilidad. El final es fascinante.

Los cambios físicos, emocionales y de conducta son frecuentes y la posibilidad de ser mejores se debe tener en cuenta. Una novela que lo explica perfectamente es *Hay un chico en el baño de las chicas*.[31] Al inicio del libro se nos presenta a un chico que es el peor alumno de la escuela, rechazado por la maestra y por los compañeros porque no hace nada bueno: no estudia, es malhablado y desobediente. La llegada de una nueva maestra tendrá una influencia muy positiva sobre su persona. Poco a poco, el chico irá cambiando su comportamiento, se sentirá querido y acabará siendo un buen alumno.

Las relaciones con las personas mayores no son muy frecuentes. Tener que convivir con un abuelo o una abuela trastoca a menudo la cotidianidad, por los diferentes ritmos de vida, de pensamientos o de costumbres. Pero también hay una parte muy positiva y enriquecedora fruto de esta convivencia. Hay pocos libros de literatura juvenil que traten la relación abuelos-nietos. Uno que lo explica muy bien es *El jugador de frontón*.[32] En esta obra, un chico va a pasar el verano en el pueblo, en casa de su abuelo. El abuelo vive solo en un caserío alejado del pueblo y todo el mundo le considera una persona extraña, con fama de gruñón. A medida que transcurre la novela, la relación entre ellos dos se irá fortaleciendo a pesar de las diferencias de edad, de intereses y culturales que les separan. Es una historia realista explicada con una ternura particular.

Los chicos y las chicas empiezan a preocuparse por los cambios sociales y tienen intereses tanto en la vertiente idealista como en la ideológica, en la búsqueda de la transformación de la sociedad y de unos valores que ayuden a entender el mundo, a cambiarlo. Hay autores que usan la vía histórica para explicar acontecimientos o situaciones que apuntan en este sentido, en la idea de justicia y de libertad. Es el caso de Miquel Rayó, que en su libro *El camino del faro*[33] explica con un mensaje muy fácil de entender las penurias y las ilusiones de unos personajes que perdieron la guerra y son condenados a trabajar construyendo un camino que va desde el pueblo hasta el faro.

Afortunadamente se pueden encontrar muy buenas lecturas que explican de manera directa los hechos pasados y los que todavía pasan. A veces estas lecturas presentan lugares indefinidos como en *La composición*, o son escenarios claramente identificables como los campos de exterminio que aparecen en *Rosa Blanca*.

La composición[34] nos habla de la represión militar. La trama gira en torno a un niño que miente porque sospecha que la *composición* escrita que le piden en la escuela, donde tiene que explicar qué hacen los padres en su casa por la noche, les puede perjudicar. Las ilustraciones son muy expresivas, dentro de la dureza del tema.

Este libro nos ayuda a romper el mito de los temas tabú en la literatura infantil y juvenil. Con sinceridad, respeto y sensibilidad, es posible hablar de cualquier cosa, hasta de lo más difícil.

Rosa blanca,[35] con poco texto y unas imágenes hiperrealistas, nos presenta el drama de la Segunda Guerra Mundial, visto desde los ojos de una niña.

Las guerras, las injusticias, el hambre, son problemas reales y los niños y las niñas deben saber que existen. La lectura de novelas facilita este conocimiento porque permite mantener cierta distancia y a la vez abre los ojos a realidades que a menudo no aparecen en los programas de televisión o simplemente son dejadas de lado. Es posible que en la escuela tengan que conocer y convivir con compañeros o compañeras que han sufrido situaciones duras, extremas. Es aquí donde la lectura les hará reflexionar, por ejemplo, sobre los niños que tienen que abandonar su país y a sus padres para poder sobrevivir, tal como pasa en *Paloma, llegaste por el aire*.[36] En esta breve historia, cuando la maestra habla del cuco –y de cómo este pájaro es abandonado por su madre–, la protagonista, una niña africana, se siente dolida porque ella también fue abandonada en un avión camino de Europa y adoptada por unos nuevos padres.

El libro está escrito como si fuese una carta, y hace que las palabras nos lleguen directamente al corazón; es como si nos hablasen a nosotros, y a la vez nosotros nos pusiésemos en la piel de Paloma y captamos mejor estos momentos difíciles, que nos hacen daño y a la vez nos hacen bien.

También pasa a menudo que se crean perjuicios en torno a las personas de otras religiones, culturas y razas, por desconocimiento de estas maneras diversas de entender la vida. En *Maíto Panduro*[37] se tratan las relaciones de la comunidad gitana con el mundo de los payos desde un punto de vista que huye de la sensiblería y de la obviedad.

El protagonista es un chico de diez años que vive en un barrio de *chabolas* con sus padres y sus seis hermanos. Se llama Maíto Panduro y es gitano. Un día encarcelan a su padre y el chico, ayudado por su maestra, inicia con él una correspondencia muy particular. En sus cartas intercambian dibujos porque el padre no sabe leer. A través de los dibujos, el padre y el chico expresan los deseos de libertad y de una vida mejor.

El autor describe el pueblo gitano tal como es, con sus tradiciones, su forma de vida, las dificultades de relación con los payos, etc.

A los alumnos que tienen más dificultades lectoras conviene ayudarles a entrar en este mundo maravilloso de descubrimiento y de goce. Una buena manera es poner a su alcance lecturas más cortas (ojo, no más fáciles ni más ramplonas), lecturas que les animen a empezar otras y les generen una sensación de éxito.

Algunos libros que presentan aventuras cortas (de misterio, humorísticas, de miedo, detectivescas) están bastante bien. Destacamos:

Historias de miedo.[38] Florián se aburre mucho porque tiene que guardar cama durante unos cuantos días. Su pasión son las historias de miedo y todos los familiares que le hacen compañía le tienen que contar muchas. Él también decide escribir algunas. Sus temas predilectos son las apariciones de personajes que han pasado a mejor vida, los draculines, el niño lobo, temas todos ellos que se suceden como si formasen parte del entorno «natural» de todos los cuentistas.

El estilo de la autora se aleja voluntariamente de las series de terror que inundan el mercado de la literatura infantil y sorprende por la calidad de cada narración.

Relatos de fantasmas.[39] Steven Zorn ha hecho una selección de relatos escritos por autores de prestigio como Conan Doyle o Washington Irving, entre otros, en los cuales el misterio y la fantasía se unen para transportarnos, de la mano de fantasmas, a situaciones inquietantes y a personajes extraños.

La estructura del libro sigue el esquema de los cuentos de miedo, de los cuentos con los que siempre hemos disfrutado, de fantasmas que vagan por lugares encantados, de sucesos misteriosos no resueltos y también de historias que hacen reír.

Sigue estando bien. Este libro, como su antecedente –*Está bien*, de la misma colección–, recoge veinte situaciones escritas en primera persona por un chico que reflexiona sobre aquellos momentos cotidianos que representan un pequeño placer para él, como escoger el sabor de un helado, mojarse las alpargatas después de una tormenta, jugar a las canicas, ir al cine o dormir al relente en el jardín.

Historias secretas del espacio.[40] Una vez al año, tres antiguos astronautas se encuentran en un hostal de montaña en Suiza. Uno es ruso, el otro chino y el otro americano. Sus reuniones son secretas, privadas.

Después de cenar, se cuentan historias sorprendentes, escogidas entre los recuerdos de sus viajes. Su amistad es muy fuerte porque juntos han pasado situaciones difíciles en el espacio, en transbordadores y estaciones espaciales.

En estos encuentros anuales las palabras cobran un valor incomparable y se puede contar todo: el hecho más insólito, el más extraño, el más extraordinario. Pero esta noche hay un oyente más. Thomas, el hijo del amo del hostal, tendrá la oportunidad de escuchar las tres historias más sorprendentes que jamás haya oído, escondido en la penumbra, cerca de los tres amigos.

Más aventuras encontramos en *El mensaje de los pájaros.*[41] El rey Gracián siempre ha disfrutado mucho escuchando cantar a los pájaros y viéndolos volar por el bosque, pero ahora es viejo y no puede salir del castillo.

Un día, le ofrecen una red de plata muy especial para cazar pájaros. En la red, caen tres pájaros mágicos que le ofrecen la posibilidad de un mensaje secreto a cambio de su libertad. A partir de este momento una serie de personajes extraños tratarán de apoderarse de los pájaros. Entre estos personajes se encuentra el Duque Negro, enemigo del rey; un monje que no lo es, dos brujas, etc.

Es un relato fantástico, una bonita leyenda de magia y misterio donde se cuenta la lucha del bien contra el mal y la búsqueda de la sabiduría.

Finalmente, no podemos olvidar los libros de «pandillas»: *Cuatro amigos y medio en... El caso de la profesora desaparecida*.[42] A pesar de que le cuesta creérselo, Federico sospecha que su maestra de naturales tiene una doble vida: por la mañana da clases y por la tarde roba bancos. Parece una barbaridad pero Fede y sus amigos –la pandilla de los cuatro y medio, que forman una agencia de detectives– comienzan a seguir a la maestra y lo que ven de repente les desconcierta sobremanera.

Novela narrada en primera persona, en clave de comedia, que mantiene la intriga hasta el desenlace. El misterio y los equívocos están bien planteados.

Además de la trama detectivesca hay un buen planteamiento de las relaciones entre los cuatro amigos y el lenguaje empleado es cercano a los chicos y chicas pero sin excesos.

Las raíces del mar.[46] La acción transcurre en una ciudad del interior, muy lejos del mar, donde todo tiene referencias marinas: los restaurantes se llaman Marejada o Barlovento, y sus habitantes tienen nombres que comienzan con la palabra «mar» como Marcelo, Marco o Margot.

Los protagonistas son un grupo de chicos de diez años que yendo de excursión por los alrededores hacen un hallazgo que les lleva a buscar en los libros y documentos de la biblioteca la relación de su ciudad con el mar y el pasado misterioso que algunos adultos pretenden ocultar.

Las raíces del mar es una novela que se mueve en dos planos: el real, con las aventuras de un grupo de amigos, y el mágico, que nos presenta los misterios del mar.

En esta novela se potencian muchos valores, como la amistad, el amor, la sabiduría, la ecología o el respeto a la diversidad.

Las lecturas para estas edades deben tener unas características concretas. Deberían ser libros con frases de estructura sencilla –aunque ya no hay problema si aparecen subordinaciones, por ejemplo– y con predominio de diálogos, porque aún no es el momento de descripciones minuciosas ni de amplias exposiciones psicológicas. Respecto a la estructura narrativa, serían necesarios argumentos con acciones de gran dinamismo, con protagonistas activos y que encuentren soluciones a los conflictos.

Notas

1. COTRONEO, Roberto. *Si una mañana de verano un niño*. Madrid: Punto de Lectura, 2000.
2. El último estudio elaborado en el año 2001 por el Consell Català del Llibre per a Infants i Joves (organización representante para los territorios en lengua catalana de la IBBY, International Board on Books for Young people y que en España tiene su equivalente en la OEPLI, Organización Española para el libro Infantil y Juvenil) sobre la situación del libro infantil y juvenil en catalán se estructuraba en tres grandes bloques temáticos:
    ▶ La oferta del libro infantil
    ▶ La demanda y consumo de libro infantil y juvenil
    ▶ Las políticas de fomento del libro infantil y juvenil
   El estudio plantea consideraciones basadas en comparaciones con Francia y Suecia, países que hoy en día están un poco por delante de nosotros, y señala, entre otros aspectos, que «porcentualmente» se producen más títulos de libro infantil que en castellano, en francés o en sueco, pero con tiradas mucho más cortas que en estas otras tres lenguas» y «se constatan los grandes déficits de infraestructura de la red de bibliotecas escolares de Cataluña».
3. HOLWARTZ, Werner. *El topo que quería saber quién le había hecho eso en su cabeza*. Madrid: Alfaguara, 2005.
4. GREJNIEK, Michael. *¿A qué sabe la luna?* Pontevedra: Kalandraka, 2005.
5. VAUGUELADE, Anaïs. *Una sopa de piedra*. Barcelona: Corimbo, 2002.
6. Serie de libros de la editorial Edelvives, creados por Marie-France Floury
7. LEWIS, Patrick. *El último refugio*. FCE.
8. PLACE, François. Barcelona: Art Blume, 2000.
9. Teresa Durán es profesora de la Universidad de Barcelona y, a nuestro entender, una de las personas que mejor conocen el mundo de la literatura infantil desde todos los ángulos posibles.
10. SENDAK, Maurice. *Donde viven los monstruos* Pontevedra: Kalandraka, 2000.
11. RAMON BOFARULL, Elisa. *No es fácil, pequeña ardilla* Pontevedra: Kalandraka, 2003.
12. GLITZ, Angelica. *Un monstruo debajo de la cama*. Barcelona: Timun Mas, 2001.

13. KESSELMAN, Gabriela. *El regalo*. Barcelona: La Galera, 1996.
14. RODERO, Paz. *Dos amigos*. Madrid: Kókinos, 1998.
15. CAMPBELL, Lisa. *Riqui y Marisa*. Barcelona: Juventud, 1998.
16. CANNON, Jannell. *Stelaluna*. Madrid: Círculo de lectores, 1995.
17. DE BEER, Hans. *La rana Valentín*. Barcelona: Lumen, 1993.
18. NÚÑEZ, Marisa. *La cebra Camila*. Pontevedra: Kalandraka, 2000.
19. BANKS, Kate. *Si la luna pudiera hablar*. Barcelona: Juventud, 1999.
20. UNGERER, Tomi. *Los tres bandidos*. Pontevedra: Kalandraka, 2001.
21. LEAF, Munro. *Ferdinando, el toro*. Salamanca. Lóguez, 1987.
22. TURIN, Adela. *Arturo y Clementina*. Barcelona: Lumen, 2001.
23. TURIN, Adela. *Rosa Caramelo*. Barcelona: Lumen, 2001.
24. LEVERT, Claude. *Pedro y su roble*. Madrid: Susaeta, 1991.
25. HERAS, José María. *Abuelos*. Pontevedra: Kalandraka, 2002.
26. RECHEIS, Käte. *Hermano de los osos*. Madrid. Anaya, 2005.
27. IBBOTSON, Eva. *El secreto del andén 13*. Barcelona: Salamandra, 2002.
28. CARRANZA, Maite. *¿Quieres ser el novio de mi hermana?* Barcelona: Edebé, 2004.
29. DAHL, Roald. *Danny, campeón del mundo*. Madrid: Alfaguara, 2003.
30. REYNOLDS GARDINER, John. *Stone Fox y la carrera de trineos*. Barcelona: Noguer, 1996.
31. SACHAR, Louis. *Hay un chico en el baño de las chicas*. Madrid: SM, 2000.
32. SÁINZ DE LA MAZA, Aro. *El jugador de frontón*. Barcelona: La Galera, 2002.
33. RAYÓ I FERRER, Miquel. *El camino del faro*. Barcelona: Edebé, 2003.
34. SKÁRMETA, Antonio. *La composición*. Caracas: Ekaré, 2000 (Así vivimos).
35. INNOCENTI, Roberto. *Rosa blanca*. Salamanca: Lóguez, 1979.
36. ZUBIZARRETA, Patxi. *Paloma, llegaste por el aire*. Barcelona: La Galera, 1999.
37. MOURE, Gonzalo. *Maíto Panduro*. Barcelona: Edelvives, 2003.
38. SOMMER-BODENBURG, Angela. *Historias de miedo*. Barcelona: Círculo de Lectores, 1994.
39. ZORN, Steven. *Relatos de fantasmas*. Barcelona: Vicens Vives, 1998.
40. DELERM, Philippe. *Sigue estando bien*. Zaragoza: Edelvives, 2000. (Ala Delta Internacional, 32).
41. GISBERT, Joan Manuel. *Historias secretas del espacio*. Barcelona: Edebé, 1998.
42. GISBERT, Joan Manuel. *El mensaje de los pájaros*. Madrid: SM, 2001. (El barco de vapor; 138).
43. FRIEDRICH, Joachim. *Cuatro amigos y medio en... El caso de la profesora desaparecida*. Barcelona: Edebé, 2000. (Tucán Verde, 151).
44. ALONSO, Fernando. *Las raíces del mar*. Madrid: Anaya, 1997. (Sopa de libros; 12).

CAPÍTULO 4

En aquel tiempo de los catorce vientos... o por qué las golondrinas hacen el nido en los aleros de las casas

LA INFLUENCIA DE LA BIBLIOTECA ESCOLAR EN LA EVOLUCIÓN PERSONAL DEL ALUMNADO DE CICLO INFANTIL

Fig. 3. Sentadillo

–Mamá, ¿qué pasa hoy, tengo biblioteca?
Esta es una pregunta que se oye muy a menudo en nuestra casa. Adrià no sabía, como quien dice, los días de la semana, pero ya tenía muy claro dentro de su cabecita desordenada que siempre llegaba un día que le tocaba biblioteca. Después, una mañana, camino de la escuela, me comenzó a hablar de Sentadillo, el duende de la biblioteca. Primero pensé que se lo estaba inventando. Pero no, existía. Y para Adrià era tan real como los demás niños de la clase o como su maestra. Por todo esto y por la ilusión con la que nuestro hijo sigue todas las actividades de la biblioteca, os agradecemos la oportunidad que nos dais de sentir como si vuestra «biblioteca mágica» se hubiese instalado en nuestra casa con los libros que podemos tomar prestados.

MADRE DE ADRIÀ[1]

El ritual del cuento

Alrededor del hecho lector hay diferentes puntos de vista. Leer, aprender a leer, no tiene, necesariamente, el mismo significado para los diferentes vértices del triángulo *niño-familia-maestro*. El aprendizaje de la lectura es una actividad mental que requiere un esfuerzo considerable, a veces extenuante, pero que, a la vez, resulta una actividad apasionante. Es en esta dicotomía entre la presión y la pasión por donde se mueve la vida escolar en el ciclo infantil. Una de nuestras funciones es llegar a hacer que el alumnado comprenda la utilidad de la lectura y la diversidad de sus formas, de sus soportes y de sus objetivos. Nuestra tarea consiste en emplear todas las estrategias de que disponemos para despertar el interés, el deseo de leer de los chicos y las chicas.

Una de sus herramientas más importantes –pero no la única– de que disponemos es, sin duda, la biblioteca.

La biblioteca de la escuela Sant Josep-El Pi, situada en un espacio amplio y acogedor, permite sentir y experimentar múltiples sensaciones, como un poliedro que irradia luz y calor por cada una de sus caras. Los niños y las niñas del ciclo infantil, sus maestras y sus padres y madres lo exprimen en varias ocasiones. Una de las acciones programadas, posiblemente la más recurrida, esperada y valorada, es **La hora del cuento.**

> El cuento necesita del reposo, de un detenimiento en el trabajo, un oído grupal, un narrador. La palabra se despoja del cuerpo-espacio-ritmo, se desnuda en el oído-agrupado. Lo oral se esparce, se difumina; lo oral, como lo recuerda el diccionario, también es «viento fresco y suave».[2]
>
> ANA PELEGRÍN

Este momento mágico ocupa una tarde a la semana. Es la hora del sueño, la hora en que la cálida presencia de los demás nos tranquiliza, la hora en que viviremos, codo a codo, una misma emoción. Esta esperada tarde nos quitamos las batas, hacemos un viaje desde nuestra clase hasta la biblioteca y entramos en un mundo maravilloso donde todo es posible. Nos sentamos en las sillas, alrededor del maestro, se para el tiempo y se hace el silencio. Dulcemente las cortinas se cierran, los ojos hacen chiribitas y las primeras palabras («He aquí que en aquel tiempo de los catorce vientos, que siete eran suaves y siete eran violentos...») nos transportan a través del tiempo y el espacio. La atmósfera de calma, de vida interior intensa, nos permite la reflexión, nos ayuda a liberar las formas de expresión, alimenta la satisfacción de reaccionar como los demás y concede la posibilidad de multiplicar las emociones en contacto con los compañeros.

¡Por favor, cuéntame una historia!
No me importa cuál, ni cómo. Que sea tan luminosa como comprensible, que sea tan familiar como extraña, que sea nueva, que sea conocida.

Explícamela y así volveré a soñar.

Sueños. El niño dialoga con las hadas y él mismo es Garbancito o Caperucita, es el lobo y la bruja, se esconde en una cueva de la montaña misteriosa, entra en un palacio o en un bosque extraño y conocido. Las ondas simbólicas toman cuerpo..., el valor de la palabra como sonido y como impresión sensorial provoca que, al decir una cosa, invoquemos su presencia.

Sea como sea, la palabra, como transmisora de percepciones, ejerce una acción poderosa y excitante sobre la imaginación del niño, porque hace surgir, por arte de magia, imágenes extraordinariamente vividas de los objetos mencionados. Palabra de gigante, de bruja o de cualquier objeto inanimado.

Ya lo decía Andersen:[3]

> Cuando un niño empieza a hablar, comprende de maravilla el lenguaje de las gallinas, de los patos, de los gatos y de los perros. Nos hablan tan claramente como el padre y la madre. Llegamos a sentir el relincho del bastón del abuelo que hemos convertido en caballo y le vemos perfectamente la cabeza, las patas y la cola.

El cuento cumple una función muy clara. Los psicólogos lo defienden aduciendo que libera los miedos y ayuda al desarrollo de la fantasía; los folcloristas lo entienden como una manera de transmitir los sentimientos y las ilusiones colectivas de un pueblo; hay quien lo usa como terapia; los padres y las madres lo cuentan, simplemente, como un entretenimiento; en las culturas más primitivas se narraba para transmitir los conocimientos.

El ritual de la hora del cuento siempre es el mismo. Tiene que ser así. En ciclo infantil las rutinas tienen su importancia. Recordad el fragmento de la carta de la madre del alumno que encabeza el presente capítulo. Volved a leerlo. El referente principal de un niño de cinco años que no sabía los días de la semana era el momento de la visita a la biblioteca. Visita esperada y deseada sobre la cual giraba su pensamiento. «¡Claro! –debía de pensar este niño–, si ayer estuvimos en la biblioteca, hoy es cuando vamos a la piscina.» O quizás: «Faltan dos días para ir a oír cuentos, y eso quiere decir que nos tenemos que poner la bata de pintura».

Es sólo un ejemplo de la importancia de los rituales.

En el libro de Antoine Saint-Exupéry,[4] en uno de los capítulos, el principito y el zorro quedan para encontrarse al día siguiente, pero cuando llega el momento, el chico se anticipa y se presenta antes de tiempo.

Entonces, el zorro se enfada muchísimo:

–Tendría que ser mejor llegar a la misma hora –dijo el zorro–. Si vienes, por ejemplo, a las cuatro de la tarde, desde las tres empezaré a ser feliz. Cuanto más tiempo pase, más feliz me sentiré. A las cuatro ya me pondré ansioso y lleno de angustia; ¡descubriré qué vale la felicidad!

Pero si vienes a cualquier hora, no sabré prepararme el corazón… Hacen falta ritos…

–¿Qué es un rito? – preguntó el principito.

–También es una cosa demasiado olvidada –dijo el zorro– Es lo que hace que un día sea diferente de los demás días, una hora diferente de las demás horas.

Es la importancia de un ritual que hace posible que cada día sea diferente. El placer de esperar el momento de la visita semanal a la biblioteca tiene su significación, naturalmente.

El día llega y el grupo se prepara. En clase, ya lo hemos dicho, los niños y las niñas se quitan las batas, hacen las filas y, en silencio, emprenden el camino a la biblioteca.

Cuando cruzan la cortina que separa el pasillo del espacio que llamamos *biblioteva* –así, con uve– es como si entráramos en otro mundo, otro mundo donde todo es posible.

Notad que hemos escrito *cortina* en vez de *puerta*. La escuela es un lugar de encuentro y la biblioteca es un espacio abierto a todo el mundo. Abierto en sentido figurado pero también en sentido físico: un espacio que se comunica directamente con el pasillo, accesible en cualquier momento, sin barreras, sin obstáculos, sin puerta.

Los niños se sientan en círculo en el rincón dedicado a la narración. La fiesta empieza. Pero para que este momento mágico sea realmente una *fiesta* hay que crear la atmósfera necesaria y se tiene que disponer de una instalación material que facilite la libertad de ejercer plenamente la función de imaginación.

Tenemos que preparar:

En primer lugar, el **confort material**: sillas apropiadas, bajas, situadas en semicírculo, que permitan a los niños ver al narrador. Bien sentados, los pies apoyados en el suelo, las espaldas bien rectas. Ni apiñados en un banco ni estirados en una alfombra, donde las molestias y los empujones son inevitables.

En segundo lugar, el **silencio**: dulcemente se cierran las cortinas y se crea la penumbra propicia para todos los sueños. Entonces, el maestro o la maestra silencia los murmullos cantando o ejecutando cualquier otro pequeño gesto o frase específica reservada para este preludio. La sesión empieza con el silencio.

En tercer lugar, el **decorado**: sencillo, ya previsto. Normalmente es un objeto simbólico que está allí, presente, vigilando la fiesta; puede ser un instrumento de música, una flor, un sombrero, una vela o cualquier aparato que presida la ceremonia. También está presente el duende, Sentadillo, la mascota de la biblioteca, que tiene una función crucial en cada sesión.

Este decorado va variando. No es del todo necesario porque el interés por el cuento es suficiente para conseguir la atención desde el primer momento. Su función es simbólica. En algunas sesiones especiales que coinciden con fechas significativas usamos telas para *vestir* el rincón de los cuentos de una manera más notable. Por ejemplo, si estamos en el mes de junio y contamos cuentos de marineros, el suelo se empapela con hojas de periódico que simulan el agua del mar: las sillas en forma de quilla de barco y una bandera pirata ambientarán –¡y de qué manera!– la jornada. Si es el día de las leyendas de los indios americanos, entonces sacaremos un tótem, un *tipi* y un círculo de velas nos rodeará; si hace falta, una música adecuada nos ambientará, etc.

En último lugar, la **narración**: el cuento se tiene que atacar con simplicidad y seguridad. Lo habremos releído o escrito en un pequeño guión antes de narrarlo. El narrador no es quien tiene el encanto. El encanto son las palabras, la narración en sí misma. «Narrar es vivir una historia y hacerla vivir», decía Marc Soriano.[5]

El tiempo se detiene. El maestro, sentado en un lugar visible, habla, y de sus labios fluyen las imágenes fascinantes que dejarán a los niños embobados. Los niños y las niñas han experimentado la felicidad de esperar este momento privilegiado que ha reunido a la pequeña colectividad (la suya), momento donde se crea una atmósfera de sueño, de vida interior, donde ellos escuchan al adulto, cada uno de ellos.

Experimentan, también, el placer de participar en el cuento, de toda su sensibilidad, porque el maestro ha previsto las emociones que lo pueden nutrir: la inquietud, la pequeña amistad, la alegría, la pena, la angustia. Los ojos están fijos, dilatados; los niños siguen todas las situaciones de la historia.

Del mismo modo viven la satisfacción de reaccionar con los demás, como los demás, y ven cómo se multiplican sus reacciones en contacto con los compañeros, con sonrisas inextinguibles. El contacto es evidente, el toque de la expresión es directo e inmediato: quien ríe hace reír, quien tiene miedo lo contagia.

Explicaremos, a continuación, con más detalle, los tres grandes momentos en que dividimos una sesión tipo de ciclo infantil. Son:
    A. Conozcamos los fondos bibliográficos de la escuela.
    B. La narración.
    C. Miremos los libros.

A. Conozcamos los fondos bibliográficos de la escuela

Es el inicio de sesión, la primera acción, y tiene como finalidades:

- Conocer la existencia de los libros que hay en la biblioteca.
- Conocer los que son adecuados para cada edad.

Cuando se hace el silencio, el maestro, que ha preparado un par de álbumes ilustrados, lee el título, el autor y la editorial. Después va pasando las páginas mientras explica la historia. El maestro siempre narra, con sus propias palabras, parándose, si hace falta, para hacer los comentarios sobre las ilustraciones o sobre el comportamiento de los personajes. A veces conviene hacer una lectura de un fragmento para captar la belleza de las palabras, las sugerencias sensoriales; entonces el maestro hace de lector, subrayando expresivamente la carga dramática del texto, y su voz es generadora del clima que rezuma el mismo texto. Pero no es muy habitual; normalmente se narra y se deja la lectura, más pausada, al pie de la letra, tal y como está en el álbum, para hacerla en el aula durante días posteriores.

Se trata de que los niños puedan acceder a los mundos imaginarios, aprendan a aceptar las propias diferencias, descubran el poder del grupo, se pierdan en la aventura, se abandonen a los ritmos, se enfrenten a los miedos, rían.

Cada libro que se muestra y se explica provoca emociones diversas y, además, sus imágenes nos están ayudando en la educación estética y en la comprensión de este lenguaje icónico.

Los libros de imágenes, que llamamos *álbumes ilustrados*, suelen ser los primeros que el niño conoce y cumplen una función expresa de conocer, de saber, porque ayudan a reconocer las manifestaciones de la realidad. Con estos álbumes, el niño se abre al mundo de las relaciones y de las fantasías.

En el mercado hay muchos buenos libros que son adecuados para estas primeras edades. En la escuela buscamos a aquellos autores y autoras que aplican los conocimientos de la psicología infantil para ayudar a los niños a crecer y a entender el mundo. Son libros que pretenden mostrar la realidad que nos rodea para que podamos reconocerla e identificarnos con ella. Estos autores exponen la realidad psicológica por la cual hemos pasado todos, de modo que el niño o la niña que mira el libro vive la aventura como propia. Eso se consigue por la capacidad de *mimesis* –de identificación con el personaje– que tienen los niños.

El par de libros que hemos mostrado se prestan una semana a la biblioteca del aula de modo que todos los niños los podrán manipular, recrear, observar sus páginas y hacer improvisaciones.

En la visita siguiente serán devueltos a la biblioteca general donde quedarán a disposición del préstamo general de manera que, quien así lo quiera, pueda llevárselos a casa durante unos días.

De uno de los libros mirados se entregará –al acabar la actividad– un *cromocuento,* que es la fotocopia reducida de una de las imágenes del álbum, normalmente de la cubierta, en la cual se ha añadido el título. Este cromocuento –que es individual, uno para cada niño– se pegará, posteriormente, en un pequeño cuadernillo que cada niño tiene en clase. Los *cuadernos de cromocuentos*[6] tienen la función de recordatorio de los libros mirados y a la vez sirven para orientar a las familias. Son como una especie de guías de lectura de los libros que recomendamos especialmente para estas edades. En las primeras páginas hay una breve introducción dirigida a las familias.[7]

B. La narración

En el tiempo en que los animales hablaban, los árboles cantaban y las piedras andaban, había una chica alta, más bien delgada y con una belleza en el rostro que dolía en los corazones de sus enamorados, que vio un pescador que andaba por la playa y llevaba las manos llenas de coral, como un racimo de flores. La chica dijo: «¿Lo has encon-

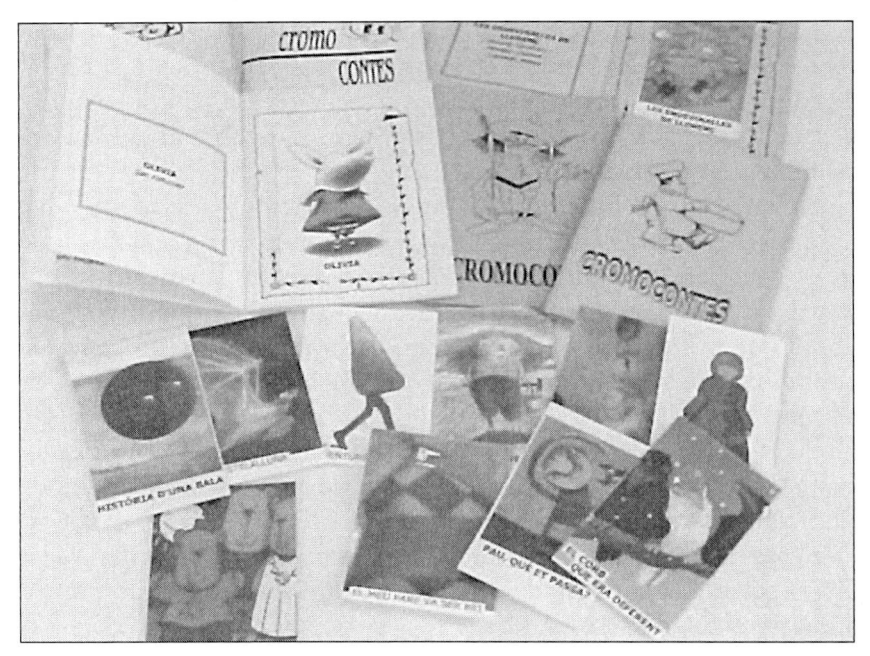

Fig.4. Los álbumes de «cromocuentos»

trado tú?». Y mientras le sonreía, con sus ojos dulces y almendrados, añadió: «Si me lo quisieras vender, yo te lo compraría ahora mismo y me haría un collar. Éste que llevas tiene un color rosado precioso. ¿Cuánto pides?».

El chico se puso rojo y carraspeó un par de veces antes de responder: «Yo no vendo este coral. Yo soy pescador de peces...»[8]

Abramos otro cuento:

En un lugar, lejano, muy lejano, una vez era pleno invierno y los copos de nieve caían como plumas.

Una reina estaba sentada al lado de una ventana que tenía un marco de negro ébano, y cosía. Y cosiendo y mirando la nieve, se pinchó el dedo con la aguja, y cayeron tres gotas de sangre en la nieve. Y como el rojo sobre la nieve quedaba tan bonito, pensó: «¡Ojalá yo tuviera un niño tan blanco como la nieve, tan rojo como la sangre y tan negro como la madera del marco!».

Al cabo de poco tiempo, tuvo una niña que era blanca como la nieve, roja como la sangre y con los cabellos negros como el ébano...»[9]

Así, a nuestro alrededor, cuentos preciosos se abren y se cierran. Narraciones que nos hechizan, hechizos que nos hacen soñar para llegar, en un viaje mental, a un sin-tiempo en el que se traspasan las fronteras entre los humanos, los animales, los vegetales, entre los deseos y las realidades. Palabras, imágenes únicas y personales, que el viento se lleva en todas las direcciones.

La palabra, herramienta básica de comunicación, ha servido a lo largo de los tiempos para transmitir aquellas emociones que, de pequeños, se transportan a lomos de un pájaro inmenso –como el del cuento *La flor romanial*,[10] quizás–, lejos, muy lejos, muy alto, hacia el cielo, al país de los cuentos y de lo imaginario.

Hoy en día, la narración de cuentos ha dejado de ser un medio de información como lo era cuando los juglares, los ciegos fabuladores o los *tale singers*, iban por las plazas y los mercados, pero los niños siguen pendientes de los labios del narrador o la narradora, porque la infancia vive, en sus comienzos, las mismas dimensiones que la humanidad vivió antes de la invención de la imprenta, en el espacio acústico, la emotividad y la participación colectiva.

En tiempos lejanos, la audición era el medio de conocimiento. La memoria era la conservadora del pasado; en ella se quedaban fijadas las narraciones, los orígenes, las incidencias mágicas que dieron lugar al grupo, al propio grupo.

Los cuentos son mucho más que simples narraciones anónimas transmitidas por la tradición oral desde los orígenes de nuestra historia. La narración de un cuento da a los niños unos momentos de entretenimiento y placer, pero hay una segunda lectura mucho más profunda que actúa sobre el inconsciente proporcionando, según el caso, la posibilidad de identificación con el héroe y la esperanza de ver cómo los *fantasmas* tienen posibilidad de solución.

Los cuentos aportan también un estímulo importante a la propia fantasía, y es sabido lo importante que resulta la fantasía para el desarrollo intelectual.

> Cuando contamos un cuento a un niño,
> sobre su alma llueve,
> sobre sus ojos nieva,
> aunque sea agosto.
>
> Walter Benjamin[11]

Los cuentos constituyen todo un sistema lógico basado en su estructura rígida y ayudan a crecer, a comprender el mundo, a conocer la vida.

Contar es una manera de expresarse, de crear, de dar, de comunicar, de amar, de compartir con los demás, y eso siempre es satisfactorio y nos hace sentir más felices.

Contar es necesario, imprescindible. Pero contar es difícil y requiere cierta práctica y reflexión. Algunas de las preguntas o reflexiones que hay que prever las exponemos resumidas en el decálogo siguiente. Es el resumen de un documento interno del servicio de biblioteca que nos sirve y nos hace reflexionar acerca de este acto comunicativo.

El decálogo

1. CONTAR O LEER
   Contar quiere decir asimilar el relato. Esto nos permite estar atentos a los oyentes.
   Si leemos, nos perdemos las reacciones de los que escuchan y, además, nos falta espontaneidad.
   No se trata de saberse la historia de memoria sino de conocer el hilo argumental, los momentos del relato. Una ficha que resuma los momentos principales por donde transcurre la acción siempre nos puede ayudar.

2. ¿CÓMO NARRAMOS?
   ¿De pie? ¿Sentados? ¿Gesticulamos? ¿Cuál es el vestuario más adecuado?
   La norma es clara y elemental: no hay que distraer a los oyentes con gestos absurdos o ropa llamativa.
   Nos tenemos que mover por dentro, **debemos ser capaces de hechizar con la palabra.**
   Habitualmente narramos arrodillados, a lo japonés, sobre un cojín. Así, las expresiones corporales se concentran en la cara, los brazos, las manos y el cuerpo. Nos situamos muy cerca de los niños, las miradas muy cercanas y el cuerpo casi en contacto.

3. ¿CÓMO TIENEN QUE ESTAR LOS QUE ESCUCHAN?
   Relajados, tranquilos y con ganas de escuchar. **En silencio.**

La situación de semicírculo es idónea: permite al narrador o a la narradora controlar todo el auditorio y hace posible que se puedan compartir alegrías y emociones, codo con codo.

4. LA MANERA DE HABLAR
   La dicción debe ser clara. El tono de voz puede tener subidas y bajadas. Los silencios son básicos. Podemos modificar la voz imitando a los personajes.[12] **Narrar tranquilamente, sin prisas, disfrutando de la narración.**

5. ¿QUÉ CUENTOS?
   Los cuentos para los niños de tres años deberían ser breves, con la acción muy concreta, con repeticiones, con imágenes familiares, explicados con palabras conocidas por ellos, que expresen sensaciones.
   La trama de los cuentos debe ser simple, sin matices.
   A los cuatro años, la edad de la gracia, podemos incluir historias de héroes, de reyes y de reinas, de auxiliadores sobrenaturales que permiten formular tres deseos, de personajes encantadores como los enanitos. La existencia de objetos mágicos la entienden perfectamente. Los silencios crean las emociones. Las onomatopeyas, los refranes, las cancioncillas, las expresiones rituales les sorprenden y les encantan: *cric crac, tip tap, ric rac*.
   Los personajes peligrosos son necesarios: son inquietantes pero se les vence, al miedo le sigue la victoria.
   A los cinco años, ciudadanos del mundo, los cuentos ya pueden pasar en cualquier sitio. Empiezan a mostrar interés por las narraciones etiológicas, las tradiciones. Estas narraciones etiológicas responden de entrada a un porqué. Desarrollan un mito y están llenas de acción (*¿por qué el agua del mar es salada?*, *¿por qué los gatos se comen a las ratas?*, etc.).
   En resumen, en ciclo infantil tendremos que buscar:
   ▶ Cuentos que permitan la concatenación, la repetición: las dimensiones de los niños no son tan amplias, la sensibilidad de su corazón no es tan diversa para asimilar a la primera toda la carga de emociones del cuento.
   ▶ **Historias de animales en las que ellos se puedan proyectar, cosa imprescindible.**
   ▶ Expresiones conocidas, sin adornos ni matices difíciles de comprender.

> ‣ Rondallas que faciliten la identificación con el héroe, de una secuencia (planteamiento-nudo-desenlace).

6. LAS REPETICIONES
 Cuando el niño o la niña ha escuchado un relato –y si le ha interesado–, es posible que lo vuelva a pedir una vez más, y otra, y otra. **Las repeticiones son necesarias,** y ayudan a que el niño vaya asimilando y medite sobre aquello que el cuento transmite.

7. FÓRMULAS DE PRINCIPIO Y FIN
 Son las puertas que nos introducen en el mundo de la fantasía. Ayudan a alejar el mundo real del mundo imaginario. Suelen ser frases que el narrador o la narradora sabe de memoria: *érase una vez; he aquí en aquel tiempo en que los pájaros tenían dientes; colorín colorado, y este cuento se ha acabado;* etc.[13]
 Cuando las palabras «había una vez» han sido pronunciadas, el cuento no se puede detener porque pierde la magia, el hechizo. El narrador no puede romper el ritmo, no se puede despistar.

8. ADAPTAR LOS CUENTOS
 Todos los cuentos pueden ser narrados. Pero algunos requieren una adaptación, es decir, se les debe dar una estructura oral. Muchos cuentos de autor han sido escritos para ser leídos y, por eso, en el momento de la narración hay que hacer las correcciones pertinentes. Por ejemplo, si el cuento dice «y la ardilla, saltando por el camino, llegó a...», nosotros podremos decir «y la ardilla, iba por el camino y *saltando, saltando, saltando,* llegó a...». También el narrador tiene licencia para detenerse en los pasajes más emocionantes y pasar deprisa por los más truculentos, siempre dependiendo de los niños que tenga delante. **Un mismo cuento no se contará igual a niños de tres que a niños de cinco años.**

9. LA ACTITUD DEL NARRADOR O LA NARRADORA
 El narrador o la narradora se tiene que creer aquello que cuenta y debe vivir el relato. Como conocedores del cuento saben cuándo han de hacer un silencio y cuándo su palabra es magia, sueño, misterio.

El narrador o la narradora debe ser respetuoso con los oyentes, **tiene que ser como el amigo que te confía un secreto muy valioso.**

10. EL MIEDO
El miedo está más en el *cómo narramos* que en el *qué narramos*. Podemos asustar a un crío hablándole de un caballo y hacerlo reír como un descosido hablándole de una bruja, por ejemplo. **El miedo es necesario en pequeñas dosis.** Es como una vacuna que nos ayudará a vencer nuestros propios temores.[14]

C. Miramos libros

La tercera parte de la sesión la dedicamos a mirar libremente los libros que hay en la biblioteca. Los niños y las niñas saben dónde están situados los que pueden coger –los que tienen el lomo con una pegatina de color azul–, pero también saben que pueden trastear cualquier otro libro, sea de imaginación o de no ficción. Se trata de descubrir.

Los maestros que están presentes orientan a los más despistados, indican dónde se encuentran los cuentos de animales o los populares, por ejemplo. Los maestros se sientan con el niño o la niña que lo pide y hacen una lectura de falda conjunta.

Este rato suele ocupar los últimos quince minutos de cada sesión.

La hora del cuento se acaba y es el momento de ordenar y dejar los libros en las estanterías.

Antes de volver al aula, el duende regala a cada niño un *souvenir*,[15] un recordatorio de alguno de los cuentos que se han contado. El *souvenir* es una guía de lectura muy particular porque sólo hace referencia a un único libro. Se procura que sea un folio atractivo, a menudo impreso en cartulina, encuñado y pintado. Su función es que sirva de nexo entre la biblioteca y la familia. El niño o la niña se lo llevan a casa, cada sesión, y servirá para que la madre y el padre sepan qué cuento se ha contado, cómo se llama, quién lo ha escrito y de qué trata. Es, a la vez, un objeto entrañable porque es un regalo muy especial que hace Sentadillo.

A cada niño se le entrega también el cromo para que lo pegue en su cuaderno de cromocuentos.

Fig. 5. Modelos de recordatorios que se reparten en las sesiones con niños del ciclo infantil. Son, a la vez, recordatorios familiares.

También se confecciona un **cartel** para la clase. Es una hoja con medida DIN-A4 donde hay una ilustración del cuento contado y el título. El cartel, pegado sobre una cartulina y plastificado, se colgará en el corcho del aula, en el espacio dedicado a la biblioteca, y allí permanecerá durante todo el curso escolar.

El cartel ayuda a recordar los cuentos contados y es el soporte al trabajo de lectoescritura. Afectivamente también tiene su incidencia. Es placentero verlo en el aula y, además, en las últimas jornadas del curso, cuando el grupo valora todo lo que ha aprendido, facilita mucho las evocaciones mentales.

–¡Aquí dice MA-TRI-OS-KA! –comenta Judit–. Recuerdo esta historia. Me gustó.

–Pues a mí el cuento este de la niña que tenía una nariz muy larga me dio un poco de pena –interviene Ricard, mientras señala el cartel de *La nariz de Verónica*.

–¡Mira!, éste es el mejor de todos: *El huevo más bonito del mundo*. Yo hacía de rey pollo y llevaba una corona –es Joan, que hace mención a la representación del cuento.

Y así, uno tras otro, van recordando los momentos vividos en la biblioteca durante el curso.

Las maletas familiares

Son otro elemento que relaciona la biblioteca con las familias del alumnado en el ciclo infantil.

Cada grupo-clase dispone de una o dos maletas familiares. Es un servicio de préstamo muy especial. Normalmente contienen una docena de libros, del fondo de la escuela, adecuados para la edad de los niños. En la maleta se incluye una libreta con las explicaciones del funcionamiento[16] y un decálogo[17] de lo que debería ser una familia comprometida con la lectura.

Las maletas están en préstamo una semana, de modo que durante el curso «viajan» por todas las casas. La familia asume el compromiso de congregarse alrededor de la maleta y descubrir qué hay en su interior.

La familia, cuando devuelve la maleta, deja escritas sus sensaciones en una libreta, y estas notas nos revelan los intereses de cada niño. Son unos escritos muy afectivos, normalmente.

Esta idea es de un maestro de la escuela Miguel Servet de Fraga (Huesca). Este maestro, Mariano Coronas,[18] organizaba con su alumnado de quinto de primaria una experiencia similar. Nos pareció adaptable a cualquier nivel y lo aplicamos, con las adecuaciones correspondientes, a nuestro alumnado de ciclo infantil.

Es una actividad que no requiere demasiados esfuerzos: preparar las maletas durante septiembre y hacerlas pasar de familia en familia durante el curso. En el mes de junio se revisan, se purgan de libros que se hayan estropeado y se incluyen las novedades interesantes aparecidas durante el año.

Otras maletas especiales

En la biblioteca hay otras maletas muy particulares. Son maletas que contienen un único ejemplar, pero se trata de libros muy especiales, preciosos, y que hay que tratar de manera singular. Por ejemplo, *El regalo*,[19] *No es fácil, pequeña ardilla*,[20] *El nuevo amigo de Elmer*[21] o *¿Qué vuela?*[22]

Se prestan durante dos días y van dentro de unas maletas que tienen unos indicadores de su contenido. «Un tesoro», «Una joya», «Una maravilla».

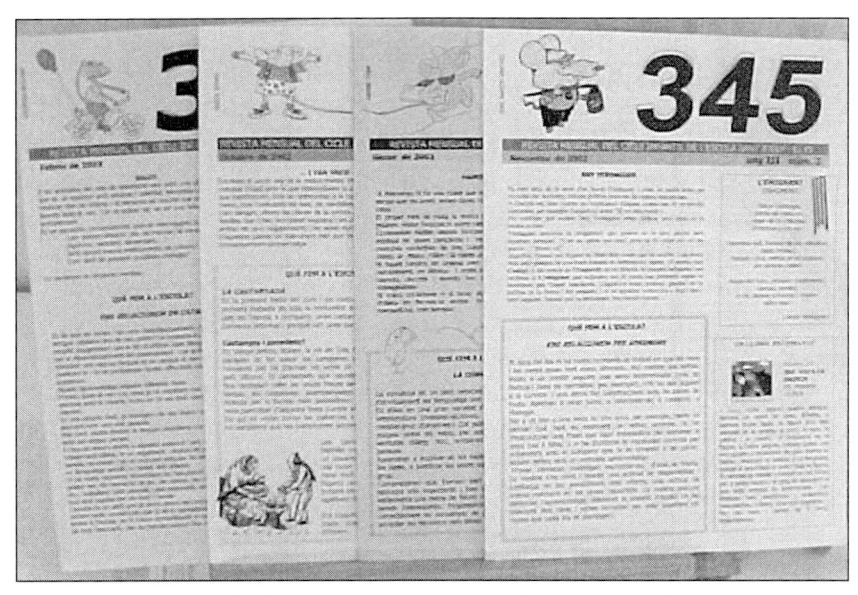

Fig. 6. Ejemplares de la revista de ciclo infantil.

La *345*[23]

Es la revista mensual del ciclo infantil. En cada revista hay un par de secciones en las que colabora el servicio de biblioteca.

Una es «**El libro recomendado**». Es una reseña de un libro que recomendamos especialmente. Se indican sus datos (título, autor, precio, etc.) y se hace una breve explicación de su contenido.

Otra es la sección «**El rincón de Sentadillo**». El duendecillo de la biblioteca se relaciona con las familias en un apartado muy personal donde se explican noticias de actualidad relacionadas con el mundo de la literatura (el día de libro, una actividad en la biblioteca pública del barrio, un premio concedido a un determinado autor, etc.).

El servicio de préstamo

El alumnado de ciclo infantil y sus familias tienen la posibilidad de llevarse a casa libros y otros documentos de la biblioteca escolar. Muchas familias usan este servicio y nos detallan sus experiencias:

El duendecillo de la biblioteca y los maestros de esta escuela demostráis que siempre es posible ir más allá y encontrar maneras ricas de establecer un puente entre nosotros, las familias, y la escuela, y de enseñarnos de manera sutil, amable y respetuosa aspectos importantísimos para la educación de nuestros hijos/as que, a menudo, esta vida de prisas y superficialidad nos hacen olvidar o descuidar.

Lluís se lleva todo lo que le gusta a la cama. A veces se duerme con los libros que trae de la escuela.

Desde que Isabel tenía un año, cada noche, antes de ir a dormir, miramos un cuento. No faltamos ni un día a esta cita con la lectura. El último que trajo –¿*Quién soy?*– lo ha mirado un montón de veces.

La lectura es importante y sobre todo si la compartimos con nuestros hijos, pero muy a menudo, por diversas circunstancias vamos a lo que es más fácil, encender la tele. Y fíjate que los pocos ratos que dedicamos a mirar los cuentos nos lo pasamos bien, ¿eh?

A Mariona le gustan los cuentos que explicáis en la biblioteca porque algunos ya los conocía por su abuela. Con lo que más disfruta es con los CD de las canciones.

¿Para qué nos vamos a engañar? Nuestro hijo no es un entusiasta de la lectura. Cuando trae libros a casa, pasa las páginas deprisa y no se está mucho rato. En cambio, cuando trajo el cederrón de *Pingu* no lo dejó en todo el fin de semana, estaba como loco.

Las madres y los padres de nuestro alumnado pueden participar y se pueden comprometer. En las reuniones periódicas se les explica cuál debe ser su papel, cuál es la finalidad de la lectura, para qué sirve la biblioteca. A menudo se trata de quitar las angustias y los miedos al hecho de que su hijo o su hija no llegue a saber leer, el pánico de ver cómo pasan los meses y que, a pesar de los esfuerzos, parezca que no se avance en ningún sentido. Se trata de hacerles entender que cada uno hace su proceso particular, que todos vamos juntos en esta aventura y que los niños –todos– lo conseguirán, transformados en personas más autónomas. Hacerles entender que el aprendizaje de la lectura no es una carrera ni un concurso entre vecinos y que es necesario respetar el ritmo de cada uno.

Café y libros

Son unas tertulias en las que se tratan temas relacionados con la lectura, como los álbumes ilustrados, la narración de cuentos, las bibliotecas de la ciudad, para qué leer, las novedades editoriales, etc.

La escuela convoca a los padres y a las madres a la biblioteca y vela por tener a punto el espacio y crear un ambiente cordial y amistoso donde todo el mundo se ha de sentir bien, acogido y respetado. A la vez se encarga de preparar el café y el acompañamiento. Dos maestros, en representación del claustro, son los encargados de conducir las sesiones, moderar los debates, recoger las informaciones aportadas y redactar las actas de cada sesión. Los padres y las madres, por su lado, se comprometen a leer los documentos y comentarlos en la tertulia siguiente.

Son reuniones que sirven para señalar caminos, para encontrar criterios y para debatir libros, donde todo el mundo expresa sus preocupaciones y sus ideas. Se dan opiniones diversas:

> Yo leo en el metro porque tengo poco tiempo, hago un recorrido diario de dieciocho paradas, puedo abstraerme del ruido que me rodea y puedo leer –comenta una madre.

> Pues yo tengo tres críos y entre el trabajo, las tareas de la casa y mis hijos, no tengo prácticamente tiempo para leer –se lamenta otra.

> Yo de pequeño leía los libros de Julio Verne, aventuras del tipo *Tom Sawyer* y también los tebeos de *Las hazañas bélicas* y *El capitán Trueno*, y aunque eran violentos, no me parece que fueran del mismo estilo que los tebeos que llaman *manga* y que le gustan tanto a mi hijo –comenta un padre.

> Cuando venimos a la biblioteca a coger libros en préstamo, si le dejo escoger, siempre coge cuentos de las películas de Disney, como *La dama y el vagabundo* o *El rey León* –otra opinión que merece un comentario de grupo.

Escuela, familia y niño son los tres vértices de los cuales hablábamos al inicio del presente capítulo, unas líneas más arriba. Es un triángulo equilátero que gira alrededor de su ortocentro, allí donde está la biblioteca, allí donde están los libros.

Hemos hablado del momento mágico de la **narración de cuentos**, la visita semanal a la biblioteca para ser transportados a lugares misteriosos y lejanos –«el lector era quien más lejos había ido, el que más había viajado, el conocedor de los mundos más exóticos».[25]

Hemos citado las **maletas familiares**, la revista del ciclo *345*, el **servicio de préstamo**, los **cromocuentos**, los *souvenirs* del duendecillo, los **carteles** para la clase. En definitiva, hemos comentado hasta qué punto resulta beneficioso para los niños y las niñas de ciclo infantil formar parte de una escuela y de una familia comprometidas con la lectura, que invitan a leer proporcionando buenos libros que les ayuden a resolver enigmas, adivinanzas, libros que les sirvan para encontrar respuestas, para conocer y para viajar.

La escuela y la familia deben ir juntas para ofrecer todas las posibilidades al niño que quiera ser, si lo desea, como Bastian de Michael Ende,[26] un chico capaz de pasarse tardes enteras delante de un libro, con las orejas ardiendo y el pelo cayendo encima de la cara, leyendo sin parar. Un chico que leía de noche, acurrucado debajo de la manta y con una linterna que era su compañera de aventuras, un chico que lloraba cuando la historia acababa y tenía que decir adiós a los héroes que quería y admiraba.

> Y, de repente, se sintió invadido por un estado de ánimo casi fastuoso. Enderezó el cuerpo, cogió el libro, lo abrió por la primera página y comenzó a leer.

Hay más, mucho más: las guías de lectura, las exposiciones, las visitas a la biblioteca pública del barrio, el día del libro, el concurso del mes, el bibliopatio, la visita de un personaje de un libro, etc. Es un proceso lento y a largo plazo, a veces dificultoso, pero ilusionante.

Porque de lo que trata es de poner en contacto un libro con un niño o una niña. Sólo se trata de eso.

> –¿Sabes por qué las golondrinas hacen los nidos en los tejados de las casas? –preguntó Peter–. **Para escuchar los cuentos.** Oh, Wendy, ¡vuestra madre os contaba un cuento tan bonito!
> –¿Cuál era?
> –El del príncipe que no encontraba a la chica del zapato de cristal.
> –Peter, –dijo Wendy, emocionada–, era la Cenicienta, y el príncipe la encontró, fueron felices y comieron perdices.
>
> *Peter Pan y Wendy*

Notas

1. Fragmento de un escrito de una madre, extraído de la libreta de una maleta familiar del curso 2001-2002. Ved, en este mismo capítulo, la explicación del funcionamiento de las maletas familiares.
2. PELEGRÍN, Ana. *La aventura de oír*. Madrid: Cincel, 1982. Un libro teórico sobre cómo contar cuentos, con numerosos ejemplos prácticos.
3. Hans Christian Andersen es un autor que nos ha dejado unos cuentos que han pasado a ser verdaderos clásicos. Algunos como *El patito feo*, *La vendedora de fósforos*, *El abeto*, etc., se pueden encontrar en un gran número de colecciones. Toda su obra está llena de situaciones tiernas e imágenes entrañables, algunas con cierto regusto amargo.
4. SAINT-EXUPÉRY, Antoine de. *El principito.* Madrid: Alianza bolsillo, 2004.
5. SORIANO, Marc. *Guide de la littérature pour la jeunesse*. París: Flammarion, 1973.
6. Los cuadernos de cromocuentos se reparten al inicio del trimestre y tienen en las páginas pares los nombres de los títulos de los cuentos, de los autores y de los ilustradores, y en las páginas impares hay un marco vacío donde se pegará el cromo correspondiente. En cada cuaderno caben ocho y cuando está lleno se lo llevan a casa, normalmente cuando acaba el trimestre.
7. Se trata de una breve explicación dirigida a los familiares para que sepan qué es lo que su hijo les muestra y les explica. Algunos de los escritos que hemos empleado los tenéis en los ejemplos siguientes:

EJEMPLO 1:
Cuando escuchamos un cuento en la biblioteca de la escuela…
es como si navegásemos a través del día y de la noche en busca de sueños;
es como si jugásemos con las palabras, a estirarlas, a arrugarlas, a reírlas, a llorarlas…,
es como si volásemos a mundos fantásticos y lejanos.
Y **gracias a este viaje llegamos…**
al cráter de un volcán donde unas voces melodiosas dan respuesta a nuestros enigmas y nos ponen en contacto con las voces de los poetas;
a laberintos de papel donde se escuchan las historias más inimaginables y las aventuras más maravillosas;
a una sala enorme –que es nuestra biblioteca– donde viven centenares de libros que nos atrapan con sus miradas y nos permiten entrar en ellos para sentirnos reconfortados.
En la biblioteca nos olvidamos del tiempo, nos abandonamos y nos dejamos seducir por la magia de las palabras.
Algunos de los libros que hemos vivido últimamente se encuentran en este cuadernillo de cromocuentos.

EJEMPLO 2:
Todas las semanas vamos a la biblioteca. Es un momento importante. Allí, sentados en corro, escuchamos cuentos y después miramos libros.
El maestro comienza una historia y su voz nos transporta a mundos y lugares diferentes, donde todo es posible, los sueños pueden durar siete o cien años y los acontecimientos se hacen presentes.
La palabra, con su expresividad y su entonación nos proporciona momentos de placer. El ritmo y los matices de la voz nos ayudan a crear un clima que nos atrae, nos seduce y nos embruja.
En las historias que oímos...
reconocemos a nuestros fantasmas, nuestros miedos a la soledad, al abandono...;
adquirimos, identificados con el héroe, la esperanza de un final feliz si somos capaces de enfrentar las dificultades, y
adaptamos el significado del cuento según nuestros intereses y necesidades.
Por eso el maestro narra y las palabras nos conmueven y nos fascinan.
Algunos títulos de los cuentos que hemos vivido este trimestre son los que hay en este cuadernillo de cromocuentos.

8. CORTEY, Maria Dolors. *Llegendes de les nostres terres*. Barcelona: Publicacions de l'Abadia de Montserrat, 1976. (La Xarxa; 4)
9. *Blancanieves* es uno de los cuentos centroeuropeos más conocidos, popularizado por la adaptación cinematográfica disneyana de la versión recogida por los hermanos Grimm.
10. *La flor romanial* es una narración de origen incierto muy extendida por Cataluña, las Baleares, Valencia, etc.
11. BENJAMIN, Walter. *Escritos. La literatura infantil, los niños y los jóvenes*. Buenos Aires: Nueva Visión, 1989.
12. Cada narrador tiene su estilo propio, naturalmente. No obstante, hay niños que escuchan y que tienen unas características determinadas. Con el alumnado de ciclo infantil es más fácil «teatralizar» la narración, imitar con la voz al lobo, a la bruja o al viento. Cuando se trata de grupos de ciclo medio o ciclo superior hay que tener cuidado de no hacer que les parezca ridículo.
13. Las fórmulas de principio y fin hacen que todo parezca más verosímil. Las hay que nos remiten a tiempos remotos, otras son invocaciones religiosas, algunas son simplemente juegos de palabras que nos suenan bien. Hemos seleccionado las siguientes:

FÓRMULAS DE COMIENZO
Cuando los animales hablaban...
En cierta ocasión...
En un lejano país...

Érase que se era...
Érase una vez...
Érase una vez y mentira no es...
Esto era...
Esto era una vez que yo sabía un cuento pero se me quedó dentro y no me acuerdo, voy a ver si me sale otra vez...
Había una vez...
Hace más de mil años...
Pues, señor...
Va de cuento...

FÓRMULAS DE FIN
... con dragones y princesas y castillos encantados, el que no levante el culo se le quedará pegado.
... cuento contado ya se ha acabado y por la chimenea se va al tejado.
... y aquí se acaba este cuento, como me lo contaron te lo cuento.
... y aunque testigo yo no he sido así me lo han referido.
... y colorín colorado, este cuento se ha acabado.
... y colorín colorado, este cuento se ha acabado, si quieres que te lo cuente otra vez cierra los ojos y cuenta hasta tres.
... y colorín colorado, este cuento se ha acabado, si quieres que lo repita dime que sí y grita.
... y esta historia está acabada, a tomar leche migada con azúcar y canela sentadito en la candela.
... y esta historia tan sencilla no la saben ni en Sevilla, en Córdoba casi nada, porque la escuché en Granada.
... y fueron felices y comieron perdices y a mí me dieron con los huesos en las narices.
... y fueron felices y comieron perdices y de postre bizcocho, pero a mí me dieron un tomate pocho.
... y fueron felices y comieron perdices y a mí no me dieron porque no quisieron.
... y se acabó este cuento con pan y pimiento y todos contentos.
... y se acabó este cuento con sal y pimiento.

14. Cuando se habla de cuentos todo va bien mientras la conversación gira en torno a su función, o del momento más idóneo para contarlos, de la manera de captar a los niños, o si se profundiza sobre aspectos más concretos como la astucia del zorro, lo bendito que es San Pedro o la aparición de ciertos símbolos. Todo va bien al hablar de los cuentos humanos, de los de animales, de los repetitivos, etc.
Las dudas surgen cuando se habla de los cuentos que pueden provocar miedo. El miedo que pueden sentir los niños al ver cómo Caperucita y la

abuela son devoradas por el lobo. El mismo lobo y otros personajes mágicos (demonios, ogros, gigantes), lugares (cuevas, casas de la bruja) y situaciones (perdidos en medio del bosque, abandonados por los padres) son a menudo arrinconados, voluntariamente olvidados y sustituidos por temas menos problemáticos. La pregunta inmediata es: ¿este rechazo hacia ciertos cuentos no será el propio miedo de los maestros?

Un gran número de autores han expuesto sus criterios en torno al tema. Desde las primeras críticas a la fabulación hechas por Rousseau y años más tarde retomadas por Montessori, hasta posturas más moderadas y a favor de los cuentos de hadas. Entre los defensores del cuento fantástico destaca por su seriedad el trabajo de Bruno Bettelheim, quien en su libro *Psicoanálisis de los cuentos de hadas*, plantea un análisis exhaustivo de los más conocidos de los cuentos populares centroeuropeos. «Es posible que una historia en concreto provoque cierta ansiedad en algunos niños, pero una vez se han familiarizado con los cuentos fantásticos, los aspectos terroríficos parecen desaparecer para dar paso a los aspectos reconfortantes. El malestar que provoca la ansiedad se convierte, entonces, en el gran placer de la ansiedad a la que nos enfrentamos y dominamos con éxito», Bettelheim *dixit*.

Es decir, negando las imágenes del lobo, la bruja, el ogro, etc., o dando imágenes de lobos buenos y brujas simpáticas, privamos al niño (que inconscientemente se ha identificado con el héroe) del valor de su victoria final.

Otro paladín de los cuentos mágicos, el francés Marc Soriano, introdujo la noción de «vacuna». Según él, para desbloquear las imágenes traumáticas que bajo la forma de ficciones literarias expresan lo temores, las obsesiones y las angustias del niño, es necesario que éste se vaya familiarizando con los cuentos y entonces poco a poco los aspectos *abracadabrantes* tienden a desaparecer y dan paso a la liberación de estas imágenes. El cuento actúa como «inmunizador». Es la bruja, por ejemplo, quien materializa el miedo de ser comidos y es ella misma quien ayuda al niño, que ve cómo puede ser «echada al fuego» por Gretel de los hermanos Grimm.

La función del cuento es la de proporcionar placer y entretenimiento a los niños pero, también, la de ayudar a hacer el descubrimiento de los problemas, sufrimientos y crueldades de la vida, mediante el mundo simbólico. El problema es saber a qué ritmo se ha de hacer este descubrimiento, atendiendo a la edad y la evolución personal del niño. En el cuento hay una distancia, un alejamiento que hace que el niño perciba que aquello de lo que se habla es fantasía, y puede comprender mucho mejor aspectos como la muerte, el odio, la envidia, etc. El niño comprende todo este mundo simbólico, que cumple su función iniciática mucho mejor que expresándolo de forma realista.

Hay otro aspecto con el cual nos podemos encontrar: una narración que afecta a un niño, provocándole pesadillas. La solución es hablar de ello con los padres. Este hecho, como después se comprueba, suele ser un caso aislado que se acontece como consecuencia de un problema inherente al niño. Un cuento sólo puede traumatizar al niño que ya lo está y suprimiendo estos relatos no le libraremos de sus problemas. El cuento fantástico son palabras y toda palabra crea inmediatamente una imagen y esta imagen, igual que pasa con los sueños, no es duradera ni crea fijación, más al contrario, estimula en el niño la imaginación, le da evasión y placer momentáneo, y le hace vivir situaciones. La realidad que nos rodea, que rodea al niño, toda ella saturada de orden, explicaciones, racionalidad, ya se encarga de hacerle volver a la cotidianidad; de ninguna manera el cuento tradicional puede tener efectos nocivos. ¿Qué quiere decir ayudar al niño? ¿Preservarlo de cualquier shock? ¿Evitar que conozca ésta u otra forma de la realidad interna que le rodea? ¿O ayudar al niño significa acercarlo a la realidad, a las dificultades, de una forma progresiva y de acuerdo con sus capacidades?

15. El *souvenir* puede ser un poema, contener el texto completo de un cuento, un punto de lectura, un objeto mágico (una pluma, una piedra de colores, una tela). Hacer ochenta cada semana supone unas horas de dedicación considerables. Es por ello que es necesario tener un equipo de gente que colabore (alumnos ayudantes de biblioteca del ciclo superior, compañeros y compañeras maestras, alguna madre o algún padre). Si se prevé con tiempo, se puede ir avanzando sin angustias. Si alguna semana no hay posibilidad de entregar el recordatorio, tampoco pasa nada.

16. El texto que incluye la libreta de la maleta familiar es éste:

Padres y madres:

Acabáis de recibir una maleta muy especial. Hay algunos libros: unos bien ilustrados y con poca letra, otro para leer tranquilamente, en soledad; también los hay para mirar y contemplar. La lectura es, sin duda, una de las prácticas más antiguas para extender el conocimiento y también una de las posibilidades de saber más cosas cada día, de aprender continuamente.

También encontraréis alguna revista, algún documental en formato vídeo, y algún CD de cuentos para escuchar.

Todo lo que hay en esta maleta es para afinar la sensibilidad y para estimular la imaginación, pero eso sólo se consigue si ver, mirar, leer y escuchar se hace periódicamente, con constancia. Hoy sólo os quería sorprender un poco e invitaros a reuniros alrededor de la maleta, que la abrieseis y que compartieseis sus contenidos. Mientras dure esta pequeña aventura –una semana– procurad dedicar cada día un rato a hurgar en la maleta, con la tele apagada.

Me gustaría que antes de devolverla, escribieseis unas líneas en este cuaderno: ¿cómo os habéis sentido?, ¿qué os ha parecido la idea?, ¿qué otros materiales pondríais en la tercera visita?, etc.

¡Que disfrutéis de una buena lectura en compañía!

Firmado:

Sentadillo, el duende de la biblioteca.

17. En la libreta hay también un apartado con unas indicaciones sobre las actividades que desde la familia se pueden potenciar. Viene a decir que una familia comprometida con la lectura es aquella que anima a leer incluso antes de que su hijo o su hija sepa leer, que cuenta cuentos, que sirve de ejemplo y lee libros, diarios o revistas y permite que sus hijos e hijas les encuentren frecuentemente con alguno en las manos, comparte y comenta las lecturas, que acompaña a sus hijos e hijas a los lugares donde viven los libros –librerías y bibliotecas– para mirar y escoger juntos, que fomenta y cuida de la biblioteca personal y familiar y le dedica un espacio adecuado en casa, que comprende que la compra de un libro no es un hecho excepcional, etc.
18. Mariano Coronas es maestro de primaria y, a la vez, coordinador del grupo de trabajo de la biblioteca de su centro. Editan una revista específica sobre lectura y biblioteca (*Bibliolandia*) y ha publicado numerosos artículos, todos ellos relacionados con las bibliotecas escolares, en revistas especializadas como *CLIJ, Educación y Bibliotecas, Primeras Noticias,* entre otras.
19. KESELMAN, Gabriela. *El regalo.* Barcelona: La Galera, 1996.
20. RAMON, Elisa. *No es fácil, pequeña ardilla.* Pontevedra: Kalandraka, 2004. Las ilustraciones de Rosa Osuna son una maravilla.
21. McKEE, David. *El nuevo amigo de Elmer.* Beascoa, 2003.
22. CROZON, Alain. *¿Qué vuela?* Madrid: SM, 1999.
23. La revista *345* es una pequeña publicación del ciclo infantil. Se hacen ocho números por curso y mantiene una estructura siempre igual. La revista tiene cuatro páginas (es un DIN-A3 doblado por la mitad) y unas secciones fijas. Hay, por ejemplo, entrevistas a los alumnos de cinco años (cada mes tres niños explican las cosas que les interesan, los trabajos de sus padres, dónde pasan las vacaciones, a qué les gusta jugar, etc.), secciones como «¿Qué hacemos en la escuela?» (donde de manera breve se hace una relación de una actividad del tipo *la conversación, la música, el juego libre,* etc.), el poema del mes, la anécdota, hemos ido, hemos leído, un juego, etc.
24. Tertulias de periodicidad mensual en las que asisten alrededor de veinte personas, un día determinado, por la tarde de tres a cuatro y media. Vean lo que explicamos más exhaustivamente en el capítulo correspondiente («Café y libros o cuando la biblioteca huele a verbena»).
25. MATEO DÍEZ, Luis. *Lunas del caribe.* Madrid: Anaya, 2000.
26. ENDE, Michael. *La historia interminable.* Alfaguara, 2004.

CAPÍTULO 5

Castañas, barquillos, cuchufletas, y dragones o cuando las ondas cotidianas se alteran y se proyectan más allá de los márgenes, ¡fiuuuu!

LA PARTICIPACIÓN DE LA BIBLIOTECA ESCOLAR EN EL CICLO FESTIVO

> *Jean-Cristophe*, con su individualismo acérrimo, sin mezquindad alguna, fue para mí un descubrimiento muy saludable. [...] Estaba literalmente engullido por el río poderoso de unos centenares de páginas. Era el libro que siempre había soñado: una vez acabado, ni toda la vida ni todo el mundo eran ya los mismos que antes.
>
> DAI SIJIE[1]

La actividad de la escuela viene marcada por unas coordenadas en las que las rutinas, el estudio y la sistematización son habituales. De vez en cuando, no obstante, esta vida abarca unos momentos puntuales y se celebran las fiestas populares que nos recuerdan cambios de estación o efemérides singulares.

Igualmente, el servicio de biblioteca, como parte del devenir diario, prevé acciones que ayudan a hacer de estas fiestas unos momentos más memorables. Una de las actuaciones principales es la narración de cuentos, leyendas y romances que explican y dan sentido al ritual que se celebra. Por eso, la biblioteca prepara y canaliza en torno a los diferentes niveles educativos aquellos materiales que ayudan a explicar el sentido de la fiesta.

En las aulas y en la biblioteca, en las visitas periódicas, el alumnado tendrá conocimiento de los documentos (libros, revistas, cuadernos, etc.) que tratan los diversos aspectos relacionados.

A continuación nos detendremos a explicar con más detalle las cuatro grandes citas del curso escolar: la Castañada, la Navidad, el Carnaval, y el día de Sant Jordi,[2] incidiendo especialmente en las actividades que son objeto de una intervención directa del servicio de biblioteca.

1. La Castañada[3]

> Tiene piel como las personas
> y es buena para comer
> sale al empezar el frío
> y las dan durante el año.
>
> *(la castaña)*

En el sentido circular del curso, la primera gran cita festiva es la de Todos los Santos, la Castañada, fiesta de otoño, fiesta donde los elementos estacionales y tradicionales –caída de las hojas, castañas y boniatos, *panellets*,[4] etc.– se unen los elementos que la tradición, aún viva, dedica a los difuntos. La narración de los cuentos funerarios tiene aquí su momento culminante.

El origen de la fiesta de la Castañada en Cataluña se pierde en la noche de los tiempos. Esta costumbre precristiana formaba parte, antiguamente, de un conjunto de actos formales, la mayoría de los cuales se han olvidado. En la actualidad, la fiesta ha pasado a ser principalmente un banquete festivo.

Una parte importante de la fiesta en las escuelas está dedicada a hacer descubrir a los niños y a las niñas los elementos de la naturaleza que recoge el otoño, tanto el mundo vegetal (la caída de las hojas, las setas, las hierbas aromáticas que se esparcen por el bosque, los frutos de la estación, las castañas), como en el mundo animal (las migraciones de los pájaros, la desaparición de los insectos), y los cambios climáticos (los días más cortos, las tonalidades más suaves del cielo, los colores de la naturaleza).

También están presentes, a la hora de organizar la fiesta, aspectos que la cultura popular ha ido conservando hasta nuestros días o que, parcialmente olvidados, en las escuelas se intentan recuperar: canciones, poemas, refranes y cuentos.

Las excursiones al bosque, las visitas al mercado o a la pastelería para ver y preguntar cómo se hacen los *panellets*, la confección de murales, la preparación de los puestos de castañas, los concursos, los disfraces de castañeras, etc., ofrecen, sin duda, todo un abanico de posibilidades de observación, ambientación y realización que nos permiten vivir con alegría este primer paréntesis en la actividad escolar.

Durante la semana previa a la celebración de la Castañada, los grupos que pasan por la biblioteca tienen la oportunidad de oír y de leer cuentos relacionados con la fiesta. Cuentos estacionales para los alumnos de ciclo infantil e inicial y cuentos funerarios para los chicos y las chicas de ciclo medio y superior.

Según Joan Amades:[5]

> El cuento funerario puede tener su origen en los velatorios de difuntos donde la conversación obligada era comentar la bondad del difunto y recordar palabras y hechos suyos, siempre ponderativos y encomiásticos. Como el velatorio era largo siempre se acababa hablando de apariciones, de almas en pena, de fantasmas y de muertos en general, y nunca faltaba quien aseguraba que lo que explicaba había sucedido a un antepasado suyo porque así se lo había oído decir a su abuela cuando él era pequeño. Por lo tanto, el hecho era explicado con toda convicción y escuchado con no poco temor por parte de la mayoría.

Generalmente el cuento hablaba con insistencia de personas cuyas almas no podían entrar en el cielo porque en su vida había alguna cosa mal hecha. Algunas veces se manifestaban a los mortales con sonidos de cadenas y otras apariciones, hasta que encontraban a una persona decidida que les atendía y entonces los ruidos y las apariciones dejaban de repetirse. El premio casi siempre era la gloria divina.

De entre las narraciones que contamos habitualmente, destacan las siguientes:

Cuentos sobre la Castañada y estacionales

- *María Castaña*[6] es una narración breve en la que aparecen personajes mágicos de los bosques como duendes y gigantes. La explicamos a los alumnos de tres años.
- *La niña de las castañas*[7] es un cuento de creación colectiva elaborado por párvulos de cinco años. Se trata de un cuento acumulativo protagonizado por los animales del bosque. Se narra habitualmente al alumnado de ciclo infantil y puede ser dramatizado, dibujado y recreado plásticamente.
- *La castaña*[8] es una historia explicativa del ciclo de las castañas. Su estructura y su contenido la hacen ideal para los alumnos de cinco-seis años, edades en las cuales las explicaciones sobre el porqué de las cosas interesan especialmente.

- *Maria castaña y los duendes*[9] es un cuento maravilloso con personajes mágicos y traviesos. Lo contamos a los niños y niñas de los ciclos inicial y medio. Se puede dramatizar.
- *El indio errante que trajo el otoño*[10] es una encantadora narración que nos habla del otoño. Tiene carga poética y es adecuado para el ciclo medio.

Cuentos funerarios

Son narraciones populares que tienen como protagonista directa o indirecta a la muerte. El corpus de la cuentística presenta muchas situaciones y variantes.

Si alguien piensa que el género del cuento funerario ha desaparecido o está en vías de extinción, se equivoca de medio a medio. Actualmente circulan entre los adultos –especialmente entre los jóvenes– un sinfín de historias que los anglosajones llaman *urban legends* y aquí se conocen como leyendas urbanas, y tienen el mismo sentido psicológico que los cuentos de miedo. Son narraciones del tipo *El fantasma de la autopista*, *La canguro*, *La muerta de la curva*, etc. y se cuentan como si fuesen ciertas.[11]

Para el alumnado de **ciclo medio**:

- *El zapatero y la Muerte* y *El rey que nació y murió siete veces*[12] son dos narraciones con un protagonista que libera a la Muerte y, a cambio, recibe sus favores. En la primera, el zapatero, valiéndose de su ingenio, consigue vivir muchos años. En el segundo cuento la soberbia pierde a un rey incapaz de aprovechar unos favores de los que nunca nadie ha disfrutado.
- *¿Por qué en el mundo siempre habrá Pobreza y Miseria?*[13] es una narración muy extendida que en algunos lugares de Cataluña está considerada como leyenda. Por ejemplo, en la zona de l'Empordà conocen el cuento como *El herrero de Figueres* y cuentan el hecho como sucedido a un vecino de aquella ciudad, llegando incluso a indicar la herrería donde se presupone ocurrieron los hechos.

Para el alumnado de **ciclo superior**:

- *Las dos almas*, *El resucitamuertos* y *El marido y la mujer que se querían hasta la muerte*[14] son historias que podemos conside-

rar pertenecientes al género de los chascarrillos porque presentan situaciones divertidas con personajes humanos. Son cuentos que, aun siendo considerados funerarios, pueden hacer pasar un rato muy divertido a los alumnos de ciclo superior.
- *La mano marcada*[15] es una leyenda localizada cerca de Olot en la que el personaje principal es un diablo en forma de joven seductor. Una buena historia que permite un debate posterior sobre su moralidad.

2. La Navidad

> La nieve. En el mesón al campo abierto
> se ve el hogar donde la leña humea
> y la olla al hervir borbollonea.
>
> El cierzo corre por el campo yerto,
> alborotando en blancos torbellinos
> la nieve silenciosa.
>
> ANTONIO MACHADO[16]

Navidad, fiesta cerrada, fiesta culminante del solsticio de invierno, precedida en el tiempo por el ciclo del Adviento, es una fiesta muy antigua y muy arraigada en nuestro país. Su sentido actual viene de la época en que el cristianismo se apoderó y adaptó las creencias y tradiciones e impregnó de un carácter litúrgico las reminiscencias romanas (fiestas saturnales) o indoeuropeas (ritos solares, árboles de luz, *tió*[17]). Antiguamente la Navidad era el momento en que los pastores bajaban a los pueblos, participaban en las misas y hacían ofrendas. Eran momentos de recogimiento, de estar con la familia. Las canciones de navidad centraban muchos de sus argumentos en los pastores, hasta el punto de que en Italia a los villancicos los llaman *pastorelli*. La Navidad era el tiempo en que la naturaleza descansaba, como muerta, y las familias se reunían alrededor de la mesa, cerca del fuego, para cantar, narrar o comer.

Actualmente los aspectos de la fiesta están presentes de una manera casi indestructible.

La Navidad es una fiesta principal que dispone de todos los elementos necesarios para que así lo sea. Veámoslo:

- ▸ *Los elementos musicales y las canciones*: están presentes en los villancicos y las canciones que nos hablan de la vida de los pastores, del nacimiento de Jesús, etc. *A Belén pastores*, *Hacia Belén va una burra*, son ejemplos.
- ▸ *Los elementos gastronómicos*: el día de Navidad, la comida es reunión obligada de la familia. Son elementos del menú tradicional el pavo, la sopa, el turrón, los mantecados y el cava.
- ▸ *Los elementos legendarios o míticos*: centrados en la explicación del Misterio de Navidad o el nacimiento de Cristo. Dentro del ciclo de Navidad también está el día de los Inocentes, con la matanza que hizo el rey Herodes y, también, la leyenda de los Reyes Magos. El mito del inicio de una vida con fuerzas renovadas coincide con el Año Nuevo.
- ▸ *Las danzas*: están situadas en los Pirineos. Son danzas de pastores.
- ▸ *Los personajes y los objetos*: los más populares son el belén, los Reyes Magos, el árbol de navidad, el acebo, …
- ▸ *Los elementos dramáticos y teatrales*: por ejemplo los antiguos autos sacramentales que se celebraban en las iglesias y que se han convertido, en los últimos doscientos años, en representaciones de Pastorcillos, donde se mezcla la Biblia con la Commedia dell'Arte. Es una práctica muy extendida. También hay representaciones de belenes vivientes en muchas poblaciones.

Todos estos elementos, junto con los simbólicos, espirituales, estéticos, artísticos y sentimentales, hacen de la Navidad una de las celebraciones populares más completas. Porque una fiesta es más grande cuantos más elementos contenga.

En la escuela hace tres meses que ha comenzado el curso y, en consecuencia, el trimestre se está acabando. Es un buen momento para celebrar muchas cosas, y además, hay que estar atento para enfocar correctamente el consumismo que nos invade en estas fechas.

Es sabido que en muchas escuelas se celebra la Navidad. Se hacen belenes de barro, de papel, se hacen murales, felicitaciones, se aprenden villancicos, se representan pequeñas obras de teatro.

En la biblioteca es un buen momento para reunir a los niños y dedicar algunos ratos a contar cuentos e historias que nos hablen de la Navidad y de su significado: historias que nos ayuden a comprender las tradiciones de nuestros antepasados, que nos sirvan para acercarnos un poco más al espíritu de esta estación, que nos hablen de pastores, de frío y de belenes.

Algunos de los cuentos que contamos habitualmente son:

Para los niños de **educación infantil**, dos cuentos de autor:

- *El pequeño abeto*,[18] donde se narran las aventuras de un abeto que quiere tener las hojas grandes, magníficas, flamantes y relucientes como los demás árboles. Sus deseos se cumplen mágicamente pero, al final, se da cuenta de que la naturaleza tiene sus leyes y sus principios y que todos son necesarios tal como son. Es una historia que se presta a la creación plástica, con unos elementos que le confieren un gran encanto.
- *Alarma en el belén*[19] nos cuenta lo que sucede en un belén tradicional cuando el niño de la casa introduce las figuras de un indio piel roja, un aviador y una muñeca. Lo que aquella noche acontece cuando las figuritas cobran vida y discuten entre ellas es perfectamente verosímil para los niños de ciclo infantil que aún no han superado la fase de animismo y ven como lógico el hecho de que una figura, o el abeto del cuento anterior, hable o se mueva como si de un ser animado se tratase.

Estas dos narraciones son breves y las explicamos con un ritmo vivo. Se prestan a la dramatización y a la conversación.

Para el alumnado de **primer ciclo**:

- *Mentiras de estudiantes*[20] una narración breve, ideal para empezar o concluir una sesión de cuentos. Está pensado para provocar la risa y el argumento gira alrededor del frío exagerado que sufren los estudiantes en sus respectivos pueblos.
- *El regalo más hermoso*[21] explica la historia del hijo del rey Baltasar, Irenus, el viaje que hacen ambos desde Oriente hasta Belén, y las vicisitudes por las que pasan. Es una narración llena de sentimientos que provocará un alud de comentarios en los alumnos. Ideal para narrar con una luz tenue que va a recrear un ambiente de calma, solidaridad y reflexión.

Para los chicos y chicas de **segundo ciclo**:

- *El abeto*[22] es una narración que nos habla del ciclo de Navidad en el seno de una familia nórdica, desde el punto de vista de un abeto. Este cuento está lleno de situaciones tiernas e imágenes entrañables. Como muchos relatos de Andersen, el final nos deja con un cierto regusto agridulce. Ello, no obstante, no nos impide dedicar a esta narración extraordinaria un lugar principal en nuestro repertorio. Plásticamente es muy aprovechable.
- *Los doce meses* y *El viejo año*[23] pertenecen al género de las *tradiciones,* esto es, una parte de la cuentística que recoge aquellas historias que son interpretaciones que el hombre ha creado para explicar los fenómenos naturales. En este caso, el paso del tiempo. A través de unos personajes, que en el primer caso son doce pequeños seres que representan los meses, se intenta explicar cómo funciona el calendario, por qué el mes de febrero sólo tiene veintiocho días, por qué el primero es enero, etc.

Para el **tercer ciclo**:

Dos historias de Selma Lagerlöf, escritora sueca conocida por *El maravilloso viaje del pequeño Nils*, buenas para leer o para narrar:

- *El huésped*[24] trata del rechazo por parte de una familia que quiere pasar las fiestas navideñas en paz hacia un viejo músico, alcohólico, a quien acogen.
- *La leyenda de la rosa de Navidad*[25] es un cuento maravilloso que explica el milagro de un jardín que brota la Nochebuena. Una narración que aborda los aspectos más humanos de estas fechas.

3. El Carnaval

> Encima unas angarillas
> llevan los más principales
> al hombro, a Carnestolendas,
> galán dispuesto, arrogante:
> iba vestido de turco
> con un hermoso turbante
> y seis plumas de pavones
> guarnecidas de diamantes.
>
> (Romance anónimo)[26]

El Carnaval, como fiesta de las fiestas, reúne las características de muchas celebraciones: hay teatro, hay danza, hay crítica de la sociedad, hay diversión individual y colectiva. Es una fiesta abierta, una fiesta de calle.

Pero el Carnaval queda algo lejos del sentimiento de comunicación y comunión de vivencias que el hecho de narrar ha tenido tradicionalmente.

En la biblioteca, las narraciones que empleamos en la celebración de la fiesta son:

- *La Cenicienta*,[27] uno de los cuentos más extendidos y conocidos en muchos lugares. Hay más de cuatrocientas versiones diferentes. Es un cuento fantástico que ha sido muy estudiado.

    Bruno Betteleim hace un análisis muy extenso del cuento en su libro *Psicoanálisis de los cuentos de hadas*.[28] Muy interesante.

    Otro análisis lo hace Paul Saintyves, uno de los padres de la teoría *ritualista* y muy cercano a los postulados de la escuela etnográfica. Saintyves interpreta los personajes de los cuentos como el recuerdo de figuras ceremoniales rituales:

    El hombre primitivo –que era campesino– sobre todo enfocaba su afán al cultivo de la tierra. Ésta era su única ocupación y preocupación para asegurarse su alimento y el de su familia. Por eso, el cambio estacional era celebrado especialmente con rituales y ceremonias religiosas. Cuando llegaba el invierno sentía que el buen tiempo no volvería y creía que era necesario invocar a los dioses para que el Sol volviese a tener fuerza para hacer germinar las semillas prometedoras de frutos, que le permitirían subsistir y continuar la especie. Cuando el año nuevo auguraba el alargamiento de los días, era señal de que los dioses habían escuchado los ruegos y era necesario rendirles culto con ofrendas y ritos de agradecimiento. Así de simplista era la concepción del mundo que se ha tenido durante muchos siglos. Permanecen muchos vestigios de ello en juegos, cuentos y fiestas tradicionales.

Según Saintyves, las doncellas humildes, que en los cuentos acaban casándose con príncipes o reyes y llegan a ser reinas, son las antiguas sacerdotisas que oficiaban los rituales anteriormente citados. La Cenicienta es la reina de las cenizas, reina relacionada con los miércoles de ceniza y con las fiestas de la ceniza, de las cuales se encuentran indicios en las fiestas carnavalescas catalanas.

La narración *La Cenicienta*, y su hermana (*La piel de asno*), se refieren al ritual relacionado con el renacimiento del año y el retorno de la primavera.

Se debe considerar la Cenicienta como un modelo de novia. La novia de la ceniza que se casa con el nuevo Sol constituía una ceremonia mágica destinada a promover bodas y a asegurarse de la fecundidad.

La Cenicienta es el cuento de carnaval por excelencia y se lo contamos a los niños de primer ciclo.

- *Piel de asno*[29] es una narración similar a *La Cenicienta*, que tiene el mismo origen ritual estacional. La diferencia radica en el hecho de que, si *La Cenicienta* era la reina del hogar, de la cocina, de la casa, la reina doméstica interior, *La piel de asno* es la reina doméstica exterior, la del establo, la del corral. Una y otra son cosoberanas dentro de dos planos diferentes.

  En este cuento, como en muchos otros, los hechos aparecen reiterados tres veces: tres son los obstáculos que hay que vencer, las dificultades que hay que salvar, los protagonistas, etc.

  Esta narración es plásticamente brillante, sobre todo cuando nos describe los tres vestidos: el de rayos de sol, el de luna y estrellas, y el de mar y peces.

- *El adivinador de máscaras*[30] es un cuento de autor, perfecto para narrar en esta época. La idea del cuento nos permite trabajar la comunicación no verbal. Para las niñas y los niños tiene mucha importancia este lenguaje de señales, gestos y muecas. Un código fijado por ellos mismos y que son capaces de descifrar.

Es en esta primera infancia cuando aprenden a decodificar las señales y a reaccionar ante un tono de voz concreto o ante una mirada. Como señala Flora Davis:[31]

Cuando dos personas se miran mutuamente, comparten el saber que les gusta estar juntas o que ambas están enfadadas. Podemos leer el semblante de otra persona sin mirarle los ojos, pero cuando dos miradas se encuentran no sólo sabemos cómo se siente el otro, sino que también él sabe que nosotros conocemos su estado anímico. Y, en cierta manera, el contacto visual nos hace sentir vivamente abiertos, expuestos y vulnerables.

Así pues, profundizar en este tipo de comunicación puede ser uno de los objetivos de la fiesta. Se puede contar un cuento, se puede hablar de los ojos, de sus colores, de su función, de los sentimientos que expresan..., se puede jugar a la gallinita ciega, a adivinar quién se esconde detrás de una mirada.

▸ *El traje nuevo del emperador*[32] de Andersen, autor y narrador danés que, en el siglo XIX, fue uno de los pioneros de la literatura infantil. Viajó por toda Europa contando cuentos y su vida fue apasionante. Nos dejó un gran número de relatos que han pasado a ser clásicos para mucha gente: *El patito feo*, *La cerillera*, *La princesa y el guisante*, *El soldadito de plomo*, etc.

Su estilo es bastante diferente del de los autores y recopiladores coetáneos. Un cuento de los Grimm, por ejemplo, difícilmente explotará sentimientos de la forma que lo hace Andersen. Sus relatos nunca conseguirán cautivar tanto como *La sirenita*.

Andersen fue el primero en introducir finales tristes. El soldadito de plomo es fundido en un horno, la vendedora de cerillas muere congelada en plena calle y la sirenita se deshace en la espuma al final de su vida terrestre. Estos finales pueden resultar impactantes pero sirven para introducir en la literatura a los niños y acercarlos a los elementos que más tarde encontrarán en las novelas, en los dramas y en la poesía lírica.

En *El traje nuevo del emperador* no hay intención política. Se trata más bien de una crítica a la hipocresía y a la estupidez de un rey y de sus súbditos, que son engañados por la astucia de un par de estafadores.

En este relato hay un punto de ingenio que, junto con la moralidad que contiene, nos hace situarlo entre los cursos de segundo y cuarto de primaria.

- *El planeta de la verdad*[33] forma parte de los *Cuentos por teléfono* que escribió Gianni Rodari. Es un cuento que nos permite el juego, la diversión y la creación. Podemos jugar a crear «máquinas» extraordinarias: máquinas de hacer arcoiris, máquinas de hacer cosquillas a las paredes, máquinas de mentir, etc.

En esta época son adecuados un tipo de narraciones que se denominan *ortofónicas* y que tiene como característica que son de fonética recta o perfecta. Se las conoce también como *trabalenguas*, y son apropiadas para el alumnado de ciclo superior. Para que mantengan su tono jocoso y gracioso han de recitarse lo más deprisa posible, incluso sin permitir que quien las escucha las acabe de comprender en su totalidad. Pensad, por ejemplo, en *el arzobispo de Constantinopla* o en *una vieja, tecla, mecla, chirogorda, sorda y vieja*.

4. Sant Jordi

> Sant Jordi és tot de ferro
> la rosa d'un jardí,
> el drac no menja pomes,
> la princeseta sí.
>
> J.M. PAGÁN [34]

De todas las celebraciones, en Cataluña el día de Sant Jordi es el más vinculado a los libros y a la biblioteca de la escuela. Es, por lo tanto, la actividad que preparamos con más mimo y donde se dedican más esfuerzos.

Las actividades que se pueden generar desde la biblioteca en torno a una fiesta que lleva implícita la motivación a la lectura son

Fig. 7. La diada de Sant Jordi en la biblioteca.

muy numerosas. Encuentros poéticos, «trueques» de libros de segunda mano, murales, maratones de cuentos, etc.

Una de las propuestas que en la escuela ha tenido más éxito en los últimos años ha sido la confección de **murales colectivos**.

Los murales colectivos, una vez terminados, sirven como adornos de los espacios comunes (pasillos, biblioteca, sala de actos) y tienen como guión la leyenda de San Jorge, aquel caballero que luchaba contra toda clase de bestias y fieras.

En la biblioteca planteamos la sesión como un trabajo de expresión plástica y verbal, que nos va bien para entender cómo el imaginario popular crea, transforma y modifica las leyendas al transmitirlas.

El esquema de la creación de un mural colectivo es la siguiente.

- Comenzamos narrando la leyenda.
- A continuación nos centramos en una parte de la narración. Comentamos que nos disponemos a realizar una pieza de un mural que explicará la leyenda completa y del que cada grupo-clase hará una parte. Previamente se habrá repartido la historia en nueve capítulos:

1. Un dragón tiene atemorizado al pueblo donde pasa la historia.
2. Muchos caballeros se enfrentan y son derrotados por la bestia.
3. Los habitantes de la villa, para apaciguarlo, le dan toda clase de comida (verduras y animales), hasta que se acaba.
4. Deciden sortear personas para entregar al dragón y la desafortunada es la hija del rey.
5. Aparece el caballero San Jorge.
6. El caballero lucha contra el dragón, vence y lo mata.
7. El caballero entrega una rosa a la princesa.
8. San Jorge se va.
9. La gente del pueblo sale a la plaza, canta y baila. Están contentos.

Por niveles, cada grupo se encargará de un fragmento de la leyenda. Dividiremos a los alumnos en tres grupos diferentes:

▸ Unos redactarán la secuencia que les ha tocado, con toda clase de detalles, inventando todo lo que se quiera. Podemos estimular la creación con preguntas, por ejemplo:
   1 *Un dragón tiene atemorizado al pueblo donde pasa la historia.* ¿Cuándo pasó eso?, ¿cómo era el dragón?, ¿qué le hacía tan peligroso?, etc.
▸ Otros harán un boceto del dibujo antes de plasmarlo en la cartulina. Podemos pensar en incluir algún elemento de sorpresa (pestañas, volúmenes, etc.).
▸ Otro grupo se encargará de dar la forma final y de pintar la cartulina.

Cuando está terminado, el texto y el dibujo se cuelgan al lado del resto de producciones, bien visibles para que todo el mundo pueda verlos y pueda tener la sensación de haber participado en un proyecto común.

▸ Paralelamente, otro grupo pintará una o más piezas de un rompecabezas gigante que servirá para decorar el escenario el día de la fiesta. Suele ser un dibujo de grandes proporciones, troceado de manera que cada grupo-clase tenga que pintar las piezas según las consignas de color establecidas de antemano para que el resultado sea satisfactorio.

Las acciones se concentran durante la semana de Sant Jordi pero el trabajo y la preparación es anterior. Aproximadamente desde un par de meses antes se dedican sesiones a la biblioteca y también al aula. Con la ayuda de las tutorías, cada nivel prepara una lectura de poemas o una canción. De acuerdo con las posibilidades de cada ciclo se organizarán los talleres según lo que se quiera trabajar. Por ejemplo:

- **Educación infantil y primer ciclo de primaria**: se propone trabajar una canción que, en el ciclo inicial, irá acompañada de una pequeña representación con elementos plásticos. Se propone cantar sobre una base musical (*playback*) de las canciones que se escojan.
- **Segundo ciclo**: lectura dramatizada del poema de Josep Carner *Llegenda de Sant Jordi*.
- **Tercer ciclo**: se organizan tres talleres de poesía con la intención de mostrar algunos poemas escritos por los alumnos.

Fig. 8. El «libro de los sueños», una selección de poemas elaborada por todo el alumnado de la escuela.

LA FIESTA

Se suele hacer el día 23 de abril por la tarde, en la sala de actos. A veces es una fiesta cerrada y limitada. En otras ocasiones se invita a los familiares.

El espacio se adorna con guirnaldas y flores que representan a la primavera. El fondo del escenario es el mural colectivo elaborado con anterioridad.

Por turnos, los chicos y las chicas leen, representan o cantan. Cada grupo dispone de un tiempo limitado –entre siete y diez minutos como máximo– para empezar y acabar entre las tres y las cuatro y media de la tarde.

OTRAS ACCIONES

> **La suelta de globos**: Sant Jordi es también ocasión de encuentro colectivo. En los últimos años hemos reunido a toda la colectividad en el patio de la escuela, a una hora prefijada, para soltar globos al cielo de la ciudad. Normalmente los globos tienen una consigna, un dibujo o un poema ligados al hilo y el teléfono de la escuela para que quien lo encuentre pueda llamar y comunicar dónde ha caído.

Fig. 9. La suelta de globos poéticos.

▸ **La maratón de los cuentos**: es una fiesta de participación ciudadana. Coincide con las fiestas de la primavera y es un buen momento para ir con los niños y las niñas de los ciclos infantil e inicial al lugar donde se celebra (normalmente en la biblioteca central de la ciudad) a disfrutar de un buen rato escuchando cuentos.

Notas

1. SIJIE, Dai. *Balzac y la joven costurera china*. Barcelona: Salamandra, 2001.
2. Sant Jordi es una de las fiestas más arraigadas en la actualidad. Confluyen en esta jornada la celebración del Día del Libro con la llegada del buen tiempo. El libro y la rosa.
3. La biblioteca escolar dedica una parte del presupuesto a la adquisición de aquellos materiales que servirán para ilustrar y hacer sentir las vivencias que el folclore aporta a cada una de las fiestas. Libros, cedés recopilatorios de canciones populares, carteles, etc. se clasifican y se guardan en dossiers temáticos.
4. Los *panellets* son un producto de repostería que habitualmente se realizan en las escuelas con motivo de la Castañada. Son unas bolitas fabricadas con una masa compuesta principalmente por patata hervida o boniato mezclado con azúcar, almendra molida, coco rallado u otros condimentos de pastelería.
5. AMADES, Joan. *Costums i creences*. Barcelona: Selecta, 1980.
6. *María Castaña* es un cuento extraído del dossier *Equinocci de tardor* de M. José Baños y Núria Trilla, editado por el Ayuntamiento del Prat de Llobregat el año 1987.
7. *La niña de las castañas* (*La petite fille aux chataignes*) es un cuento inventado por niños y niñas de 5-6 años bajo la dirección de Y. Breille. Editado originalmente en forma de diapositivas por Hachette, el año 1973.
8. *La castaña* es un cuento adaptado por Ricard Bonmatí.
9. *María Castaña y los duendes* es un cuento que distribuye la editorial Vicens Vives en una caja que incluye los personajes y los decorados preparados para representar la historia.
10. VENTURA, Núria; DURÁN, Teresa. *Cuentacuentos: una colección de cuentos... para poder contar*. Madrid: Siglo XXI. 1999.
11. Ved, por ejemplo, ORTÍ, Antonio; SAMPERE, Josep. *Leyendas urbanas en España*. Barcelona: Martínez Roca, 2000.
12. *El zapatero y la Muerte* y *El rey que nació y murió siete veces* son cuentos funerarios recogidos por Joan Amades. Se encuentran en *Costums i creences*. Barcelona: Selecta: 1980.
13. *¿Por qué en el mundo siempre habrá Pobreza y Miseria?* También se encuentra en *Costums i creences* de J. Amades.

14. *Las dos almas, El resucitamuertos* y *El marido y la mujer que se querían hasta la muerte* son otra muestra de *rondallas funerarias* recopiladas por Amades.
15. *La mano marcada* se puede leer en *Rondalles gironines i valencianes*. Barcelona: Ariel, 1951.
16. Fragmento de *Campos de Soria*.
17. El *tió* es una tradición que se practica en muchas zonas de Cataluña. Dice la misma que los pastores que fueron a adorar al niño Jesús le ofrendaron la poca comida que tenían, quedándose ellos sin nada. Se sentaron encima de un tronco, cuando se dieron cuenta de que bajo éste había mucha comida aparecida espontáneamente. La tradición consiste, pues, en cantar una canción al *tió* o tronco de navidad y hacerle «cagar» regalos, comida, etc.
18. VALERI, Eulàlia. *El pequeño abeto*. Barcelona: La Galera, 2000.
19. RODARI, Gianni. *Cuentos para jugar*. Madrid: Alfaguara, 2002.
20. *Mentiras de estudiantes* se encuentra en la *Rondallistica* de Joan Amades. Barcelona: Selecta, 1974.
21. *El regalo más hermoso* es un álbum ilustrado de Cornelius WILKESHUIS. El original catalán es *El més bell regal* y fue editado por Cruïlla en 1984.
22. ANDERSEN, Hans Christian. *El abeto*. Rubí: Leandro Lara, Editor, 1990.
23. *Los doce meses* y *El viejo año* forman parte de la *Rondallistica* de Joan Amades. Barcelona: Selecta, 1974.
24. *El huésped* es una narración de Selma Lagerlöf, incluido inicialmente en *Els Ingmarsson*. Barcelona: Catalana, 1919.
25. *La leyenda de la rosa de Navidad* es otro cuento de S. Lagerlöf incluido en *Els Ingmarsson*.
26. CARO BAROJA, Julio. *El carnaval*. Madrid: Taurus, 1979.
27. Si podéis buscad la versión que circule por vuestra región. Siempre resultará más enriquecedor que recurrir a Disney.
28. BETTELHEIM, Bruno. *Psicoanálisis de los cuentos de hadas*. Barcelona: Grijalbo, 1978.
29. Sirva lo dicho para *La Cenicienta*.
30. *El adivinador de máscaras* es un cuento de Antoniorrobles incluido en el volumen *Cuentos de las cosas que hablan*, editado por Espasa Calpe, dentro de la colección «Austral Juvenil».
31. DAVIS, Flora. *La comunicación no verbal*. Madrid: Alianza, 1976.
32. Una buena versión es la que publicó la editorial Juventud.
33. *El planeta de la verdad* está incluido en los *Cuentos por teléfono* de Gianni Rodari.
34. Fragmento de la canción *Personatges*, incluida en el libro *Poemes i cançons de Sant Jordi*, publicado por Abadía de Montserrat el año 2000. La traducción sería: *San Jorge es de hierro, la rosa de un jardín, el dragón no come manzanas, la princesita sí*.

CAPÍTULO 6

Entender la biblioteca o qué poco importa si antes fuiste monstruo o bandolero

LA BIBLIOTECA ESCOLAR Y LA FORMACIÓN DE USUARIOS AUTÓNOMOS

> En 1927 en una lejana y desconocida aldea española (Cubillejo de Lara, anejo de Mambrillas de Lara, en la provincia de Burgos), poblado de 90 habitantes, en una escuelita a la que concurrían asiduamente doce niños, hijos de aquellos pobres labriegos y pastores, fundamos la biblioteca escolar «Cervantes» con un par de docenas de libros que encontramos en los armarios y que luego aumentamos considerablemente con los recursos que nuestro ingenio nos permitió allegar interesando la colaboración eficaz de los alumnos y sus padres en la obra educativa que nos proponíamos realizar en la escuela.
>
> Domingo Tirado[1]

La biblioteca escolar es un espacio fundamental de comunicación e intercambio en el que la lectura, la investigación y la búsqueda tienen su lugar de encuentro. Una biblioteca que forme parte del proyecto educativo del centro es un recurso pedagógico de primera magnitud y se convierte así en uno de los verdaderos motores de la escuela alrededor del cual gira el desarrollo curricular, funcionando a la vez como biblioteca tradicional con materiales impresos, como hemeroteca, y como «mediateca» con materiales audiovisuales y también en los nuevos soportes.

El modelo de biblioteca escolar que se entrevé en las normas educativas es el de un centro de recursos para el aprendizaje del alumnado, que dé soporte a los maestros y se relacione con el entorno social y cultural de la escuela. La biblioteca es un elemento básico para ayudar a establecer una cultura comunicativa y de aprendizaje permanente.

Ahora bien, el problema que encontramos en la concepción de la biblioteca como referente de la actividad docente, abierta y accesible a todos los miembros de la comunidad escolar, es la ordenación que los métodos pedagógicos tradicionales imponen al tiempo y al espacio escolar. Sin cambiar la manera de relacionarse en las aulas, ni cambiar los espacios y la estructura del tiempo escolar, la innovación en la enseñanza será más difícil.

Hay que insistir, simultáneamente, en la implicación del claustro de maestros. No tiene mucho sentido plantear acciones puntuales o aisladas. La tarea educativa de la biblioteca debe ser responsabilidad del profesorado porque el proyecto está estrechamente ligado a todas las áreas.

El claustro de maestros debe tomar conciencia de la importancia de emplear estos recursos que nos puede ofrecer la biblioteca y debe dar un impulso realmente efectivo a su uso, a pesar de las limitaciones presupuestarias y de personal que tienen la mayoría de escuelas. Además, el claustro debe estar convencido de que un uso adecuado de la biblioteca ayudará de manera muy positiva a superar los niveles de fracaso escolar actuales.

Dentro del Programa de Invitación a la Lectura hay establecidas unas actividades para cada uno de los niveles educativos que tienen como objetivos conocer los espacios bibliotecarios y los soportes documentales, así como facilitar y potenciar el uso autónomo de la biblioteca. Algunos documentos de los que hemos extraído ideas para las sesiones y que conviene mencionar por su buena estructuración son:

En primer lugar, el programa para conocer la biblioteca y su funcionamiento *Exploradores de bibliotecas*,[2] editado por la Diputación de Barcelona. Se trata de unas fichas que plantean acciones para cada ciclo educativo de la educación primaria, de manera progresiva. Están muy elaboradas y pensadas. En nuestro centro las adaptamos a nuestra realidad concreta porque creemos que alguna de ellas incide en exceso en el hecho bibliotecario y sobrepasan las expectativas educativas que nos marcamos. Las autoras plantean una clasificación basada en el conocimiento de la CDU que funciona en las bibliotecas públicas pero en algunas escuelas usamos una clasificación mucho más reducida, basada en un código visual que permite encontrar cualquier documento de forma más rápida. Eso sólo es posible porque el volumen de materiales que contienen la biblioteca escolar es, de largo, mucho más reducido que el que puede hallarse en cualquier biblioteca pública.

- Un segundo documento que nos aporta ideas de aplicación es *Formar usuarios*,[3] donde se compilan algunas de las actividades que se realizan en la sede de la Fundación Germán

Sánchez Ruipérez, en Salamanca. Son unas fichas que, mediante juegos, conducen al descubrimiento de la biblioteca. Están ordenadas por ciclos.
- El tercer documento que aprovechamos es *Biblioteca y aprendizaje autónomo,*[4] el número 3 de la serie «Blitz, ratón de biblioteca». Está estructurado en sesiones y también parte de juegos para ir descubriendo la biblioteca y sus recursos y para conocer las fuentes de información.
- Dentro de la misma serie verde de la colección «Blitz», el documento *Estudiar e investigar en la biblioteca escolar. Formación de usuarios*[5] presenta la biblioteca escolar como fuente de recursos para estudiar e investigar. Ofrece numerosos ejercicios para enseñar el uso de los diccionarios, enciclopedias, libros de consulta y otros materiales que forman la biblioteca.

Con los documentos citados y con las actividades que hemos ido generando en la escuela, se organizan unas sesiones para cada nivel, cuatro por año. Algunas de las sesiones se realizan en la biblioteca pública Tecla Sala de L'Hospitalet y el resto en la biblioteca del centro.

Formar al alumnado como usuarios autónomos es fundamental. La biblioteca es suya y ellos son los que hacen uso de la misma y los que deben colaborar en su funcionamiento, en su organización. El alumnado de ciclo superior, especialmente, colabora en diferentes momentos y adquiere, a la vez, unos conocimientos sobre el funcionamiento de la biblioteca. Con esta actividad conseguimos que los chicos y chicas de sexto se muevan bien entre las estanterías, sepan encontrar las informaciones, conozcan el funcionamiento de los ficheros, etc.

El grupo «auxiliares de biblioteca» recibe unas orientaciones del personal que integra el servicio de biblioteca:

- Se les enseña a conservar *la ordenación de los libros* en las estanterías.
- Se repasan los *conceptos de alfabetización*, del código que encontrarán al buscar palabras en catálogos, diccionarios y enciclopedias.
- Aprenden todo el *proceso* que sigue un libro desde que llega a la escuela hasta que está listo para ser prestado (registro, sellado, etc.).

- Aprenden a hacer el *préstamo* y a valorar la importancia de devolver los libros el día asignado, para que otro compañero lo pueda disfrutar.

Algunas de las misiones que tiene el grupo son:

- Atender el **servicio de préstamo**. Por turnos, los chicos y las chicas de quinto y sexto de primaria se encargan de organizar y coordinar el servicio. Están presentes físicamente en las horas en que este servicio funciona, se encargan de anotar en las fichas de usuarios los libros prestados y de poner en orden los libros devueltos.
- Atender el **servicio de bibliopatio**. La hora del patio es un momento en el que la biblioteca está abierta para la consulta, pero a la vez funciona un servicio directo en el patio de la escuela. Un par de alumnos de ciclo superior, por turnos, son los encargados de llevar, al lugar habilitado para estos efectos, el «carrito» con los libros (tebeos, cómics, álbumes) que pueden ser consultados por todos los que dedican la hora del patio a hacer lectura recreativa.
- Atender el **tablón de noticias**. Por turnos, dos alumnos cada día dedican quince minutos a hojear el periódico del día y a recortar la noticia (o noticias) más significativas, que serán expuestas en el tablón de la biblioteca. Estas noticias se guardan, y cada mes se encuadernan para quedarse en el depósito de la hemeroteca.
- Elaborar el **concurso del mes**.[6] De manera libre, los chicos y las chicas participan proponiendo los juegos y los concursos que periódicamente se realizan, en los que participa toda la comunidad.

Se entiende como obvio si decimos que acoger la participación del alumnado en la gestión y organización de la biblioteca les está ayudando en la formación como lectores. Parece inútil recordar que, como maestros, estamos implicados en hacer de los niños personas lectoras que amen los libros. Potenciar los lazos afectivos con el espacio y con los libros facilita y complementa la tarea de conseguir que la biblioteca sea el eje alrededor del cual gira toda la vida intelectual y parte de la social de la escuela.

Los chicos y chicas participan en la administración de la biblioteca, con todos los derechos. Sus ideas son recogidas y valoradas. Un alumno de ciclo superior puede proponer la compra de un título determinado, puede ir personalmente a comprarlo,[7] puede introducir los datos en el programa de gestión, lo puede fichar, lo puede prestar, lo puede recomendar, etc. Debe sentir que el espacio y su conservación también es algo que depende de él.

En la literatura infantil encontramos algunos ejemplos de personajes que desempeñan esta función de auxiliares de biblioteca. En una obra de Alfredo Gómez Cerdá,[8] un monstruo de los de verdad que vive en una pequeña ciudad donde hace mucho calor, se instala dentro de un aparato de aire acondicionado sin saber que será trasladado a la biblioteca municipal.

Cuando llega, oye la voz de la bibliotecaria y queda seducido al instante.

> La bibliotecaria tenía una voz suave que captaba todas las atenciones.
> Con esa voz les leía historias llenas de una magia y de un encanto que parecía imposible que pudiese expresarse con simples palabras.
> Con esa voz les transportaba lejos, muy lejos de Albacete, por los sorprendentes caminos de la imaginación.

El monstruo acabará viviendo en la biblioteca, será un gran lector y hará de narrador de cuentos cada tarde.

> Los niños no han faltado ni una vez a la cita. Cada día van más.
> Ya no caben en la sala y llenan hasta los pasillos. Se sientan en el suelo, alrededor del aparato de aire acondicionado, y esperan en silencio.
> El monstruo les observa a través de la rejilla. Antes de salir, lanza un beso por el aire a la bibliotecaria. Luego, muy despacio, se desliza hacia el exterior.
> No ha vuelto a pensar en irse a la Antártida para tumbarse a la bartola en la punta de un iceberg.

Pero los ayudantes más famosos son los bandoleros que secuestran a la bibliotecaria[9] Serena Laburnum. Es un libro que hemos usado mucho, como recurso, para explicar el funcionamiento de la biblioteca.

[...] le estampó un número, como si fuese un libro de la biblioteca, y lo metió en una estantería como muchos otros libros, cuyos autores tenían apellidos que empezaban por D. Estaba en estricto orden alfabético. El orden alfabético es una manía de las bibliotecarias.

Es una novela muy divertida, ilustrada por Quentin Blake. Unos bandoleros bastante incompetentes secuestran a la bibliotecaria del pueblo para pedir un rescate al ayuntamiento, pero la belleza de la chica y una enfermedad inoportuna lo complican todo. Al final, todos los bandoleros se acaban haciendo ayudantes y el ayuntamiento puede abrir una biblioteca infantil donde cada día se leen cuentos y se representan obras de aventuras.

Miss Laburnum sospechaba que la biblioteca era, un poco más caótica, un poco menos seria, que muchas otras bibliotecas que había visto, pero no le preocupaba. No le importaba que los bandoleros bibliotecarios todavía llevasen bigotes puntiagudos, ni que hubiesen quitado todos los rótulos de «Silencio» o «No hablen en la biblioteca».

El monstruo y los bandoleros acaban siendo unos excelentes bibliotecarios. En la escuela también lo podemos conseguir. Tenemos que proporcionar al alumno los fundamentos para que pueda circular libremente, sin perderse, sin tener que pedir ayuda constantemente.

Notas

1. TIRADO, Domingo. *Bibliotecas escolares*. México, D.F.: Publicaciones del Centro de Investigaciones Agológicas, 1945.
2. BARÓ, Mónica; MAÑÀ, Teresa. *Exploradors de biblioteques. Programa per conèixer les biblioteques i el seu funcionament*. Barcelona: Diputació de Barcelona.
3. FGSR. *Formar usuarios*. Salamanca: Fundación Germán Sánchez Ruipérez, 2001.
4. ARELLANO, Villar. *Biblioteca y aprendizaje autónomo*. Navarra: Gobierno de Navarra. Departamento de Educación y Cultura, 2002. (Blitz, ratón de biblioteca. Serie verde; 3).
5. ILLESCAS, Mª Jesús. *Estudiar e investigar en la biblioteca escolar. La formación de usuarios*. Navarra: Gobierno de Navarra. Departamento de Educación y Cultura, 2003. (Blitz, ratón de biblioteca. Serie verde; 3).

6. LOS CONCURSOS DEL MES

Son una actividad lúdica y una manera de acercar periódicamente a los chicos y a las chicas a la biblioteca.

Hay muchos concursos o juegos que se pueden hacer. Algunos de ellos surgidos directamente del alumnado de ciclo superior, otros creados por el equipo de biblioteca.

Entre los juegos que se hacen, destacamos los siguientes:

▸ ALGUNOS PERSONAJES SE HAN LARGADO

Contando con la participación de los tenderos del barrio, durante una semana se exponen en los escaparates de las tiendas los libros de los personajes perdidos, entre los demás objetos cotidianos (en la panadería, en la farmacia, en la zapatería, etc.). El juego consiste en localizarlos.

Se pasa una hoja a todo el alumnado donde se explica el hecho misterioso y se les invita a hacer de detectives y a encontrar los libros:

Fig. 10. En el aparador de la ferretería del barrio hay un libro que corresponde al juego «algunos personajes se han largado».

¡Atención, chicos y chicas!

Algunos personajes de la biblioteca se han ido, dejando su estante vacío, y con una nota que dice: «Hemos salido a dar una vuelta y a conocer el barrio. Si sois buenos detectives y los veis, anotad el sitio donde están y traed la parte de debajo de esta hoja a la biblioteca. Entre los que lo acierten haremos un sorteo y, de premio, habrá, naturalmente, libros sorpresa.

El objetivo del juego es acercar a toda la colectividad a la biblioteca, y a la vez mostrar algunos de los libros que hay en su fondo.

Otro objetivo es participar en la vida del barrio. Durante los días que dura el concurso, cada libro, en su escaparate, lleva la tarjeta que lo identifica con el nombre de la escuela y el número de personaje.

Sacar los libros de su contexto es divertido, crea entusiasmo y la participación del alumnado suele ser muy alta.

▸ EL PERSONAJE MISTERIOSO

Es un juego en el que hay que encontrar el nombre de un personaje a partir de unas pistas que aparecen cada día durante dos semanas (diez pistas) en la puerta de la biblioteca. Cuando alguien cree saber el nombre del personaje, lo escribe en un impreso y lo deposita en el buzón del juego.

Las pistas van definiendo al personaje. Por ejemplo:
Pista 1: es un chico.
Pista 2: tiene un objeto mágico.
Pista 3: tiene una gorra como la de Peter Pan.
Pista 4: tuvo un problema con el alcalde.
Pista 5: pasó por un pueblo imaginario como el de Jauja, Oz, Tristelandia...
Pista 6: es músico.
Pista 7: le seguían las ratas.
Pista 8: también le seguían los niños.
Pista 9: podía abrir las rocas
Pista 10: tocaba la flauta.

El último día (viernes) por la tarde se pone el resultado. («El flautista de Hamelin») y todos los ganadores, que son muchos, vienen a la biblioteca a buscar el *cupón*. El cupón es una fotocopia en blanco y negro del dibujo del personaje, de la medida de un sello de correos, que lo pegarán en un cuadernillo. Cuando lo tienen lleno, (cuatro personajes acertados, cuatro cupones) lo presentan y reciben un premio de regalo. Este juego del personaje misterioso normalmente lo organizan los chicos y las chicas de sexto. Desde el equipo de biblioteca sólo hay que vigilar que los personajes escogidos sean bastante conocidos y que las pistas ayuden a encontrarlos. Suelen ser personajes de los cuentos populares o de libros muy conocidos (Alicia, Matilda, Manolito Gafotas, Garbancito, etc.).

Otros juegos que preparan los alumnos de tercer ciclo tienen las tipologías siguientes:

▸ BUSCA A WALLY

Un juego de búsqueda. Por toda la escuela hay unos dibujos de Wally que se han escapado del libro y andan por ahí. Se pueden encontrar en clase, en los pasillos, en el comedor, en el gimnasio, en el patio, etc. Sólo hay que estar muy atentos y cogerlos cuando se localicen. Quien consiga tres, los lleva a la biblioteca y consigue un premio.

▸ JUEGO DE LOS SOMBREROS

Un juego donde tienen que relacionar las ilustraciones con el nombre del personaje (Espirou, el Profesor Tornasol, etc.).

Con las ventoleras de los últimos días, no sólo vuelan los papeles y las hojas de los árboles, sino que también han volado los sombreros de algunos personajes de los libros. Por suerte, los hemos encontrado, pero mezclados.

Hay que devolver cada sombrero a su amo.

▸ CONCURSOS SOBRE UN PERSONAJE LITERARIO O DE CÓMIC

Son preguntas sobre los libros. Por ejemplo, el de Astérix y Obélix, elaborado por tres chicos de quinto, constaba de 5 preguntas, un rompecabezas y un juego de las diferencias. Las preguntas eran:

- ✓ ¿Qué nombre tienen los cuatro campamentos romanos que rodean a la aldea gala?
- ✓ ¿Cómo se llama el hombre más viejo de la aldea gala?
- ✓ ¿Sois capaces de escribir la primera y la última prueba del libro *Las doce pruebas de Astérix*?
- ✓ Sólo uno de estos títulos es verdadero. Subrayadlo.
    - ☐ *El hijo de Obélix*
    - ☐ *Astérix en Francia*
    - ☐ *La gran zanja*
    - ☐ *Astérix y compañía*
- ✓ ¿Cómo se llama el primo de Gran Bretaña?

▸ CONCURSOS SOBRE LITERATURA INFANTIL

Son hojas con preguntas relacionadas con los libros o con los cuentos populares. En cada hoja hay cuatro o cinco de este estilo:

- ✓ Si Pinocho hablaba en italiano cuando fue creado, ¿sabrías decirnos en qué idioma hablaban inicialmente...
    - ☐ Robinson Crusoe?
    - ☐ Pippi Calzaslargas?
    - ☐ Tintín?

- ✓ *La Sirenita* es un famoso cuento de Andersen. Si conocéis el cuento o lo leéis, posiblemente ya sabréis a qué edad salió del agua. ¿A cuál?
- ✓ De estos nombres, hay dos que corresponden a ilustradores. Señaladlos.
    - ☐ Elvira Lindo
    - ☐ Quentin Blake
    - ☐ Pilarín Bayés
    - ☐ Enyd Blyton
- ✓ Poned en marcha vuestras células grises, y las rojas, y las amarillas, a ver si sois capaces de dibujar un *libro fantástico*.

7. *La clase va a comprar* es una actividad que realizamos con el alumnado de sexto de primaria. Una parte del presupuesto que se destina a la compra de libros es gestionada directamente por los chicos y las chicas. Ellos se encargan de pasar por los diferentes niveles educativos y recoger las demandas de los compañeros. A cada grupo se le asigna un presupuesto para ir a comprar los libros. Esta actividad se realiza con la colaboración de la librería del barrio. El librero explica el proceso del libro y comenta en qué consiste su trabajo. Después, cada grupo tiene tiempo para buscar y/o preguntar por los libros que viene a buscar. A veces se hacen hallazgos interesantes, otras conviene hacer alianzas con los compañeros porque el presupuesto de uno mismo no llega a cubrir el gasto.
8. GÓMEZ CERDÁ, Alfredo. *El monstruo y la bibliotecaria*. Barcelona: Noguer, 1991.
9. MAHY, Margaret. *El secuestro de la bibliotecaria*. Madrid: Alfaguara, 2001.

CAPÍTULO 7

Las exposiciones creativas sobre un libro o cuando las alegres lavanderas blancas nos alegran la vida

LA BIBLIOTECA ESCOLAR SE TRANSFORMA, CÍCLICAMENTE, EN UN MUSEO

> Un día de verano estaba sentado como siempre en su sillita y observaba el cielo. Me acerqué y le pregunté qué buscaba allí arriba:
> «Dos estrellas que se quieren. Una brilla como un diamante, la otra es del color rojo del fuego. Se persiguen entre ellas. Tan pronto está delante el diamante como la estrella de color rojo fuego. Cuando se encuentran, caen del cielo mil y una perlas. Todas las conchas del mar, entonces, abren la boca y atrapan una. Si alguna vez un hombre puede vivir este instante y alarga la mano, también podrá coger una. Pero que no se la guarde. Con la mano abierta tiene que girar como si bailase y volver a lanzar con todas sus fuerzas la perla hacia el cielo. Si lo hace, habrá ganado la felicidad para toda la vida.»
>
> RAFIK SCHAMI[1]

Las exposiciones acerca de un libro o de un personaje literario son otra manera de acercar la literatura infantil a nuestro alumnado. En el capítulo presente explicaremos cuál fue el origen o la idea original, comentaremos cuatro montajes –*La luna*, *El canto de las ballenas*, *El rey de los pájaros* y *De ratas y ratones*– y detallaremos el proceso que seguimos desde el inicio del curso, en el mes de septiembre, hasta su realización, allá por el mes de mayo. Lo ejemplificaremos con el procedimiento empleado en una de ellas –*La luna*–, que se puede extrapolar al resto de propuestas.

La chispa que nos dio la primera idea surgió por la confluencia de tres factores, o mejor dicho, por la lectura de tres documentos:

La primera referencia fue Sara Cone Bryant, en cuyo libro *El arte de contar cuentos*[2] anota que **un cuento es una obra de arte**. Una obra de arte en la que los pigmentos de las pinturas han sido sustituidos por otros pigmentos que son las letras. Eso lo explica muy bien Teresa Durán[3] cuando compara los cuentos con las obras de arte, por ejemplo con la Gioconda. Según ella, la diferencia entre una pintura y un cuento radica en la repetibilidad-irrepetibilidad. Así, encontramos que Gioconda sólo hay una y el llavero o el cartel que compramos en la tienda del Museo del Louvre no son, ni de lejos, la auténtica obra de arte que hemos admirado momentos antes («ceci n'est pas une pipe» Magritte *dixit*). Gioconda sólo hay una y es *irrepetible*. En cambio, con los cuentos que explicamos, que miramos y que leemos pasa exactamente todo lo contrario. Un cuento puede ser narrado, leído, imaginado, soñado o viajado una y mil veces y siempre será el auténtico; posiblemente lo percibiremos diferente, encontraremos nuevos detalles y nos hará percibir otras sensaciones, pero su gracia es justamente esa, que es *repetible*.

La segunda pista nos la dio un artículo aparecido en la revista *CLIJ* (*Cuadernos de literatura infantil y juvenil*), que en el número 24 incluía un esclarecedor artículo titulado «El cobijo de los cuentos».[4] En este escrito, Paco Abril, director de programas de la Fundación Municipal de Cultura, Educación y Universidad Popular del Ayuntamiento de Gijón, explicaba su experiencia en la organización de exposiciones alrededor de los libros. En la sede de la Fundación Municipal de Cultura se montaron (y todavía se montan) exposiciones. Títulos de libros como *Juul*,[5] *El túnel*,[6] *La niña de la nube*,[7] *El regalo*,[8] *Ferdinando, el toro*,[9] *Pelos de bruja*.[10] *Elmer*,[11] y otros, han ocupado consecutivamente los espacios de la Fundación.

La idea nos pareció buena, muy buena. Sabíamos que había una limitación presupuestaria evidente porque cada una de las exposiciones que se organizaban en Gijón tenía un costo inabarcable para una escuela como la nuestra. De todas maneras, un mes de julio, llamamos a Paco Abril y concertamos una visita a la Fundación para ver *in situ* los montajes y poder recoger sus opiniones y sus dificultades. Fue un viaje muy enriquecedor. Empezábamos a tener las cosas un poco más claras, el proyecto se iba perfilando.

El tercer rastro lo encontramos en el libro *Animación y libros*[12] de Jesús Villegas y Xulio César Iglesias, en el que explican cómo organizan «ferias creativas alrededor de los libros». Se trata de un texto especialmente práctico –también hay fundamentos teóricos– donde los autores explican algunos montajes concretos sobre lo que ellos llaman «museos» del libro. Era el empujón que necesitábamos.

Los proyectos nunca parten de la nada. En este caso, tampoco. Recuperamos las reflexiones y las notas de una experiencia anterior, de tres años atrás, un *museo de los cuentos* que recogía una serie de objetos relacionados con la literatura infantil. El museo fue una experiencia aislada, experimental, pero muy exitosa, en la que se presentaban una serie de libros y los elementos físicos –que se podían tocar– que en ellos aparecían. Así, por ejemplo, estaba el auténtico guisante de *La princesa y el guisante*, un trocito de madera de la nariz de Pinocho, la alfombra voladora de *Aladino y la lámpara maravillosa*, las miguitas de pan que esparció por el bosque Pulgarcito de vuelta a casa, el cesto de Caperucita, el zapato de cristal de la Cenicienta, el espejo mágico de la madrastra de Blancanieves, etc.

Organizar el museo y recuperar los objetos de los cuentos fue posible porque contamos con la presencia de dos colaboradores mágicos y eventuales: el comandante Manzanares y su ayudante, Patxi.[13]

> El comandante Manzanares es un personaje *guadiana* –que aparece y desaparece– de los que andan por la escuela. Es un piloto de avión de líneas comerciales que pertenece a las FAI (Fuerzas Aéreas Internacionales) y su compañía aérea es un poco particular. Se llama *Chronotours* (de *Chronos*, tiempo, y *tours*, viajes) y puede hacer periplos por el espacio y también por el tiempo. En uno de estos viajes por el tiempo conoció a otro piloto llamado Antoine de Sant Exupéry,[14] que fue quien le contagió la afición por la lectura. Un autor italiano muy conocido, Gianni Rodari, reclamó sus servicios en la aventura «El Profesor Terríbilis y la muerte de Julio César», que podéis leer en los *Cuentos escritos a máquina*,[15] donde gracias a la agencia Chronotours Terríbilis puede viajar al mes de marzo del año 44 antes de Cristo, unos momentos antes de la llegada de Julio César al Senado, donde lo están esperando para asesinarlo y...

Con los indicativos citados y añadiendo un poco de la osadía necesaria, es como hemos consolidado esta experiencia, este proyecto educativo que nació del binomio *exposición-cuento*.

Por otra parte, el alumnado no viene a las exposiciones sólo para mirar y escuchar, sino que también viene a participar en las propuestas que se le sugieren. Se trata de que las actividades surjan del mismo relato. No se trata de hacer una exposición para hacer actividades, sino que se hacen actividades porque el libro las propicia.

En las visitas programadas –dos guiadas y una libre– para cada nivel educativo hay momentos para la narración, para la observación, para el juego y para el diálogo. Se habla de lo que el libro les

Fig. 11. Un grupo de niños y niñas de ciclo infantil observa un huevo de avestruz.

dice y de lo que les sorprende, entusiasma o conmueve; se habla para pensar, para entender, para comprender. De lo que se trata, en definitiva, es de que sean capaces de **escuchar** el cuento con atención y lo hagan suyo –es la mejor manera de favorecer los aprendizajes–, que puedan **opinar** y expresar aquello que sienten y piensan, que puedan **educar la mirada** y darse cuenta de los detalles significativos de las ilustraciones y puedan **pintar y dibujar** de forma espontánea.

Los últimos años se han organizado cuatro exposiciones que comentaremos a continuación.

Exposición: *El rey de los pájaros*

Todo empezó en el mes de septiembre, con la programación general del curso. Se pensó que sería una buena idea investigar los pájaros que habitualmente pasan por el patio de la escuela. Estamos acostumbrados a ver, al terminar la hora del recreo y volver a las aulas, cómo las palomas, las gaviotas, los gorriones y las urracas se acercan a la fuente a beber y pasean por el suelo picando los restos de comida que pueda haber. También, si prestamos atención, podemos escuchar el canto de los petirrojos, los mirlos, urracas, etc. Sin movernos de nuestro entorno inmediato se nos presenta la oportunidad de hacer observaciones interesantes. Hay especies que permanecen todo el año y otras que son estacionales (por ejemplo, sólo vemos el petirrojo en otoño y parte del invierno, las golondrinas en primavera y en verano, etc.).

Otros aspectos que se consideraron fueron los relacionados con el conocimiento del medio y el respeto al entorno natural de la ciudad. También se quiso hacer entender al alumnado que hay un ecosistema formado por las plantas y los seres vivos y que todo está relacionado (el sol, la luz, los árboles, los insectos, etc.).

Se comenzó a trabajar a partir de un programa informático que un maestro de la escuela, Jesús Chivite,[16] diseñó. Es un conjunto de actividades *clic* estructurado en ocho paquetes con un total de 121 actividades[17] de diferentes tipologías: información, identificación, relación, asociación, sopas de letras, rompecabezas, actividades de texto con dichos y refranes, frases hechas, ordenaciones, escritura de nombres, marcar palabras, ordenación de poesías, etc.

Paralelamente se empezaron a hacer observaciones directas y comparaciones con los materiales impresos. Se iban apuntando, también, en unas plantillas, los avistamientos con indicación del nombre, la fecha y el lugar. Por ejemplo, tal día hemos visto una tórtola en el larguero de la portería de fútbol, tal otro un grupo de cotorras hacía mucho ruido en lo alto de los pinos y una urraca paseaba siguiendo la línea del campo de baloncesto.

Se elaboraron unos cuadernos para cada clase con las indicaciones de las especies que podíamos encontrar en el patio (diez para los niños de ciclo infantil y treinta y una para el alumnado de primaria), empezaron los talleres de construcción de cajas nido y se hacían salidas al delta del Llobregat a hacer otras observaciones. Un día, un estudiante traía una pluma que había encontrado de camino a casa, otra mañana alguien traía un nido, incluso había alguien que traía una foto, un huevo, etc.

En el patio se pueden ver y oír las urracas, con su ulular desagradable, y las lavanderas, que nos hacen reír cuando andan porque parece que tengan la cola despegada y a punto de caerse. Hemos aprendido a distinguir los trinos particulares de cada ave. A base de irlos escuchando hemos adquirido esta facilidad de distinguir los diferentes cantos.

Podríamos citar muchos comentarios entusiastas, como el de un alumno que se acerca y nos dice que por la mañana ha visto un estornino cerca del olivo u otro que cuenta cómo las gaviotas se acercan a buscar las migas de pan caídas al suelo a la hora del bocadillo.

En vista del interés y la extraordinaria capacidad para animarse por parte de todo el alumnado en cuanto al tema de los pájaros, la reunión del equipo de biblioteca que tenía que hacer la propuesta para la exposición del mes de mayo, consideró sumar esfuerzos reforzando el proyecto con un libro sobre pájaros. Se buscaron y encontraron bastantes libros, pero uno en especial nos sedujo: *El rey de los pájaros*[18] de Hellen Ward, una adaptación de un cuento muy conocido. El libro se basa en una leyenda inglesa, pero en Cataluña ya fue recogido por Mossèn Cinto Verdaguer[19] y Esteve Caseponce.[20]

> El cuento explica que hay pájaros de todas clases. Algunos cantan muy bien, otros tienen unas plumas con muchos colores, los hay que pueden volar, los hay que son muy buenos constructores de nidos, los hay nocturnos, diurnos, rapaces, grandes, pequeños, etc.
>
> Un día, los pájaros deciden que, del mismo modo que hay un rey de los animales terrestres, un rey de los animales del mar y un rey de los árboles, hay que encontrar un rey de los pájaros. De todas las soluciones que se proponen, finalmente deciden que será rey quien vuele más alto, el que llegue más arriba en una carrera.
>
> Muchos se apuntan y empiezan a levantar el vuelo. Poco a poco, se van retirando los gorriones, las gaviotas, los cisnes, hasta que arriba de todo, majestuosa, el águila planea orgullosa de haber llegado más alto que cualquier pájaro. En aquel momento, un chochín que se ha escondido entre las plumas del águila da un saltito y llega todavía un poco más arriba.
>
> El chochín, gracias a su ingenio, es proclamado rey de los pájaros. (El chochín es un pequeño pájaro que salta por el suelo del sotobosque y a menudo lo confunden con un roedor. Canta bonitas melodías y construye nidos falsos para engañar a los depredadores; por eso tiene fama de listo.)

El proceso de transformación de la biblioteca en una sala de exposiciones, en un museo, fue singular. Se recreó un bosque, al cual se accedía a través de un túnel que comunicaba el pasillo con el interior de la biblioteca. Era necesario agacharse y andar unos pasos para llegar a un lugar que quería representar el bosque. Dentro había unos árboles con volumen, hechos con papel continuo sobre una base de cartón; un cielo por donde volaban pájaros de papel; mesas y expositores con objetos relacionados; libros de pájaros; los libros colectivos; plumas; cajas nido; reclamos; dibujos; fotografías; y el cuento *El rey de los pájaros*, convenientemente ordenado para ir siguiendo la historia a medida que se avanzaba por el espacio. Como en las demás exposiciones, la idea es siempre la misma: transformar la biblioteca en un lugar mágico, maravilloso, inverosímil, donde la fantasía se dispara y donde la sensación de estar en una catedral gótica nos invade. Hay que imaginárselo con una música que recree el canto de muchos pájaros y un aroma a musgo, de verde del bosque. Nos vino muy bien, en esta ocasión, enmoquetar el suelo con un material que simulaba la hierba de los jardines.

Una de las actividades que emanan de la biblioteca es la creación de libros colectivos[21] hechos por los diferentes grupos. A veces, los libros se relacionan con el tema de la exposición –como pasó en este caso, en que cada grupo-clase reflexionó sobre un aspecto en concreto.

Los niños y niñas de ciclo infantil, los «carboneros» de la escuela, podríamos decir –los carboneros son unos pájaros muy pequeños que, a veces, vemos por los alrededores de la zona de pinos del patio y son fácilmente reconocibles por su característica cresta en la cabeza–, también vivieron con intensidad la creación de su libro colectivo. Se trabajaba con la pretensión de hacer un libro, su libro, surgido de la suma de ideas y sugerencias, huyendo de la competitividad y las prisas, y buscando con afán las informaciones o los dibujos más elaborados.

> Los alumnos de 3 años repasaron cada una de las partes de un pájaro extraño que tiene muchos colores. Cada página recoge uno de estos colores y al final del libro se puede ver el pájaro en su totalidad. Es un libro aparentemente sencillo pero cargado de poesía. Se llama *Tengo un pájaro*.
>
> Los niños y las niñas de 4 años buscaron adivinanzas catalanas en las que la solución siempre era un pájaro. Cada adivinanza se trabajó mucho –es inimaginable la cantidad de dibujos que se llegaron a hacer. Su libro se llama *Adivinanzas de pájaros*.
>
> Los niños y las niñas de 5 años son la clase de los pingüinos y aprovecharon la circunstancia para hacer un proyecto de investiga-

ción acerca de estos pájaros que no vuelan pero que nadan maravillosamente. Todo el mundo colaboró, hasta las familias, que hicieron aportaciones de información como si de estudiantes de tercer curso de biología se tratase. Su libro se titula *Los pingüinos*.

Los **objetivos** de esta aventura, prefijados de antemano, se cumplieron satisfactoriamente. Se trataba de:

- Despertar el gusto y la afición por la expresión escrita.
- Estimular la creatividad, la sensibilidad y el espíritu crítico.
- Acostumbrarse a observar el medio donde se vive.
- Perfeccionar aspectos formales de la expresión escrita, todo desde un punto de vista práctico y funcional.
- Mejorar el vocabulario.
- Desmitificar la creación de un libro y paralelamente ayudar a los niños a valorar las obras literarias.
- Hacer partícipes a los familiares de la importancia de la expresión escrita en la educación.

En la educación primaria también se elaboraron libros colectivos:

Los chicos y las chicas de primer curso de educación primaria dedicaron algunas sesiones de expresión plástica a elaborar pájaros con elementos diversos sobre una base de plastilina y soportes de materiales como pajitas de refresco, plumas, palos de *polo*, etc. El resultado de sus producciones fue fotografiado y dio como resultado un curioso libro colectivo.

En segundo hicieron un *cancionero* con piezas que tienen como protagonista un pájaro.

El alumnado de tercero recreó una leyenda, *El pájaro de la lluvia*, un cuento que explica el origen de las lluvias en las tierras africanas.

En cuarto se hizo una búsqueda de *expresiones* y se elaboraron aleluyas explicativas de las citadas frases expresando su significado: «Ser un loro de repetición», «Ser una cacatúa», «Ser un buitre», «Fijarse como un búho», «Ser un pardillo», etc.

En quinto y sexto los talleres de poesía giraron en torno a los pájaros y el libro resultante fue un *poemario* elaborado por estos grupos.

Exposición: *El canto de las ballenas*

> Salió de casa y bajó
> corriendo hacia el mar. Su corazón
> latía con fuerza.
> Allí, inmensas y azules,
> estaban las ballenas.
> Saltaban y danzaban
> iluminadas por la luna
> y su canto llenaba toda la noche.
> Lili vio su flor amarilla
> columpiándose sobre la espuma.

No sabemos bien qué tiene el mar, qué extraña fascinación provoca en nosotros y dónde está su poder enigmático. Lo cierto es que el mar –la mar– nos llama, nos seduce como a Lili, la chica protagonista de este álbum tan poético que narra su encuentro con las ballenas. Los dibujos, a doble página, tienen el estilo de los cuadros más realistas y muestran de una manera muy dulce y afectiva diferentes paisajes marinos.

La presencia del mar nos invita al viaje –como, de hecho, todas las narraciones– insistentemente, es una invitación a dejar atrás la cotidianidad y embarcarnos en el primer galeón que nos lleve con rumbo incierto hacia no sabemos dónde.

Fig. 12. Las artes de la pesca en un rincón de la exposición.

El libro *El canto de las ballenas*[22] nos pareció imprescindible, para disfrutarlo, para mirarlo y remirarlo. La idea era similar a la de las otras exposiciones. Sólo variaba el tema. Un tema bastante amplio que nos permitió encontrar innumerables vías de investigación, desde el mundo de los peces hasta las historias de corsarios, desde las artes de pesca hasta la contaminación de las costas, desde la relajación que provoca su presencia en verano cuando en la playa oímos su rumor hasta el miedo que nos provoca cuando golpea con furia el espigón del puerto. Sin olvidar las ballenas, obviamente.

Los meses anteriores a la exposición fueron apasionantes. Se aprovechaban todos los momentos para relacionarlos con el libro o con el tema. Por ejemplo, en el carnaval de aquel año, con la consigna marinera por bandera, una multitud de peces, piratas y barcos inundaron el patio de la escuela y las calles del barrio. Allí estaba el Capitán Garfio, el viejo lobo de mar, la Sirenita y los tiburones, los pulpos, los pescadores, etc.

La sala de exposiciones se decoró con muchos elementos aportados por familiares relacionados con el mundo de la pesca (redes, anclas, fotos, salvavidas, boyas, etc.) y con los trabajos que cada grupo-clase elaboró. Estaba también, en un rincón, la cueva del tesoro.

En la primera visita se explicaba el cuento *El canto de las ballenas* y se establecía una conversación sobre estos mamíferos colosales. También se hacía un dibujo del cuento y se componía un diorama que servía de recordatorio.

La segunda visita se centraba en la explicación de otras historias relacionadas con el mar (*El pez arcoiris*,[23] *Nadarin*,[24] *El pescador de coral*,[25] etc.) y se conversaba acerca de algún aspecto científico, según el nivel del grupo.

Finalmente, la tercera de las visitas, ya sin guía, servía para tocar, remover y mirar el resto de libros que estaban expuestos y los objetos que el alumnado había aportado (un barco dentro de una botella, un caballito de mar, unas conchas encontradas en la playa, etc.).

Exposición: *De ratitas y ratones*

Una exposición diferente. El tema propuesto fueron los libros que tienen como protagonista al ratón o la ratita. La respuesta fue sen-

Fig. 13. Narración de cuentos durante la visita a la exposición sobre el libro *El canto de las ballenas*.

sacional, como siempre. A diferencia de los montajes sobre *El rey de los pájaros*, *El canto de las ballenas* o *La luna*, se optó por rodear esta exposición de un ambiente más literario y más mágico. Nos adentramos en un mundo maravilloso donde estuvieron presentes la sorpresa, el ingenio y los espejismos.

Desde siempre la literatura ha empleado la figura del ratón como personaje que ha simbolizado los diferentes valores éticos y las actitudes morales positivas, así como los numerosos temores y miedos antiguos.

En la imaginación colectiva el ratón ha tenido una ambivalencia clara: por una parte, está el ratón inteligente que ha sido protagonista de innumerables cuentos, como por ejemplo la conocida fábula de La Fontaine *El león y el ratón*, que nos explica cómo un ratón es capaz de serrar la red que atrapa al rey de la selva y liberarlo de los cazadores –«y aquella noche a la luz de la luna salieron los dos amigos, el león y el ratón»–; y por otra, está el roedor temible presente en muchas tradiciones orales, como la conocida leyenda del flautista, donde las ratas invaden, como una plaga, la ciudad alemana de Hamelin.

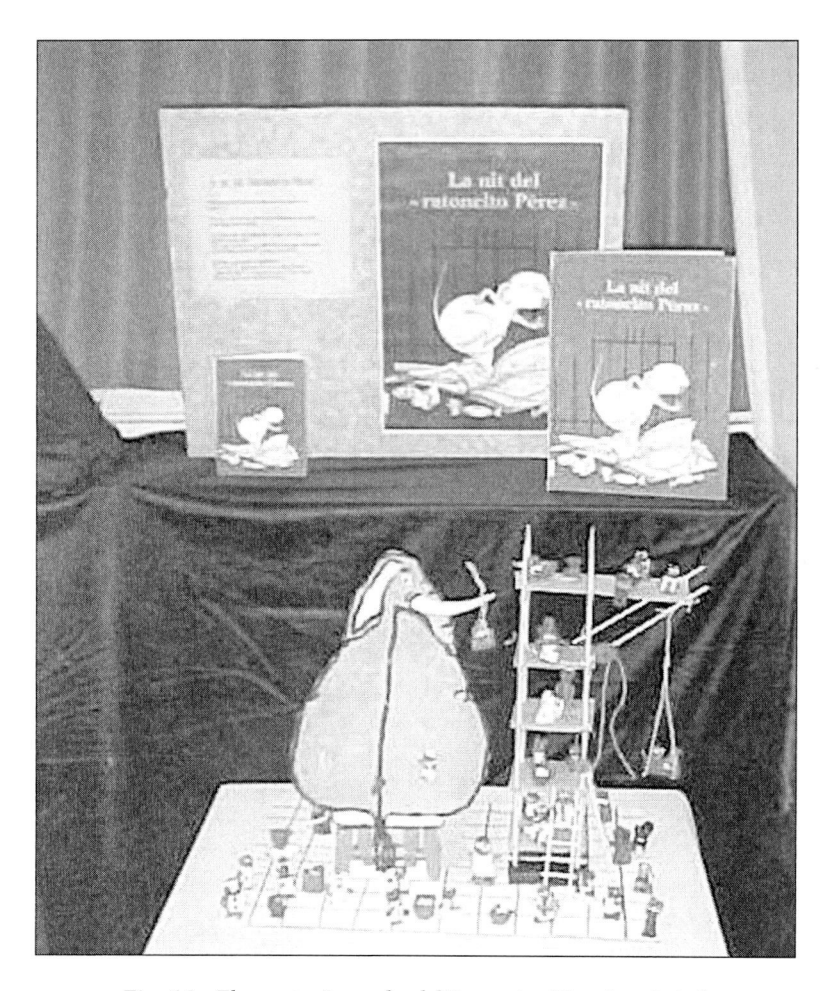

Fig. 14. El cuento *La noche del Ratoncito Pérez* inspiró al alumnado de cuarto la realización de esta maqueta.

En la literatura infantil hay numerosos ejemplos de ratitas y ratones bastante conocidos por todos nosotros. El ejemplo más significativo es el ratón de Disney, Mickey Mouse, que entró en la mente de muchas generaciones de niños gracias al poder del cine y la televisión. Otros ratones muy conocidos son Jerry, en eterna rivalidad con el gato Tom y, sin salir del cine, el fenómeno reciente de Stuart Little. También están lo ratones de los cuentos de *Cenicienta*, *La ratita presumida*, *Maisy*, etc. Empezamos a diseñar la exposición haciendo que cada grupo escogiese un libro, aquél que les sugiriese la mejor idea plástica. Durante varias semanas los miraron, los disfrutaron y, finalmente, escogieron su opción. Los nueve libros que finalmente trabajaron fueron:

La ratita y el elefante.[26] Es una historia de amistad. Va de un elefante capaz de cualquier cosa por hacer feliz a su amiga ratita, hasta de intentar coger una estrella que le de luz y calor.

Los niños y las niñas de la clase de P3 pintaron una montaña sobre papel continuo con sus huellas y picaron las estrellas que decoraban el techo de su rincón.

Gato y ratón.[27] Un cuento que narra el encuentro entre un gatito que no ha visto nunca un ratón y un ratón que no conoce a los gatos. De este encuentro sin prejuicios surgirá una amistad que se propagará por toda la comunidad gatuna y *ratonil*.

El alumnado de P4 pintó, recortó y dio forma a los simpáticos gatos y ratones del cuento e hicieron una bonita composición.

El ratoncito miedoso.[28] Un ratón que tiene mucho miedo del gato que vive en la casa se ve implicado en una aventura nocturna a la búsqueda del pastel de chocolate que se encuentra en la cocina.

Los niños y niñas de P5 recrearon la última escena del cuento y cada uno pintó una parte de dicha escena. Después, cuando se juntaron todos los fragmentos a modo de rompecabezas tuvo como resultado un maravilloso cuadro.

Rufus y las piedras mágicas.[29] Un ratón que vive en una isla descubre una piedra que da calor. Los otros ratones, cuando la ven, le preguntan dónde la ha encontrado porque todos quieren tener una. A partir de aquí el cuento puede acabar bien o puede acabar mal. Hay que escoger uno de los dos finales posibles.

La recreación de la isla que construyeron los niños y las niñas de primero y los ratones de plastilina eran una verdadera delicia.

Ulises y Casimiro.[30] Un álbum que explica la historia de Casimiro, un ratón que sale a conocer la casa donde vive y, huyendo del gato Ulises, descubre la biblioteca y las historias que viven en los libros.

El alumnado de segundo hizo una pequeña biblioteca, con estanterías y libros, invadida por los ratones y ratitas de los que llamamos «ratones de biblioteca». Una preciosidad.

Historias de ratones.[31] Cuando los siete ratones se van a la cama, su padre les explica siete cuentos si prometen que después se dormirán. Tres de estos cuentos son «El pozo de los deseos», «El baño» y «El ratón y los vientos», breves y divertidas historias en las que el *nonsense* inglés es patente. Un clásico de la literatura infantil.

Los chicos de tercero las recrearon con diversas técnicas, desde un diorama de plastilina dentro de una caja de zapatos hasta las sombras chinescas.

La noche del ratoncito Pérez.[32] A María se le cae un diente y esa noche, mientras duerme, el «ratoncito Pérez» viene a buscarlo. Mientras vamos pasando con curiosidad las páginas nos enteramos de adónde van y qué hacen con los dientes.

El alumnado de cuarto hizo un trabajo increíble al plasmar en tres dimensiones, de manera precisa, una de las páginas del libro. Fue la sorpresa de la exposición, indudablemente.

Siete ratones ciegos.[33] Unos ratones oyen un ruido cerca de donde viven. Son ciegos. Uno de ellos, el ratón rojo, sale a ver qué es lo que se ha oído y vuelve afirmando que es una columna, pero un segundo ratón dice que es una serpiente, el tercero sostiene que es un abanico, y así cada uno da su versión. Una historia que proviene de la filosofía oriental y que sirve para dar cuerpo a este libro, que tiene unas ilustraciones preciosas y una moralidad implícita que nos hace reflexionar.

Las dificultades de trabajar con las ceras y pintar sobre grandes superficies se salvaron con mucha eficacia por los muchachos y muchachas de tercer ciclo.

Hay un ratón en la casa.[34] Un ratón entra corriendo a la casa y va pasando por diferentes estancias. Cada página es una habitación donde el ratón se encuentra con diferentes personajes hasta que consigue salir.

Los chicos y las chicas de tercer ciclo recrearon cada una de las páginas del libro y las dispusieron a modo de diorama dentro de una caja de zapatos. Añadieron elementos que no salen en el libro como luces, armarios, espejos, ventanas, percheros, etc.

Éste era el cuento con el que se acababa la visita y que nos sirvió de excusa para cantar la canción del libro.

En la exposición había más cosas: por ejemplo, el resultado del taller de informática en el que el alumnado de quinto y sexto creó puntos de lectura para la exposición, un buen puñado de libros y unos cuantos ratones de todas clases (de madera, de peluche, de papiroflexia, etc.).

La exposición –brillante– fue posible gracias a la colaboración y participación de algunas personas y entidades: la Biblioteca de la Asociación de Maestros Rosa Sensat, que nos facilitó las primeras listas de libros; el préstamo de muchas obras de la Biblioteca Tecla

Sala de L'Hospitalet; los consejos de un padre, Rafael Puerta, por lo que respecta a la iluminación; las horas que tres madres de la escuela, Dolors Rastrero, Helena Casanova y Loli Artacho, dedicaron a preparar los cuadros que acompañan a los libros, y sobre todo al trabajo de todos los maestros y miembros de la escuela.

Estamos muy contentos porque creemos que, con este tipo de funcionamiento y pese a la cantidad de esfuerzos que dedicamos a esto, estamos contribuyendo a hacer de nuestros niños lectoras y lectores que disfrutan compartiendo el goce que proporciona la lectura de bellos libros. Creemos que es el camino correcto, que el libro debe estar presente en nuestras vidas de manera natural, para proporcionarnos alegría, evasión y conocimiento. Creemos que la lectura nos hace más independientes, nos da personalidad, ideas propias y nos hace diferentes, singulares.

Exposición: *La luna*

Una exposición monotemática alrededor del libro *La Luna*[35] de Anne Herbauts.
Los objetivos de la exposición fueron:

- Poner en contacto al alumnado de la escuela con un libro que nos parece recomendable. Es un contacto que debe resultar placentero, que tiene que ayudar a los niños a aprender cosas útiles a la vez que trabajan, de manera lúdica y divertida, aspectos relacionados con el tema –en este caso, el espacio.
- Promover, fomentar e incorporar la lengua escrita y las actividades plásticas que acompañan a la exposición.
- Reforzar las relaciones entre el alumnado de diferentes niveles y potenciar el trabajo en equipo.
- Difundir y dar a conocer una actividad escolar a las familias de la escuela y al resto de escuelas del barrio.

El proceso completo preveía cinco actuaciones:

1. Búsqueda de documentos gráficos y escritos, material básico para iniciar la actividad.
2. Organización de las diferentes actividades por ciclos educativos.

3. Montaje de la exposición y preparación de las visitas.
4. Recogida de los materiales elaborados: la revista.
5. Maquetación y tiraje de la revista.

A continuación las explicamos con más detalle.

1. Búsqueda de documentos gráficos y escritos, material básico para iniciar la actividad

El equipo de biblioteca, con la aprobación del Claustro y el conocimiento del Consejo Escolar, hace una búsqueda de todos los materiales que puedan servir de consulta para la realización de las actividades por ciclos. A este efecto se revisan los documentos que hay en la biblioteca de la escuela, se navega por la red informática, se pide ayuda a la Biblioteca Tecla Sala (es la biblioteca central de la ciudad y a la vez es la biblioteca que asesora a nuestro centro, por la proximidad –está en la misma calle– y por las colaboraciones que históricamente vamos manteniendo) y también a la Biblioteca de la Asociación de Maestros Rosa Sensat.

Los materiales que interesan se clasifican en diferentes cuadernos o carpetas para que puedan estar al alcance de todos. La elaboración de los cuadernos se atribuye a lo largo del primer trimestre escolar. La idea es disponer de toda la documentación a principios del segundo trimestre para irla trabajando en las aulas los meses previos a la exposición.

Tipos de materiales:

Poesías

> Por el olivar venían,
> bronce y sueño, los gitanos.
> Las cabezas levantadas
> y los ojos entornados.
>
> Cómo canta la zumaya,
> ¡ay, cómo canta en el árbol!
> Por el cielo va la luna
> con un niño de la mano.
>
> Federico García Lorca[36]

Se buscan aquellos poemas que contengan la palabra *luna* y aquellos que hagan referencia a la noche. Encontramos muchos de ellos en el folclore tradicional y en autores conocidos como Federico García Lorca, Juan Ramón Jiménez, Rafael Alberti, José Hierro, etc. Con todos los poemas se elabora un dossier.

Canciones

> La luna se está peinando
> en los espejos del río
> y un toro la está mirando
> entre la jara escondido.
>
> A. Sarmiento/C. Castellanos

Se buscan canciones populares y canciones o melodías de autor, tanto clásicas (*Sonata nº14,* «Claro de Luna» de Beethoven) como modernas (desde *Moon river* de Henry Mancini hasta *Moonlight Shadow* de Mike Olfield, pasando por *Moonshadows* de Cat Stevens o *Hijo de la luna* de José María Cano). La selección se compila en un disco compacto y se reparten copias entre los ciclos.

Libros de imaginación

Se clasifican por edades lectoras los libros en los que aparezca la luna como personaje-objeto importante en la narración.

Se hace un vaciado de lo que hay en la escuela, se complementa con un préstamo de la biblioteca pública que colabora y se compran aquellos títulos que pueden pasar a formar parte del fondo de la escuela. Son historias que se trabajarán en las aulas a lo largo del curso y que se podrán consultar, también, en la exposición.

Así encontramos títulos como *¿A qué sabe la luna?,*[37] *La sonrisa de la luna,*[38] *Munia y la luna,*[39] *Los ríos de la luna,*[40] *Objetivo: la luna,*[41] etc., y narraciones breves que pueden ser leídas y/o trabajadas en sesiones cortas –de una tarde, por ejemplo– y que forman parte del corpus de la cuentística española (*Rayo de luna, El niño que bailaba bajo la luna,* etc.).

Libros de no ficción

Libros de la luna desde su vertiente científica: el espacio, el sistema solar, las constelaciones, los viajes espaciales, etc.

También se elabora un dossier con artículos de revistas o bajados de la red informática.

Dossier gráfico

Un dossier gráfico con mapas de la luna y fotos relacionadas con el espacio, los astronautas, etc., nos fue muy útil.

La expresión plástica

Compilación y clasificación de posibles actividades plásticas relacionadas con el tema (elaboración de móviles, los colores de la noche, la luna vista por los artistas de todas las épocas).

Varios

Un último dossier que es como un cajón de sastre donde se guardan todo tipo de materiales (crucigramas, chistes, refranes, trabalenguas, obras de teatro, películas, etc.) que complementan las informaciones.

2. Organización de las diferentes actividades por ciclos educativos

Durante el segundo trimestre del curso se organizan los horarios y se aprueban las actividades que se realizarán en los diferentes niveles. Esta segunda actuación es responsabilidad del claustro de maestros y el destinatario directo es el alumnado de la escuela.

Son objetivos de esta actuación:

- Elaborar materiales escritos, dibujados, pintados, modelados, dramatizados, etc., en torno al tema *La luna* para la exposición o para la posterior revista monográfica.
- Aprender el vocabulario específico y practicar estructuras propias de los diversos géneros narrativos.
- Conseguir hacer un trabajo de grupo para que se haga una producción escrita o plástica que se expondrá y se explicará en la revista escolar.

Con el material de que se dispone, cada grupo decide el enfoque de sus producciones. Algunos ejemplos:

- **Palabras o frases bonitas.** Elaboración de frases poéticas que tengan en su enunciado la palabra *luna*. Cada alumno hace una y la guarda en una caja muy bien decorada –se puede elaborar en la clase de plástica– y se cuelga del techo o se expone en un rincón del aula o de la escuela para que todo el mundo la pueda abrir y la pueda leer.
- **Las mareas.** Explicación científica de la influencia de la luna en la formación de las mareas, acompañada de gráficos, fotografías y dibujos. Confección de un mural.
- **Poesías sobre la luna.** ¿Qué sentimientos nos provoca su visión? ¿Qué le podríamos decir? ¿Qué poesías de las que hemos leído nos han gustado mucho? Dibujamos una poesía sobre la luna que nos haya encantado.
- **Creación de un cuento.** Inventado o recreado a partir de otro conocido (*Pinocho en la luna,* por ejemplo).
- **Expresiones.** Explicamos y dibujamos expresiones sobre la luna: «Estar en la luna de Valencia», «Luna de miel», «Bajar a alguien la luna», etc.
- **Los astronautas.** Las naves espaciales, el Apollo, la NASA, la MIR.
- **La luna y las brujas.** La luna, la noche, la oscuridad.
- **Hemos visto.** Comentarios de películas.
- **Hemos leído.** Comentarios de uno o más libros sobre la luna.
- **La cara oculta de la luna.**

Al final de la actuación, el claustro de maestros valora el funcionamiento y la aceptación de las actividades propuestas y escogidas, y también valora la actitud de los diferentes grupos.

3. Montaje de la exposición y preparación de las visitas

El espacio donde se monta la exposición es la biblioteca de la escuela, evidentemente. El proceso dura un mes aproximadamente y durante estos días la actividad habitual (horas del cuento, préstamo, estudio, etc.) queda aparcada.

El equipo de biblioteca, con la ayuda de un grupo de padres y madres, es el encargado de preparar el espacio y los elementos que configuran la exposición.

En el caso de la exposición que comentamos, todo gira en torno al libro *La Luna*.

Fig. 15. Los cuadros de la exposición sobre el libro *La Luna*.

Se trata de un álbum ilustrado, con una presentación muy cuidada y una propuesta plástica sorprendente que no nos deja indiferentes. Unas imágenes que nos invitan a mirarlas con detenimiento para descubrir los pequeños detalles, para sentir las diferentes sensaciones que los misterios de la luna despiertan en nosotros, a veces inquietantes, a veces tranquilizantes.

Uno de los procesos es preparar los cuadros. Son necesarios tres libros. Uno, quedará tal como lo encontramos en la biblioteca, y de los otros dos se separarán las páginas y se enmarcarán. La escuela dispone de unos marcos que se van reciclando en cada exposición y sobre los que se prepara el paspartú que será la base sobre la que irán las páginas abiertas tal como las encontramos cuando leemos el cuento. En el caso de *La Luna* son doce cuadros.

A continuación hay que mover el mobiliario para crear los espacios por donde se circulará durante las visitas. Las estanterías se cubren con telas o con papel continuo sobre el que se colgarán las producciones de los diferentes niveles (dibujos, escritos, etc.).

Siempre se procura que haya uno o algunos elementos significativos relacionados con el tema. Para a exposición de la luna se creó un rincón con luz negra, otro con la simulación de un cráter lunar y un cohete.

Dos mesas o expositores son habituales. En una de estas mesas se presentan todos los libros que se han trabajado durante los meses anteriores, así como novedades y otros libros. En la otra mesa se exponen todos los objetos que el alumnado y los familiares han ido recogiendo o creando para la ocasión.

Se elabora un punto de lectura conmemorativo, que será repartido unos días antes con el calendario de visitas.

El calendario de visitas marca tres para cada grupo de la escuela, espaciadas en dos semanas. La tercera semana se reserva a visitas de las escuelas y jardines de infancia del barrio, visitas de los familiares de los niños y las niñas y visitas de las entidades de la ciudad (CRP, Ayuntamiento, Servicio de Bibliotecas).

Llega el momento. El primer día hay un acto, dirigido al claustro y a todas las personas implicadas, donde se hace una presentación –inauguración más o menos formal, piscolabis incluido– y una primera visita guiada.

A partir de esa primera tarde los diversos grupos van pasando por la biblioteca. Llegan acompañados del maestro-tutor o de la maestra-tutora y les espera una persona del equipo de biblioteca que es quien da las explicaciones. Los chicos y las chicas son conducidos a través de los cuadros, parándose para leer y para comentar qué dice cada página. Después se hace un corro y se comentan otros libros, se miran objetos y se observan las producciones que ellos mismos y el resto de grupos han elaborado. Según el grupo, la conversación puede girar en torno a un tema u otro: los miedos de la noche, la poética de la luna y sus caras, etc.

- En la **primera visita**, tal como dice uno de los cuadros de la exposición –«por la noche la luna dibuja estrellas sobre la gran pizarra azul del cielo»–, se les pide un dibujo de una estrella sobre un gran mural de color azul que simula el cielo, como si nosotros fuésemos la luna del cuento.
- En la **segunda visita** se facilita a cada niño y a cada niña una cartulina blanca tamaño cuartilla y ceras de colores. Se les invita a dibujar su luna. Pueden ser lunas de todos los colores y de todas las formas. Las producciones resultantes se cuelgan en una pared habilitada para tales efectos con el título *Las mil caras de la luna*.

> La **tercera visita**, se hace sin guía. Es el docente quien conduce la visita, que tiene un carácter más libre y donde se profundiza en los aspectos que cada grupo considera más oportunos. Al final de la tercera visita se entrega un pequeño cuestionario que nos servirá como valoración.[42]

4. Recogida de materiales elaborados: la revista

Para empezar, el equipo de biblioteca, conjuntamente con el equipo de revista, decide el formato que hay que dar al monográfico sobre la exposición y hace una propuesta al claustro con las pautas de maquetación (tipo de letra, formato, márgenes, entradillas, fotografías, dibujos, contenido).

En la revista se incluyen las producciones hechas a partir de visitas a la exposición y también trabajos literarios o de investigación elaborados durante los meses anteriores y que por su interés merecen ser difundidos.

Después, el equipo de revista, cuando tiene preparada la maquetación, hace una revisión definitiva (coherencia, corrección lingüística, vocabulario y comprensión) y lo pasa al equipo de tiraje para hacer las copias correspondientes.

En el caso de la revista *La Luna* se incluyeron los artículos siguientes:

> - El alumnado de 3 años hizo unos dibujos de la visita a la exposición y del poema *La luna* («la luna tan blanca, parece de papel...»).
> - Los niños y las niñas de 4 años presentaron un trabajo relacionado con una canción de Toni Giménez.
> - Los niños y las niñas de 5 años leyeron el libro de Kate Banks *Si la luna pudiese hablar* e hicieron un ejercicio paralelo de imaginar qué haría o qué diría la luna si pudiese hablar.
> - Los muchachos y las muchachas de ciclo inicial presentaron unas observaciones de conocimientos sobre la luna, así como cuentos breves, poemas, frases hechas y pareados.
> - En tercero de primaria clasificaron todos los dichos que recogieron referentes a la relación de la luna con el tiempo atmosférico, las cosechas, las creencias populares y el calendario e hicieron unas hipótesis muy ingeniosas acerca

de qué consideraban a priori qué significaba la expresión «Estar en la luna de Valencia».
- En cuarto de primaria inventaron cuentos con títulos tan sugerentes como *Una ciudad en la luna, El sol que no quería ir a dormir, La luna sin luz*, etc.
- El alumnado de tercer ciclo presentó el resultado de los talleres literarios sobre la luna: poemas, narraciones, y un apartado en inglés (*The moon is my friend*).

Esta cuarta actuación ocupa alrededor de tres semanas y el claustro es el encargado de valorar la puntualidad en la entrega de los artículos, así como su contenido.

5. Maquetación y tiraje de la revista

En función del presupuesto, el claustro de maestros, a propuesta del equipo de revista, decide los últimos aspectos formales: portada en color o en blanco y negro, tipo de encuadernación y papel...

Con un grupo de sexto se organiza el alzado de la revista, de la que se hacen doscientas cincuenta copias.

El equipo de revista entrega a cada tutoría las revistas que serán repartidas a cada familia. Queda a voluntad de cada maestro hacer, con los chicos y las chicas, la lectura completa o parcial antes de que se la lleven a casa. La dirección del centro se encarga de tramitar las copias al personal no docente así como a las administraciones educativas. A la biblioteca de la escuela se envían unos cuantos ejemplares para el archivo histórico y para consultas.

Cuando acaba todo el proceso hay que desmontar la exposición. Tradicionalmente se cede a una biblioteca pública con la intención de que la expongan durante los meses de verano en sus locales. Es una manera de dar a conocer el trabajo al resto de la población de L'Hospitalet.

Alguien dijo que si antes de empezar algunos proyectos supiésemos las dificultades, los quebraderos de cabeza y el volumen de trabajo que nos iban a dar, a menudo ni los empezaríamos. No es el caso. De trabajo y quebraderos de cabeza los que queráis, pero una vez vistos los resultados y la ilusión con la que se vive esta actividad que fluye de la biblioteca y va directamente a los corazones de las personas que conforman nuestra pequeña comunidad escolar, pensamos que de verdad vale la pena. Porque, al final, también se trata de eso, de sentirnos implicados en un proyecto educativo, con unos niños que se merecen la mejor escuela posible.

Notas

1. SCHAMI, Rafik. *Los narradores de la noche*. Madrid: Siruela, 2001.
2. CONE BRYANT, Sara. *El arte de contar cuentos*. Barcelona: Hogar de libro, 1993. Un manual sencillo pero muy esclarecedor sobre la manera de contar cuentos a nuestros niños, acompañado de textos concretos y orientaciones precisas. Cuarenta años después de la primera edición, todavía resulta útil.
3. Teresa Durán es una de las personas que más y mejor ha investigado y difundido el mundo de los cuentos populares, especialmente en lengua catalana. Ha escrito numerosos artículos en revistas especializadas y diarios, ha escrito libros para niños y jóvenes, los ha ilustrado y los ha traducido.
4. ABRIL, Paco. «El cobijo de los cuentos». *CLIJ* nº 24. Todas las exposiciones que ha montado se encuentran a disposición de cualquier entidad que las pida, en servicio de préstamo. Sólo hay que ponerse en contacto con el:
    Departamento de Programas Educativos.
    Fundación Municipal de Cultura, Educación y Universidad Popular.
    Centro de cultura Antiguo Instituto Jovellanos, 21.
    33201 Gijón (Asturias).
  Otras entidades como *Amigos del libro* de Madrid también prestan exposiciones pero las condiciones que exigen a quien las quiera alquilar suelen ser muy limitadas (un mínimo de metros cuadrados en la sala donde se ha de instalar y un coste muy elevado en concepto de alquiler, seguro y transporte que lo hace prácticamente inviable para la economía de un centro educativo).
5. DE MAYER, Gregie. *Juul*. Salamanca. Lóguez, 1996.
6. BROWNE, Anthony. *El túnel*. México D.F.: Fondo de Cultura Económica, 1994.
7. ABRIL, Paco. *La niña de la nube*. Gijón: Libros de Pexe, 1998.
8. KESELMAN, Gabriela. *El regalo*. Barcelona: La Galera, 1996.
9. LEAF, Munro. *Ferdinando, el toro*. Salamanca: Lóguez, 1991.
10. MENÉNDEZ PONTE, María. *Pelos de bruja*. Madrid: SM, 1993.
11. McKEE, David. *Elmer* Madrid: Anaya, 1990.
12. VILEGAS, Jesús; IGLESIAS, Xulio César. *Animación y libros*. Madrid: CCS, 1997.
13. El comandante Manzanares –*alter ego* de un maestro de la escuela– y su ayudante, Patxi –un títere muy divertido–, han sido los personajes que han ido guiando las odiseas de las exposiciones. Ellos han sido los *alma mater* de lo que os explicamos en este capítulo y nos parecía necesario que así fuese re-

conocido. La magia y el misterio que rodean a ciertos personajes los hace muy atractivos por su capacidad de hechizar. Eso lo sabe muy bien el profesorado de ciclo infantil cuando, en el corro, hace aparecer el títere que conversa y/o pregunta a los chiquillos.

14. Antoine de Sant-Exupéry (1900-1944) fue aviador y sus obras literarias (como en el caso de *El principito*) transpiran aventura mezclada con poesía, más o menos tal como fue su vida.
15. RODARI, Gianni. *Cuentos escritos a máquina*. Madrid: Alfaguara, 2004. Este libro, junto con las demás antologías de cuentos –*Cuentos por teléfono, Muchos cuentos para jugar* y *20 cuentos más uno*– son la aplicación práctica de uno de los libros más imaginativos que, como maestros, hemos podido leer: *Gramática de la fantasía*.
16. Jesús Chivite, maestro de la escuela Sant Josep-El Pi, fue el impulsor de la actividad sobre los pájaros del patio. En su persona confluyen muchas cualidades y muchos conocimientos. Su afición y el conocimiento del mundo de los pájaros fue determinante para allanar el camino en esta empresa a toda la comunidad escolar. Sin sus orientaciones, la realización del proyecto habría resultado imposible.

    Los pájaros del patio son una serie de actividades que pretenden mostrar y enseñar a identificar las aves que conviven con nosotros en el patio de la escuela y también en nuestra ciudad y en nuestro pueblo.

    LOS OBJETIVOS de este proyecto son:
    - Conocer los pájaros que vemos en el patio de la escuela.
    - Hacer observaciones de estos pájaros y de sus costumbres, alimentación, nidos, etc.
    - Identificarlos en diferentes situaciones.
    - Aprender las diferentes partes de un pájaro.
    - Diferenciar los diferentes tipos de plumas y su función.
    - Hablar de temas relacionados con ellos, como la migración, los pájaros en peligro de extinción, la superpoblación de pájaros, pájaros oportunistas, etc.
    - Saber distinguir las posibles diferencias entre machos y hembras.
    - Escuchar con atención para identificar los diferentes cantos y reconocer los más característicos.
    - Construir cajas nido.
    - Utilizar correctamente unos prismáticos para hacer observación de los pájaros.
    - Saber buscar en las guías y libros de la biblioteca de la escuela información sobre los pájaros del patio.
    - Ver las actitudes concretas en los pájaros: época de celo, competencia por los alimentos que encuentran, delimitación del territorio mediante el canto, etc.

- Disfrutar de la compañía que nos proporcionan los pájaros.
- Saber ver que los pájaros forman parte de la cultura popular y que tienen una amplia representación en las poesías, canciones, refranes, dichos, textos literarios.

LOS CONTENIDOS que se trabajan son variables según los ciclos. Los que presentamos a continuación corresponden al alumnado de ciclo superior.
- Conocimiento del nombre de los pájaros del patio. Sobre todo los más comunes, que son unos 15. En total hablamos de 31 pájaros diferentes.
- Conocimiento de los cantos más característicos: gorriones, urracas, mirlos, petirrojos, estorninos, etc.
- Identificación de siluetas de pájaros.
- Partes de un pájaro.
- Partes de una pluma, tipos de plumas y su función.
- Identificación del ecosistema que hay en el patio y en la ciudad o pueblo en general. Ver sus partes y componentes.
- Cadenas y redes alimenticias.
- Cuestiones generales sobre pájaros: nidificación, migraciones, alimentación, pájaros nocturnos y diurnos, adaptaciones de su cuerpo para la alimentación, para los desplazamientos, tipos de vuelos, nombres científicos, etc.
- Dimorfismo sexual. A veces, machos y hembras son diferentes, ¿por qué?
- Curiosidades sobre los pájaros que vemos en el patio. Cantidades. Oportunismo. Abundancia.
- Consulta de láminas informativas y libros de pájaros.

17. Las actividades se estructuran en ocho apartados que corresponden a ocho paquetes *clic*, con un total de 121 actividades.

   Después de la pantalla de presentación aparece otra que está dividida en ocho botones rectangulares que son las siguientes secciones:

- IDENTIFICAMOS LOS PÁJAROS DEL PATIO (24 actividades)
  - Actividades de formación donde se hace clic sobre el dibujo y aparece el nombre del pájaro y su canto.
  - Actividades de identificación de un pájaro entre otros cuatro.
  - Actividades de relación entre el pájaro y su nombre.
  - Actividades de asociación del canto con el pájaro.
- CONOZCAMOS MEJOR A LOS PÁJAROS (17 actividades)
  - Actividades de identificación de los pájaros por el dibujo en una lámina informativa.
  - Actividades de exploración para conocer las partes de un pájaro.

- ✓ Actividades de información sobre el dimorfismo sexual. Machos y hembras.
- ✓ Actividades de información y juego sobre las partes de una pluma y sus tipos.
- ✓ Actividades de información sobre el nido de un pájaro.
- ✓ Actividades de información para la construcción de una caja nido.
- ✓ Actividades de texto y asociación sobre la migración.
- ▸ SOPAS DE PÁJAROS (6 actividades)
  - ✓ Actividades de localización, por orden de dificultad, de cuatro pájaros en una sopa de letras donde aparece el dibujo y el canto.
- ▸ REFRANES, DICHOS Y MANERAS DE DECIR (10 actividades)
  - ✓ Actividades de texto sobre refranes españoles.
  - ✓ Actividades de textos sobre dichos populares.
  - ✓ Actividades de texto sobre maneras de decir.
  - ✓ Actividades de rompecabezas de ordenar refranes.
- ▸ JUGUEMOS CON LOS PÁJAROS (8 actividades)
  - ✓ Actividades de encontrar diferencias entre dos ejemplares de pájaros similares.
  - ✓ Actividades de texto de contar pájaros que aparecen en diferente número, medida y orientación.
  - ✓ Actividades de relacionar el nombre con la silueta del pájaro.
  - ✓ Actividades para imprimir y escribir los nombres de 15 pájaros con las palabras cruzadas.
  - ✓ Actividades de información sobre cómo hacer un pájaro de papel.
- ▸ JUGUEMOS CON LAS PALABRAS (12 actividades)
  - ✓ Actividades de texto de ordenación de canciones y poesías.
  - ✓ Actividades de texto de rellenar palabras en poemas.
  - ✓ Actividades de texto de marcar palabras.
  - ✓ Actividades de texto de escribir el nombre de los pájaros.
- ▸ HACEMOS ROMPECABEZAS (7 actividades)
  - ✓ Actividades de hacer rompecabezas de diferentes tipos.
- ▸ GUÍA Y CANTOS DE LOS PÁJAROS (35 actividades)
  - ✓ Actividades de información de la guía de los pájaros.
  - ✓ Introducción de la guía con consejos de uso.
  - ✓ Actividades de información sobre las partes de un pájaro.
  - ✓ Actividades de información sobre el uso de prismáticos.
  - ✓ Actividades de información donde se describe el pájaro con el dibujo y su canto.

18. WARD, Helen. *El rey de los pájaros*. Madrid: SM. 2000.
19. VERDAGUER, Jacint. *Rondalles* Barcelona: La Il·lustració catalana, 1913.
20. CASEPONCE, Esteve. *Rondalles*. Barcelona. Balmes, 1972.

21. Ved lo que comentamos sobre los libros colectivos en el capítulo «La aventura de escribir un libro o por qué las hierbas mágicas crecen sobre las nubes».
22. SHELDON, Dyan; BLITHE, Gary. *El canto de las ballenas*. Madrid: Kókinos, 1999.
23. PFISTER, Marcus. *El pez arcoiris*. Barcelona: Grijalbo-Mondadori Junior, 1995.
24. LIONNI, Leo. *Nadarin*. Barcelona: Lumen, 1995.
25. *El pescador de coral* es una leyenda de L'Alguer recogida por Maria Dolors Cortey en *Llegendes de les nostres terres*. Barcelona: Publicacions de l'Abadia de Montserrat, 1976.
26. LÓPEZ ESCRIVÀ, Ana. *Ratona y elefante*. Madrid: Bruño, 1996.
27. BOGACKI, Tomek. *Gato y ratón*. Madrid: SM, 1998.
28. McDONALD, Alan. *El ratoncito miedoso*. Barcelona: Beascoa, 2002.
29. PFISTER, Marcus. *Rufus y las piedras mágicas*. Barcelona: Montena, 1998.
30. JONAS, Anne. *Ulises y Casimiro*. Barcelona: Zendrera Zariquiei, 2000.
31. LOBEL, Arnold. *Historias de ratones*. Pontevedra: Kalandraka, 1999.
32. PISTINIER, Caroline. *La noche del «ratoncito Pérez»*. Barcelona: Corimbo, 2001.
33. YOUNG, Ed. *Siete ratones ciegos*. Caracas: Ekaré, 2001.
34. GOMI, Taro. *Hay un ratón en la casa*. México D.F.: Fondo de Cultura Económica, 1993.
35. HERBAUTS, Anne. *La Luna*. Madrid: Kókinos, 2000.
36. GARCÍA LORCA, Federico. *Antología esencial*. Barcelona: Octaedro, 2001.
37. GREJNIEC, Michael. *¿A qué sabe la luna?* Pontevedra: Kalandraka, 1999.
38. SCHAMI, Rafik. *La sonrisa de la luna*. Madrid: SM, 1995.
39. BALZOLA, Asun. *Munia y la luna*. Barcelona: Destino, 1982.
40. JANER MANILA, Gabriel. *Los ríos de la luna*. Barcelona: Edelvives, 1994.
41. HERGÉ. *Objetivo: la luna*. Barcelona: Juventud, 1992.
42. El cuestionario que se pasaba al alumnado al acabar la tercera visita era el siguiente:

CUESTIONARIO	VISITA A LA EXPOSICIÓN *LA LUNA*
Di qué te ha parecido la visita a la exposición: ¿era como te la esperabas?, ¿te ha sorprendido?, ¿has aprendido cosas que no sabías?...	
¿Cuál ha sido la parte que más te ha gustado? El cuento, los objetos, la música, hacer el dibujo, mirar los cuentos...	
¿Te gustaría que montásemos otra exposición? Si crees que sí, di sobre qué tema te podría interesar.	
¿Quieres añadir alguna cosa más?	

Algunas respuestas dadas por el alumnado en el cuestionario:
- Me ha parecido muy interesante, más de lo que me esperaba. (sexto)
- He aprendido cosas que no sabía. (sexto)
- Me han gustado sobre todo los dibujos de los pequeños. (sexto)
- Sólo me esperaba ver los cuadros y me ha sorprendido muchísimo, especialmente los objetos. (sexto)
- Hacer el dibujo de la luna después de la visita me ha gustado mucho. (sexto)
- Ha estado muy bien, sobre todo la parte del principio, cuando se ha hecho oscuro y se veían las cosas brillar a causa del fluorescente violeta. (sexto)
- Me ha sorprendido cuando el volcán echaba humo. (sexto)
- Me ha impresionado mucho. (quinto)
- El humo del pequeño volcán ha sido muy divertido. (quinto)
- ¡Los fluorescentes en forma de luna! (quinto)
- He aprendido muchas cosas y me han contado muchos cuentos. (cuarto)
- Me ha gustado el libro de la exposición. (cuarto)
- Me ha gustado la música porque era muy romántica y muy dulce. (cuarto)
- He aprendido cosas que no sabía. (tercero)
- ¡Me ha gustado el volcán! (tercero)

CAPÍTULO 8

Amar la poesía o cómo leer los versos escritos sobre la piel de una gota de agua

BIBLIOTECA Y POESÍA, UN BINOMIO INDIVISIBLE

> Estando una mañana haciendo el bobo
> le entró un hambre espantosa al Señor Lobo,
> así que, para echarse algo a la muela,
> se fue corriendo a casa de la Abuela.[1]
>
> ROALD DAHL

La poesía expresa una idea, un concepto sobre el que, además, se puede reflexionar y dar muchas vueltas. Nos permite un acercamiento por la sonoridad, por las rimas, por los caligramas, por los acrósticos, por la magia. La poesía, por su brevedad, es adecuada para ser trabajada desde la biblioteca.

Los libros de poesía, precisamente al igual que los cuentos, los libros de no ficción y el resto de materiales, representan tipologías complementarias que favorecen la formación integral que ambicionamos para nuestros alumnos.

De igual manera que no pretendemos que comprendan aquellos fragmentos de sinfonías o canciones que se escuchan en el aula de música, no hay que pretender la comprensión *total* de los textos poéticos que podemos poner a su alcance. Nuestro deseo sólo expresa la necesidad de una educación en el lenguaje poético, en la sensibilidad por la palabra oída, en incentivar la expresión oral, por la imaginación, la fantasía y el descubrimiento de lo que hay *más allá* de los sonidos y de lo que hay en el mundo que nos rodea.

Se intenta que, además de transmitir elementos lingüísticos y artísticos (la musicalidad, el ritmo, la rima, la comparación, la metáfora) consigamos que los niños y las niñas

> [...] se paren un momento a mirar a su alrededor, a reflexionar sobre qué sienten, qué piensan ante (ciertos) fenómenos y que puedan expresar sus pensamientos y sentimientos a través de la palabra poética.[2]

Estos fenómenos son los paisajes, las expresiones de la naturaleza, los hechos cotidianos y los sentimientos. Será la manera de sentirlo, de relacionarlo con otras experiencias y de expresar lo que lo hará poético.

> Salir al patio, estar debajo de un árbol, sentir el sol en la piel, escuchar el viento, acariciar a un amigo, sentir su mano y hablar de lo que se está viviendo en esos momentos, puede ser uno de los medios que los adentrará en un mundo en el que existe más sensibilidad, o bien les permitirá valerse de esta sensibilidad para expresar sus vivencias particulares a través de un código diferente, más rico.[3]

Los objetivos que se ambicionan con la práctica poética giran sobre dos ejes principales: la educación en la sensibilidad artística y el conocimiento de la diversidad cultural.

Se puede aceptar que el único anhelo es familiarizarse con el lenguaje poético, conocer autores y poemas, desarrollar las expresiones plásticas, verbales y escritas, y potenciar la capacidad de memoria.

En la biblioteca de la escuela dedicamos alrededor de cuatro sesiones cada curso, en cada nivel educativo, a trabajar con las poesías. Las actividades se dividen en dos grandes apartados:

A. Nos emocionamos leyendo poemas.
B. Hacemos nuestras propias poesías.

A. Nos emocionamos leyendo poemas

Todo lo que se pueda decir de la lectura en general también sirve para la poesía, pero con un matiz: el texto poético no es un texto como los demás. La diferencia no está en las características particulares de la rima, versificación, ritmo, etc., sino en la atención especial que exige la poesía. Georges Jean afirma que «leer poesía significa recorrer un universo nuevo y conocido a la vez, captar las palabras no sólo por lo que dicen sino también por lo que son».[4] Se trata de leer el texto y también lo que hay «detrás».

Si entendemos que con la poesía se pone en marcha la capacidad de conmover, de alabar el mundo imaginario y de expresar las vivencias personales mediante un código diferente, mucho más rico, podremos entender que al chico o a la chica que lee, la poesía le sugiere sensaciones que le permitirán ver el mundo con nuevos ojos.

Hay quien defiende la lectura de poemas incitando a su relectura una, dos, diez veces, hasta conseguir penetrar en ella, hasta encontrar sus líneas de fuerza. Se justifica el valor de la poesía por las grandes ventajas que tiene como favorecedora del juego creador, por su brevedad, por la facilidad de memorización y porque permite conseguir el máximo significado con la mínima expresión.

Algunas actividades que realizamos habitualmente son:

Lectura en voz alta

Es el maestro quien lee los poemas y reclama del grupo una atención directa para poder captar todo el sentido.

Después de la lectura se suele comentar aquello que nos quiere decir el poema, destacando los recursos que se han usado. A veces conviene entregar fotocopias del texto para que lo puedan seguir, disfrutar y analizar mucho mejor.

Poesía con los brazos

El maestro o la maestra asigna un gesto en cada verso y el grupo recita el fragmento que corresponde. Para este ejercicio sirven todos los poemas de cuatro versos.

Por ejemplo, si queremos aprender el poema *Caracola:*[5]

> Me han traído una caracola. *(El maestro mueve el brazo en forma de arco haciéndolo pasar por encima de su cabeza.)*
> Dentro le canta
> un mar de mapa. *(Se realiza un segundo gesto moviendo el brazo en forma de arco, esta vez a la altura de la cintura.)*
> Mi corazón
> se llena de agua *(Un tercer gesto trayendo la mano hacia el corazón.)*
> con pececillos
> de sombra y plata *(se extiende la mano hacia delante simulando el nadar ondulante de los peces)*

El maestro recita y gesticula. Los chicos y chicas repiten los versos. Se hace unas cuantas veces. Después sólo hará falta mover los brazos y los chicos y chicas dicen la frase. Se puede ir variando el orden de los gestos.

Poesía con agujeros

Primero se hace una lectura y un comentario o explicación del significado del poema.

A continuación el maestro o la maestra va leyendo el poema, dejando agujeros verbales que los niños y las niñas han de rellenar de memoria. Por ejemplo, el poema *Se equivocó la paloma*.⁶

> Se equivocó *(silencio)*... la paloma *(añade el grupo)*
> Se *(silencio)*... equivocaba *(grupo)*
> Por ir al norte, *(silencio)*... fue al sur *(grupo)*
> Creyó que el trigo *(silencio)*... era agua *(grupo)*
> Se *(silencio)*... equivocaba *(grupo)*

A medida que se va recitando repetidas veces, los agujeros pueden ir aumentando. Así, poco a poco, se irá aprendiendo la poesía.

Poesía con coros

Por ejemplo, alguno de los poemas contenidos en *Versos de agua*.⁷

Es conveniente, siempre, que el maestro lea y explique el significado del poema. Luego se propone a los alumnos que, a coro, repitan algún elemento repetitivo contenido en la poesía.

> Que sí, que sí *(a coro)*
> Un día de julio nací.
> Que no, que no *(coro)*
> Un día de julio nació.
> Que sí, que sí *(a coro)*
> la ruta del Cacarabí.
> Que no, que no *(coro)*
> la ruta del Cacarabó.
> Que sí, que sí *(a coro)*
> un plato de habas comí.
> Que no, que no *(coro)*
> un plato de habas comió.
> ...

Se puede repetir invirtiendo los papeles. El maestro recita «que sí, que sí» y el alumnado la frase explicativa.

De manera similar podemos proceder con el poema *Abril*.⁸

Alguien recita el primer verso. Dice: *El chamariz en el chopo.*
El resto responde a coro: *¿Y qué más?*
Un segundo alumno añade: *El chopo en el cielo azul.*
Coro: *¿Y qué más?*
El cielo azul en el agua.
¿Y qué más?
El agua en la hojita nueva.
¿Y qué más?
...

Y así sucesivamente hasta recitar todo el poema.

Música y poesía

La poesía es musicalidad. En el mercado encontramos a menudo discos de cantantes que han puesto música a poemas conocidos. Es el caso de los poemas de Ángel González cantadas por Pedro Guerra en el álbum *La palabra en el aire,* o las antologías de Serrat homenajeando a Miguel Hernández o Antonio Machado, por citar dos ejemplos muy conocidos.[9]

Una actividad relacionada con la música consiste en leer los poemas sobre un fondo musical. Una lectura calmada, dramatizada, con silencios. Proponemos las canciones de Enya pero también las músicas de Jean Garbarek, Mike Olfield, Vangelis, Alan Parsons, Carlos Núñez y las melodías celtas en general.

Suele ser una experiencia con mucho éxito. Solemos repartir los libros de poemas, uno por alumno, para que se los lleven a casa durante una semana. Cuando los han leído escogen el poema que más les ha gustado, los leen y se comentan, se busca la entonación adecuada y se hace una lectura dramatizada con acompañamiento musical para los compañeros de los otros grupos.

Buscad un poema que os guste, poned una música de fondo y leedlo en voz alta para ver el efecto. ¡Seguro que os sorprenderá!

Una actividad habitual es leer el poema y sentir cómo otros lo han interpretado con música y con canciones, pero también podemos darle expresión musical nosotros, con los instrumentos de que disponemos en la escuela.

Otras actividades de lectura

Leer un poema con diferentes tonos de voz y estados de ánimo:

- Con un tono de tristeza.
- Con alegría.
- Gritando.
- Muy flojito.
- Como si hiciésemos un mitin.
- Como en un anuncio publicitario.
- Como una película del Oeste.

Juego de las tarjetas

Se confeccionan pequeñas tarjetas de cartulina. En unas se ponen los títulos y en otras se escriben los poemas sin los títulos.

Se colocan los niños en el círculo y se reparten las tarjetas aleatoriamente, (debemos prever que todos tengan una tarjeta, como mínimo).

Se hace una primera lectura en la que cada uno lee su tarjeta.

En una segunda lectura los chicos y chicas se van agrupando y se sientan juntos los que piensan que han formado una pareja (título y poesía).

Finalmente se hacen las comprobaciones y las aclaraciones correspondientes.

Juego de la pelota

Sentados en corro. Cada niño tiene pensados algunos versos que le gustan (inventados o sacados de algún poema). Se van pasando la pelota y quien la recibe recita el verso en voz alta. Se van anotando en una hoja, correlativamente. Así formaremos un nuevo poema (muy posiblemente un sinsentido).

Leer un poema en pareja

Dos compañeros preparan un poema y lo recitan o leen verso a verso, alternativamente, procurando darle la misma entonación.

Dramatizaciones

Algunos poemas explican historias. Con unas cuantas ropas nos podemos disfrazar y recitar el poema como si fuese una pequeña obra de teatro o la representación de un relato.

B. Hacemos nuestras propias poesías

La biblioteca puede ser un medio estimulante. Los chicos y las chicas sólo serán realmente creativos si su deseo de crear se proyecta de manera adecuada al grupo, a los demás. Si hay un buen clima basado en la confianza y en la calidad de las relaciones, todo será más fácil. Será función nuestra ponerlos en situación, permitir que expresen sus sensibilidades y que estén dispuestos a practicar juegos con las palabras, las sonoridades, las metáforas y las asociaciones absurdas.

Veamos algunos ejemplos.

Piano, piano de Ángel Guache[10]

Primero leeremos el libro. Se trata de unos «poemas revoltosos» que nos provocan la risa. Están llenos de pareados muy graciosos.

> Toca la pandereta
> un cura en bicicleta.
>
> Por la cercana colina
> una tortilla camina.
>
> En el horizonte
> un rinoceronte.

Cuando lo hemos leído (el libro o un capítulo) y hemos entendido cómo funcionan las rimas, las palabras que suenan de manera parecida, proponemos a los niños que hagan rimas, asociaciones de palabras.

Pediremos a cada chico o chica que coja un papel y escriba una palabra cualquiera, la que se le pase por la cabeza. Después tiene que dar la hoja a tres compañeros que escribirán, al lado, una palabra que rime con la suya. Al final leeremos en voz alta cómo han quedado nuestras rimas.

Así, por ejemplo:

- Marciano, italiano, Mariano, cristiano...
- Señor, flor, olor, tractor...
- Mina, fina, ilumina, mandarina...

La segunda actividad propuesta consiste en crear una pequeña estrofa con las palabras que han aparecido, con las palabras que «suenan igual».

Por ejemplo.

> Detrás del balcón abierto
> Un niño llamado Alberto
> Con su amigo Rigoberto
> Oye en la radio un concierto
> ¡Todo esto es cierto!

También podemos hacer un poema colectivo, pero será un poema especial, porque haremos los versos siguiendo una consigna: cada verso hablará de un objeto más grande que el anterior, empezando por la parte más pequeña posible (por ejemplo, una pulga si hacemos un poema sobre animales) o, al revés, empezando por un objeto o situación grande para irlo reduciendo.

Más o menos como hacía Rafael Alberti en *Nocturno*:[11]

> [...] porque en Roma hay una calle,
> en la calle hay una casa,
> en la casa hay una alcoba,
> en la alcoba hay una cama,
> en la cama hay una dama,
> una dama enamorada, [...]

Poemas paralelos[12]

Trabajar los textos poéticos requiere toda una metodología y un proceso que va desde la familiarización a la producción, pasando por la memorización, la práctica de hacer comparaciones, hacer metáforas o escuchar cómo determinadas palabras otorgan determinados ritmos. Una actividad de familiarización y creación muy pautada es la llamada *composición de poemas paralelos* a partir del estudio de un poema concreto.

Así, por ejemplo, podemos tomar la serie de poemas de Gloria Fuertes «cómo se dibuja ...».[13]

Cómo se dibuja un payaso

Melena de pelo tieso,
por travieso.
Una pelota de ping-pong es la nariz,
y una sonrisa desdentada
de feliz.

Las orejas despegadas
–como alas–.
Las botas,
grandes y rotas
y en la punta del sombrero
un pompón de terciopelo.

En el mismo poemario «cómo se dibuja una bruja», «cómo se dibuja un cisne», cómo se dibuja un elefante», etc.

La lectura de estos poemas nos lleva a crear otros parecidos partiendo de la premisa «cómo se dibuja...».

Cajas de poesía

Otra actividad sencilla pero potencialmente rica para la familiarización con la poesía es la construcción de *cajas de poesía*, que no son otra cosa que ilustraciones plásticas, concreciones por medio de pequeños montajes en volumen, de aquello que nos dice la poesía.

Dependiendo del tema general de la poesía, y de las sensaciones que nos transmite, intentaríamos diseñar una cajita: cuando la cajita se abre, sale la poesía en forma visual. Se puede hacer un grupo.

Aleluyas

Una acción que ayuda a entender la poesía es hacer aleluyas. Una aleluya es una forma poética que consiste en una secuencia de dibujos, cada uno de los cuales tiene debajo un pareado. El proceso puede ser individual o colectivo y, en ambos casos, desarrolla la capacidad de secuenciación, permite descubrir la musicalidad y el color de los poemas y facilita su memorización.

El proceso es sencillo. Primero se lee y se comenta el poema para que se entienda su significado. Después se piensa cuántas viñetas podría contener el aleluya y se separan los versos. Finalmente se escoge la técnica más adecuada a la idea que queremos expresar.

A la manera de…

Dejar que los niños se enfrenten solos a la escritura de unos versos suele producir unos resultados pobres por la falta de referentes y de práctica. Por eso, cuando proponemos una composición escrita, es conveniente dotar del mayor número posible de apoyos a los niños y a las niñas que necesitan modelos, pautas a imitar. Si agrupamos niños y provocamos la interacción entre ellos es porque consideramos que el trabajo de grupo permite ver maneras de hacer diferentes y permite «copiar» las cualidades y los procedimientos. En el caso de la escritura poética deberemos poner a su alcance algunos (o muchos) ejemplos de poetas o de otros compañeros que han sido capaces de expresar una idea con las palabras precisas. Si lo que se pretende, por ejemplo, es hacer unas producciones sobre el mar, deberemos prever un pequeño dossier con poemas de diversos autores que hayan tratado este tema. Si queremos que hagan un poema visual, tendremos que dotarlos de una base que les permita comprender dónde está el «punto», la gracia, el guiño que les conduce hacia la reflexión.

Ved, si no, un par de ejemplos[14] y notaréis las influencias…

EL DICCIONARIO

Animal muy listo.
Boca llena de palabras.
Camaleón de culturas.
Dios del saber.
Elefante de la definición.
Forofo de las vocales.
Gigante de madurez
…

IVÁN (5° CURSO)

QUIERO SER

¡Papá!
Yo quiero ser bronce

¡No hijo!
Porque el bronce es muy frío
¡Papá!
Yo quiero ser de papel
¡No hijo!
Porque el papel se lo lleva el viento
¡Papá!
¿Me dejas estar en tu cama?
¡Sí hijo!
Eso sí.

Adrián (5º curso)

Muchos poemas permiten hacer un trabajo plástico a partir de lo que cuentan o sugieren. Si son los pájaros o mariposas construiremos móviles, si la poesía nos habla de paisajes marinos o rurales los visualizaremos en forma de grandes murales, si expresan sentimientos los escribiremos sobre papel vegetal y los guardaremos en unos frasquitos, si es conveniente levantaremos el árbol de las palabras bonitas, pintaremos nubes de esas que hacen llover gotas que contienen mensajes escritos en la piel, elevaremos globos y empapelaremos la escuela de fotografías de nuestros poetas.

Hemos mostrado algunas ideas o maneras de amar y comprender la poesía. En la escuela creemos que es necesario potenciar la capacidad de producirla porque la poesía nos servirá para comprender lo que nos pasa y lo que nos rodea de una manera directa.

Es importante reservar una parte del presupuesto anual para la compra de libros de poesía.

Es obvio que para conseguir animar a los niños es necesario que el adulto se anime y sea, también, lector de poesías.

La poesía es un excelente recurso de que dispone la biblioteca y que nos permite hablar para comprender, escuchar, leer, memorizar, recitar, escenificar, pintar, disfrutar. ¡Tengámoslo en cuenta!

NOTAS

1. DAHL, Roald. *Cuentos en verso para niños perversos.* Madrid: Altea, 1998.
2. RAMÍREZ, Rosa María. «La poesia al parvulari» Artículo incluido en el monográfico «Poesia a l'escola» de la revista *Guix*, núm. 241 (enero 1998).

3. ESCOLA NABÍ (Vallvidrera) «Creativitat poètica a l'escola». Artículo incluído en el monográfico «Poesia a l'escola» de la revista *Guix*, núm. 241 (enero 1998).
4. JEAN, Georges. *El poder de los cuentos*. Barcelona: Pirene, 1988 (Dejadles leer; 2).
5. «Caracola», poema de Federico García Lorca incluido en el libro *Mi primer libro de poemas*. Madrid: Anaya, 1997 (Sopa de libros; 1).
6. «Se equivocó la paloma», poema de Rafael Alberti incluido en el libro *Mi primer libro de poemas*. Madrid: Anaya, 1997 (Sopa de libros; 1).
7. GARCÍA TEIJEIRO, Antonio. *Versos de agua*. Zaragoza: Luis Vives, 1989 (Ala delta; 81).
8. «Abril», poema de Juan Ramón Jiménez incluido en el libro *Mi primer libro de poemas*. Madrid: Anaya, 1997 (Sopa de libros; 1).
9. GUERRA, Pedro; GONZÁLEZ, Ángel. *La palabra en el aire*. Libro-disco editado por Lcd en Madrid.
SERRAT, Joan Manuel. *Dedicado a Antonio Machado, poeta*. Discos Zafiro.
SERRAT, Joan Manuel. *Miguel Hernández*. Discos RCA.
10. GUACHE, Ángel. *Piano, piano*. Madrid: Hiperión, 1995 (Ajonjolí; 1).
11. «Nocturno», poema de Rafael Alberti incluido en el libro *Mi primer libro de poemas*. Madrid: Anaya, 1997 (Sopa de libros; 1). Las ilustraciones de Luís de Horna son preciosas.
12. *Poemas paralelos* es una actividad inspirada en otra parecida que diseñaron Pilar Iranzo y Enric Queralt para el postgrado de Formación de Maestros de Educación Infantil de la UOC.
13. FUERTES, Gloria. *Doña Pito Piturra*. Madrid: Susaeta, 1987. (A toda máquina; 4).
14. Fueron escritos en unos talleres de poesía y música que se organizaron un par de meses antes del 23 de abril, el año 1999. Los profesores que colaboraron en este taller fueron Jesús Chivite, Maribel García y Salvador Sospedra. Con todas las producciones se realizó un libro colectivo que fue repartido a todas las familias.

CAPÍTULO 9

Recordando a Rodari

UN CAPÍTULO QUE NOS QUIERE ACERCAR A LA FIGURA Y A LA OBRA DEL AUTOR DE LA *GRAMÁTICA DE LA FANTASÍA*

Gianni Rodari fue uno de los autores italianos más importantes que han escrito para los niños y para los jóvenes.

Gianni Rodari nació en Omegna (Italia) en 1920. Ejerció de maestro en Varese y cuando estalló la segunda guerra mundial se vinculó al Partido Comunista y combatió del lado de la resistencia contra los alemanes. También escribió artículos en los diarios *L'unità*, *Paese Sera* y *Il Corrieri dei Genitori*. Escribió numerosos libros para niños y para jóvenes y recorría las escuelas contando y explicando cómo se inventan los cuentos. El contacto con los niños le llevó a revelar los procedimientos para crear historias. Fue el origen de la *Gramática de la fantasía*.

Para los niños y jóvenes escribió: *Cuentos por teléfono*,[2] *Cuentos para jugar*,[3] *Cuentos escritos a máquina*,[4] *Las aventuras de Tonino el invisible*,[5] *La flecha azul*,[6] *La tarta voladora*,[7] *Los enanos de Mantua*,[8] y muchos otros.

La agencia Chronotours es un recurso que utilizamos esporádicamente en la biblioteca. De la mano de sus dos pilotos habituales, Patxi y el comandante Manzanares, da un servicio inestimable a la

Fig. 16.[1]

creación de aventuras, tal como hemos explicado en el capítulo de las exposiciones creativas. Ahora podríamos volver a hacer uso de sus servicios y viajar, nosotros también, a la Roma del año 1970, donde encontraríamos a un feliz Rodari, a quien acaba de serle concedido el premio Andersen, que es como el premio Nobel de la literatura infantil y juvenil. La conversación[9] iría así:

–Señor Rodari, ¡felicidades por el premio!
–Gracias, estoy contento porque es un premio que supone un reconocimiento de la literatura hecha para los niños pero también de la literatura hecha por los niños.

–¿Nos lo podría aclarar un poco más?
–Los niños que leen, son de dos clases: los que leen para la escuela, porque leer es su ejercicio, su deber, su trabajo (agradable o no, eso da igual); y los que leen para ellos mismos, por gusto, para satisfacer una necesidad personal de información (qué son las estrellas, cómo funcionan los grifos) o para poner en movimiento su imaginación. Para jugar a sentirse huérfano perdido en el bosque, pirata, aventurero, explorador o jefe de una banda. Para jugar con las palabras. Para nadar en el mar de las palabras.

–¿Cree, entonces, que hay dos tipos de literatura?
–Sin duda. Hay literatura que se dirige al *niño-escolar* con unos objetivos claros y concretos, con intención ideológica, a veces; y después está la literatura para el *niño-que-juega*, una literatura hecha de poesía y de aventura. Y será el *niño-que-juega* el vencedor, finalmente, porque los libros nacidos para el *niño-escolar* no duran, no resisten el paso del tiempo, las transformaciones sociales, las modificaciones de la moral, las mismas conquistas de la pedagogía y la psicología infantil, mientras que los libros nacidos de la imaginación permanecen.

–¿Qué papel juega la imaginación en su obra?
–En primer lugar, es indispensable rehusar la oposición tradicional entre realidad y fantasía, en la que la *realidad* significa aquello que existe y *fantasía* significa aquello que no existe. Oposición que no tiene sentido. ¿Los sueños no existen? ¿Los sentimientos no existen porque no tienen cuerpo? ¿Y de dónde sacaría la fantasía los materiales para sus construcciones si no las tomase de los

datos de la experiencia? La fantasía es un instrumento para conocer la realidad. Otros instrumentos son los sentidos. Otros, aún, el pensamiento crítico, la ciencia, etc.

> –Para usted, ¿qué es un libro?
> –A mí me gusta definir el libro como un *juguete*. Eso no significa faltarle al respeto, sino sacarlo de la biblioteca para lanzarlo a la vida para que sea un objeto, un instrumento. El mundo de los juguetes no tiene límites. Interfiere con el mundo adulto y lo refleja en su realidad cambiante. En él figuran hasta los tanques, por desgracia… Deberíamos relacionar íntimamente los tres sustantivos **imaginación-juego-libro** para conseguir que la literatura no caiga sobre los niños como un peso externo, o una tarea aburrida, sino que salga de ellos, que viva con ellos, para ayudarlos a crecer y a vivir más arriba.

Hay otro Rodari que como maestros deberíamos conocer. Es el Rodari autor de la *Gramática de la fantasía*,[10] una recopilación de todas las técnicas que él usaba yendo y viniendo por las escuelas de Italia, trabajando con grupos de niños y creando y recreando el lenguaje.

En el año 1972 Rodari fue invitado a una serie de encuentros con los maestros y maestras de Reggio Emilia y allí empezaron a elaborar su *Gramática de la fantasía*, libro que contiene cuarenta y tres técnicas para crear historias.

La aplicación directa de sus técnicas se encuentra en *Cuentos para jugar*. En la escuela queremos a Rodari, lo tenemos presente a menudo y le copiamos su manera de hacer.

A continuación presentamos cinco técnicas rodarianas:

1. **Qué pasaría si…**, actividad inspirada directamente en la *Gramática*.
2. **El binomio fantástico**, otra acción que emana directamente de la *Gramática*.
3. **La guía telefónica**, una acción *a la manera* de Rodari.
4. **Veinte cuentos más uno**, un juego que realizamos después de la lectura de algunos cuentos de este libro.
5. **Los enanos de Mantua**, un trabajo exhaustivo y sistematizado sobre el libro con el mismo título.

Las dos primeras (*¿Qué pasaría si…* y *El binomio fantástico*) las realizamos con el alumnado de segundo ciclo; las acciones *La guía telefónica* y *Veinte cuentos más uno* están pensadas para el alumnado de ciclo superior; y la actividad sobre *Los enanos de Mantua* se hace con chicos y chicas de segundo de primaria.

1. ¿Qué pasaría si…?

Se trata de una acción que nos servirá para desarrollar la capacidad creativa mediante una técnica rodariana.

Gianni Rodari propone algunas fórmulas muy sencillas para inventar cuentos. En el libro *Gramática de la fantasía* encontramos, entre otras:

- *El error creativo*, donde usa las faltas de ortografía de los niños como punto de partida. Reírse de los propios errores es una buena manera de desprenderse de los mismos.
- *Las fábulas populares* como materia prima para recrear historias conocidas por todo el mundo (*Caperucita en el país de los robots*).
- *¿Qué pasaría si…?*

Podemos jugar con esta tercera propuesta. Se trata de escoger una *hipótesis fantástica*. La fórmula es muy simple. Se escogen al azar un sujeto y un predicado. Su unión producirá una hipótesis sobre la que trabajaremos.

Cogemos el sujeto *Valencia* y el predicado *volar*: ¿Qué pasaría si la ciudad de Valencia empezase a volar?

Cogemos el sujeto *Guadalajara* y el predicado *rodeada por el mar*. ¿Qué pasaría si, de repente, Guadalajara se viese rodeada de agua?

Son situaciones en las que multiplicamos hasta el infinito los acontecimientos narrativos. Rodari plantea muchas situaciones de este tipo:

- ¿Qué pasaría si Sicilia perdiese los botones?
- ¿Qué pasaría si un cocodrilo enorme llamase a la puerta de casa y os pidiese una pizca de romero?
- ¿Qué pasaría si el ascensor de casa bajase hasta el centro de la Tierra o subiese hasta la Luna?

Pues bien: siguiendo las consignas, proponemos a los niños diversas hipótesis y les pedimos que escojan una para su desarrollo:

- ¿Qué pasaría si en lugar de piernas tuviésemos ruedas?
- ¿Qué pasaría si desapareciese toda la ropa del mundo?
- ¿Qué pasaría si el mar fuese de limonada?
- ¿Qué pasaría si las casas fuesen de vidrio?

Una vez se ha escogido la pregunta de entre las planteadas (o entre otras que los chicos y las chicas puedan formular) se desarrolla el escrito de forma individual o en pequeño grupo y después se lee en voz alta.

¿Qué pasaría si desapareciese toda la ropa del mundo?

Si desapareciese toda la ropa del mundo nos quedaríamos desnudos. Nos tendríamos que tapar con hojas y la vida sería más aburrida. Bueno, también sería divertido porque mucha gente iría desnuda y se le verían las «vergüenzas».
Los que más se enfadarían serían los fabricantes de ropa porque no tendrían nada que vender...[11]

2. El binomio fantástico

Para Rodari la imaginación no es una facultad aislada y separada de la mente. La mente nace de la lucha, no de la quietud. Según él, la idea de «blando» no se forma ni antes ni después de la idea de «duro», sino que nace simultáneamente. Esta idea, Rodari la aplica al campo de la creatividad y explica cómo de dos palabras distantes puede surgir una historia. Pero deben ser palabras que tengan cierta distancia para que la imaginación se vea obligada a ponerse en marcha y permita establecer entre ellas un parentesco.

Rodari propone que sea el azar quien elija las palabras.

Primero se trata de crear un cierto ambiente de misterio e intriga. Se pide a dos integrantes del grupo, escogidos al azar, que escriban una palabra cada uno, sin ver la que escribe el compañero (este pequeño ritual tiene su importancia porque crea una espera). Si un niño escribe una palabra –*microondas*, por ejemplo–, esta palabra ya es una palabra especial, que está preparada para la sorpresa. Este *microondas* ya no es *un aparato para calentar la comida.*

El *microondas* ya es un objeto fantástico, mágico. Si el compañero ha escrito *barco*, ya nos podemos empezar a reír, no porque un barco sea especial por sí mismo, un *barco* es un medio de transporte. Pero este *barco*, formando pareja con el *microondas*, ya es otra cosa, una invención, un acontecimiento, un estímulo.

A continuación se pide al alumnado que piense formas de juntar estas palabras y se van anotando. En nuestro ejemplo serían *El barco dentro del microondas, El microondas del barco, Un barco encima de un microondas, Los microondas contra el barco*, etc.

A continuación, entre todos, se escoge la propuesta que más guste y sobre esta propuesta se empieza a escribir individualmente o en pequeños grupos.

Después se leen, se corrigen, se pasan a limpio y se pueden ilustrar.

Los microondas contra el barco

En un país muy, muy lejano vivían contentos los microondas. Los microondas eran un pueblo tranquilo y pacífico y sólo pensaban en vivir felices y en paz.

Pero un día llegó un galeón, un barco de guerra, lleno de soldados dispuestos a hacer una expansión territorial.

El veinticinco de noviembre comenzó la primera guerra microondiana...[12]

3. Veinte cuentos más uno

Una actividad para después de haber leído algunos de los cuentos de este libro consiste en proponer un juego. En este caso el juego se llama *Juego rodariano* y es una mezcla del juego de la oca y del Trivial basado el los cuentos del libro *Veinte cuentos más uno*.[13]

Está pensado para jugar toda la clase a la vez y hay que conocer las historias que aparecen en el libro de cuentos.

Se juega por grupos y, según la casilla donde se cae, el grupo tiene que resolver una prueba lingüística, plástica, musical, etc. Por ejemplo, en la casilla 1 hay una ilustración correspondiente al cuento «*Pesa Poco*» y «*Pesa Mucho*», donde se ve a Pesa Poco con un saco de letras. Se le pide al grupo que cae en esta casilla que sea capaz de formar al menos veinte palabras combinando todas las letras del saco. Por ejemplo, en la casilla 16, que corresponde al cuento de *Tres Botones*, se les pide que digan qué cosas meterían en la caravana si fuesen Tres Botones.

Fig. 17. El tablero de juego de la actividad *Veinte cuentos más uno*.

4. La guía telefónica

Tantas personas, tantas familias, tantas historias… cada casa es un mundo.

Esta actividad pretende ayudar a inventar relaciones imaginarias entre un grupo de vecinos.

Cuando los chicos y las chicas llegan a la biblioteca se encuentran con un libro muy especial, la guía telefónica de las calles de la ciudad. Hablamos de este libro, de su funcionamiento y de su utilidad. Comprobamos que saben encontrar el teléfono de su casa.

Después, entre todos, asignemos unos códigos inventados relacionados con cada uno de los nombres que podemos encontrar. Decimos: si en el número de teléfono hay un uno querrá decir que en esa casa vive un niño, si aparece un dos es que tienen perro, si hay dos números repetidos es que es una oficina, si…

A continuación se abre la guía al azar y se empieza a buscar en la primera calle de L'Hospitalet. Con la ayuda del mapa de la ciudad la situamos respecto a la escuela: qué edificios la rodean, qué parque hay cerca, cómo llegar, etc.

Después se escoge un número de esta calle y se copia el que aparece en la guía. Por ejemplo:

Calle de la Luna, nº1
Castaño, L. 933374327
Hinojosa, M. 933376548
Hierro, A. 933379517
Gómez, S. 933374561

Con estos datos y los códigos reseñados se inicia el trabajo de la fabulación haciendo un escrito donde se explique la vida de las personas que viven en aquella dirección.

> La abuela es muy *parlanchina* y también muy cotilla, pero es muy buena. Pasó muchas penurias cuando era joven y sólo por eso hay que aguantarla. Su marido murió en la guerra, ella tiene ahora un poco de asma...[14]

> En esta familia el padre trabaja en una fábrica textil. Se llama Manuel Hinojosa. Estos días la madre no está porque es diseñadora de moda y ahora está en Japón presentando la temporada del año que viene. Siempre está muy atareada. Suerte que en la casa también vive una abuela que cuida de los niños...

Una vez definidos los diferentes vecinos se plantea una situación en la que se tienen que relacionar entre ellos, ateniéndose a las características descritas.

> Aquella tarde, la señora Castaño estaba sola en casa y no se encontraba demasiado bien. Se le hacía tarde y el perro empezaba a estar nervioso porque era la hora en la que cada día lo sacaban a pasear. Entonces la mujer fue a casa de los vecinos para preguntar si podían sacar al perro a pasear. Los vecinos, que eran un poco raritos, dijeron que sí, que sin problema. Uno de los chicos, que se pasaba el día cantando canciones de «hare krishna, hare hare», se ofreció. Cogió al perro y lo subió al ascensor, con tan mala fortuna que se estropeó y se quedó parado entre dos plantas. Lo que pasó en aquél ascensor no se sabe pero cuando llegaron los bomberos y los sacaron, el perro ladró de una manera muy extraña, con un tono que recordaba mucho, pero mucho, a los cánticos del vecino. Muy extraño.

5. Los enanos de Mantua

Desde la biblioteca se colabora en la selección de los libros que pueden ser interesantes, recomendando las lecturas que, por su interés y por sus valores pedagógicos, pueden ayudar a los niños en conceptos determinados. La colaboración entre el servicio de biblioteca y las tutorías se concreta en la elaboración de unos cuadernos o guías que pautan el seguimiento de determinadas lecturas que parecen idóneas. En segundo de primaria una de ellas es *Los enanos de Mantua*, de Gianni Rodari.

No es una manera de trabajar que potenciemos especialmente pero eso no es obstáculo para considerar que esta sistematización es necesaria. El trabajo sistemático de lectoescritura recae en las tutorías y/o los maestros de lengua, básicamente. El servicio de biblioteca, dentro de sus posibilidades, da soporte y dedica las sesiones que se estipulan con las tutorías para estas tareas.

Los objetivos son conocer un libro nuevo, ayudar a conseguir un buen nivel lector y reflexionar sobre los valores que propone esta lectura.

Para esta lectura en concreto, hay programadas diez sesiones de treinta minutos, algunas de las cuales (tres) se hacen en la biblioteca y el resto son actividades que se desarrollan en la biblioteca de aula.

El servicio de biblioteca se encarga de preparar los cuadernillos. Cada alumno dispone de un ejemplar. Para la elaboración de los ejercicios se siguen las indicaciones y orientaciones que la editorial francesa L'École aplica a su colección «Apprendre à lire et a écrire à partir de l'àlbum», con las adaptaciones correspondientes al tipo de alumnado, a los libros y al talante de la escuela.

La lectura de *Los enanos de Mantua* está indicada para finales del segundo trimestre o principios del tercero. Las características del texto permiten un buen trabajo con un alumnado que está adquiriendo las habilidades lectoras necesarias para seguir el hilo de la historia y unas capacidades de análisis y de relación suficientes para entender el sentido y el argumento del libro.

> *Los enanos de Mantua* nos cuenta que en el Palacio Ducal de Mantua viven unos enanitos. Su trabajo es entretener a los duques pero ellos no están contentos con su estatura y prueban mil maneras diferentes de ser más altos: hacen gimnasia, duermen sin el gorro, comen

mucho..., pero no lo consiguen. Un día, el más pequeño de todos, Habichuelo, se escapa del palacio en busca de una solución y encuentra unos gigantes que le dicen que para dejar de ser enanos tienen que huir del palacio y buscar la libertad. Y así lo hacen. Pero son perseguidos por los soldados y tienen que esconderse en la ciudad. Allí, con la ayuda de los lugareños, encuentran la felicidad, un buen trabajo y se sienten útiles por primera vez. No crecen de estatura pero sí de corazón, que es lo que realmente importa.

LAS SESIONES DE LECTURA

Hemos estructurado la lectura del libro en nueve sesiones: una primera de aproximación al libro como objeto, de descubrimiento y de formulación de las primeras hipótesis sobre su contenido, y ocho más en que se va leyendo y reflexionando progresivamente para ir elaborando el sentido de la historia. Estas sesiones van acompañadas de unos pequeños ejercicios que no pretendemos que sean muy exhaustivos y que, en función del desarrollo diario, se pueden ir ampliando o reduciendo. **El objetivo principal no es hacer los ejercicios.** Los ejercicios deben ser una ayuda para la comprensión y el análisis del texto.

En las ocho sesiones se trabajan fragmentos del cuento. No hay capítulos y, por lo tanto, se hace una división atendiendo a las posibles escenas o secuencias. La relación entre las sesiones y las páginas del libro es la siguiente:

Sesión preparatoria (primera): la cubierta
Sesión 2: de la página 4 a la 9
Sesión 3: de la página 10 a la 19
Sesión 4: de la página 20 a la 25
Sesión 5: de la página 26 a la 31
Sesión 6: de la página 32 a 41
Sesión 7: de la página 42 a la 50
Sesión 8: de la página 51 a la 59
Sesión 9: de la página 60 hasta el final

A continuación presentamos, a grandes rasgos, el esquema de trabajo de cada una de las sesiones.

SESIÓN 1: preparatoria (cubierta, objeto-libro)

Objetivos:

- Entrar en un nuevo libro.
- Identificar el objeto-libro y su función.
- Recordar el vocabulario: libro, cubierta, autor, editor...
- Anticipar el argumento del libro.
- Observar su estructura: texto, ilustraciones.

Desarrollo de la sesión:

En primer lugar se reparte un ejemplar del libro a cada uno, a la vez que se anuncia que los próximos días haremos la lectura.

Se dedica un rato a mirar y remirar libremente el objeto-libro echando una ojeada a las páginas.

Después se entra en el diálogo sobre la portada:

- Lectura de lo que allí dice.
- Hipótesis sobre su significado (¿qué pensamos que nos explicará este libro?).

La portad del libro, en general, funciona como el anuncio de intenciones del autor y da pistas sobre su contenido. Eso ha de permitir hacer las primeras reflexiones:

- ¿De quién hablará este libro?
- ¿Quiénes serán los protagonistas?
- ¿Dónde pasará la historia?
- ¿Quién debe ser el personaje que aparece en la portada?
- ¿Se le ve contento?, ¿preocupado?

Es conveniente, también, hacer una lectura y/o explicación de las páginas 4 y 5, así como de la contracubierta:

- ¿Cuál es el título original?
- ¿En qué idioma está escrito?
- ¿Quién era el autor?
- ¿En qué época fue escrito?
- ¿Quién lo ha traducido?
- ¿Quién lo edita?
- ¿Qué edición es?

SESIONES DE LECTURA

Las sesiones de lectura siguen siempre el mismo esquema:

- En primer lugar se recuerda lo que se leyó el día anterior.
- Después se miran las ilustraciones que acompañan al texto (observación, descripción, hipótesis de los personajes, contexto, acción…).
- En tercer lugar se lee. Puede ser una lectura en voz alta o silenciosa.
- Para terminar se hace una puesta en común, se explica el significado de las palabras complicadas y se reparten los cuadernos de trabajo para hacer los ejercicios propuestos.

En la escuela hay información sobre el autor, su vida y su obra. De todas maneras, no hay que profundizar demasiado porque será más adelante, en cuarto de primaria, cuando se trabajará la *Gramática de la fantasía* y se dedicarán más sesiones a hablar de Rodari.

Los ejercicios de las diferentes sesiones son los siguientes:

SESIÓN 2

Sopa de letras: encuentra y rodea con un círculo las siguientes palabras:

Palacio, Mantua, juguete, muñecas, escritor, historia, enanos, gigantes, trovador, orquesta

m	g	h	j	c	g	i	j	l	w	j	x
r	e	j	e	s	c	r	i	p	t	o	t
m	s	u	c	a	s	b	j	u	i	g	r
a	c	g	v	e	p	a	l	a	c	i	o
n	r	u	a	q	l	m	n	t	r	g	v
t	i	e	h	i	s	t	o	r	i	a	a
u	t	t	s	b	k	s	e	r	e	n	d
a	o	e	m	u	ñ	e	c	a	s	t	o
o	r	e	r	o	m	e	t	e	j	e	r
d	f	g	h	j	k	l	j	h	g	s	e
g	f	d	f	o	r	q	u	e	s	t	a
a	d	b	q	w	e	n	a	n	o	s	o

Comprensión de la lectura: marca la respuesta correcta

¿Dónde viven los enanos de Mantua?
- En una casa de muñecas.
- En un castillo muy grande.
- En una caravana de circo.

¿Qué hacen los trovadores?
- Construyen casas.
- Cantan y recitan historias.
- Buscan y encuentran minerales.

¿Qué es Mantua?
- Una tienda de ropa.
- Una marca de coches.
- Una ciudad de Italia.

SESIÓN 3

Vuelve a escribir este fragmento de forma ordenada

Escuchad:
No hay nada más fácil
el famoso Rigoletto, se reía y se burlaba de ellos:
–¿Queréis ser más altos?
A veces, el bufón de la corte,
cada día al anochecer, antes de meteros en la cama,
–¿Queréis crecer?
os tenéis que regar los pies y creceréis una barbaridad

Crucigrama

1. El enano más enano.
2. Río de Mantua.
3. El capitán Bombarda lo es.
4. Le creció a un enano que comió *parmigiano*.
5. Nombre del bufón de la corte.
6. Lugar donde va Habichuelo a buscar el secreto para crecer.
7. Los enanos se lo ponen en la cabeza para dormir.

Señala la respuesta correcta

¿Cómo se sienten los enanos por el hecho de haber nacido enanos?
▸ Sienten mucha rabia.
▸ Son felices.
▸ Están tristes.

¿Qué hacían los enanos para ser más altos?
▸ Se ponían zapatos de tacón.
▸ Gimnasia.
▸ Se ponían sombreros.

Escribe la respuesta

¿Cómo era el lugar donde vivían los enanos?

SESIÓN 4

Busca las palabras que tienen las mismas letras y únelas

Explorador •
Luna •
Gigante •
Figuras •
Silencio •
Secreto •
Compañeros •

• niolcies
• ñapseroscom
• raplexdoro
• certoes
• nula
• guasfir
• nagetnig

Forma cinco palabras del texto y escríbelas

Edi	clara	señ	final	in
mente	ores	trépido	boya	ficio

_____

_____

_____

Señala la respuesta correcta

¿Qué ve Habichuelo pintado sobre las paredes de la Sala de Gigantes?
- Montañas y ríos.
- Al capitán Bombarda.
- Hombres altos.

¿Qué pregunta Habichuelo a los gigantes?
- Qué tiene que hacer para ser más alto.
- Por qué ellos son tan altos.
- En qué sitio de la ciudad encontrarán el secreto.

SESIÓN 5

Vuelve a escribir este fragmento de manera ordenada

que la misma tarde
A los enanos
el uno contra el otro,
y esto les humilla tanto,
obligados a combatir
deciden huir de palacio
les da tanta rabia

Une las dos partes de las palabras y vuélvelas a escribir

Sobe • • otros ⇨ _____

Nov • • acio ⇨ _____

Ex • • ranos ⇨ _____

Vos • • traño ⇨ _____

Mis • • ísimo ⇨ _____

Pal • • mo ⇨ _____

Señala la respuesta correcta

¿Qué propone el bufón Rigoletto?
- Que los enanos luchen.
- Que los enanos bailen.
- Que los enanos coman.

¿Qué hacen los enanos aquella tarde?
- Se esconden en su dormitorio.
- Huyen de palacio.
- Celebran un cumpleaños.

SESIÓN 6

Crucigramas

1. ¿Quién empieza a entender las misteriosas palabras del gigante?
2. ¿Qué relación familiar tiene Gilda respecto a Rigoletto?
3. ¿Cómo és la gente del barrio al cual van a buscar trabajo los enanos?
4. Los enanos no tiemblan de frío, tiemblan de...
5. ¿Dónde piensa enviar el capitán Bombarda a sus soldados si no encuentran a los enanos?
6. Lo llama «señor Habicuelo»
7. ¿Quién compuso una ópera llamada *Rigoletto*?

Señala la respuesta correcta

¿Por dónde busca a los enanos el capitán Bombarda?
- Por las plazas y por los jardines.
- Por los callejones oscuros y desiertos.
- Por el bosque.

¿A qué huele la casa de Rigoletto?
- A caramelo.
- A queso.
- A desventura.

Escribe la respuesta

¿Por qué los enanos no le dicen a Gilda lo dañino que es Rigoletto?

SESIÓN 7

Relaciona las dos partes de las frases

La buena gente •   • les quiere entregar.

Los enanos vuelven a temblar •   • protege a los enanos.

Un viejo cascarrabias •   •son cien golpes de olla en la cabeza.

El castigo por esconder a los enanos •   • de miedo.

Reconstruye la frase y escríbela

El capitán	para encontrarlos	Bombarda	en las casas
la gente	los esconde	registra	y castigarlos,

SESIÓN 8

Sopa de letras: encuentra y señala las palabras.

Modista, paragüero, aguja, guitarra, pescador, ingeniero, panadero, caña, espía.

b	m	o	d	i	s	t	a	m	p
s	g	s	e	y	i	s	f	c	a
p	e	s	c	a	d	o	r	j	r
a	g	s	f	d	k	s	c	f	a
n	u	l	p	a	o	u	x	e	g
a	i	z	a	g	l	t	n	t	ü
d	t	x	l	u	e	l	q	b	e
e	a	v	r	j	s	g	o	u	r
r	r	u	a	a	p	h	m	p	o
o	r	r	f	e	i	t	o	n	f
c	a	ñ	a	l	a	d	b	k	v
k	i	n	g	e	n	i	e	r	o
l	a	j	e	d	r	a	b	o	c

Señala la respuesta correcta

Los enanos tenían el corazón:
- De hombre valiente.
- Encogido de miedo.
- Hinchado de rabia.

Los enanos lucharon con:
- Espadas y pistolas.
- Herramientas de trabajo.
- Porras y palos.

La gente del barrio:
- Se escondía en las casas.
- Miraba indiferente.
- Ayudó a los enanos.

SESIÓN 9

Vuelve a escribir este fragmento de forma ordenada

y explicárselo a todo el mundo
Hasta los enanos
–Vete,
en gigantes.
Que, unidos,
capitán Bombarda,
se transforman

Reconstruye las palabras y vuélvelas a escribir con la ayuda del texto

La primera letra está en **negrita**.

1. s, a, **m**, i, t, o, d, _____
2. a, n, r, **c**, t, r, a, n, i, _____
3. a, g, n, i, **g**, e, t, s, _____
4. s, a, n, o, n, **e**, _____
5. t, a, n, u, **M**, a, _____
6. i, a, **p**, l, o, a, c, _____

Dibuja

El personaje que más te haya gustado

El personaje que menos te haya gustado

Gianni Rodari murió en el año 1980 y desgraciadamente está algo ignorado. Su obra no figura entre la de los principales autores contemporáneos y habría que rendirle un pequeño homenaje. Por eso hemos escrito este capítulo, porque no queremos que se pierdan sus indicaciones, sus reflexiones. Las maestras y los maestros que asistieron a la escuela de verano organizada por la Asociación de Maestros Rosa Sensat en Bellaterra en el año 1977 recordarán sus conferencias extraordinarias donde, con la colaboración de Assumpció Lisson que le hacía de traductora, dejó una huella imborrable. Los que no fueron tienen sus novelas, sus escritos y la posibilidad de darlo a conocer a su grupo.

Hay algunos autores que son la clave y la escuela tiene la obligación de tenerlos en cuenta. Rodari es uno de ellos, como también lo son, por ejemplo, Roahl Dahl, Chris van Allsburg, Roberto Innocenti, David McKee o Carme Solé Vendrell.

Notas

1. Ilustración de Francesco Tonucci para el artículo «Andiamo a costruire una storia», escrito por Vincenzo Mascia en la revista *Riforma della escuola*, en el número 5.
2. RODARI, Gianni. *Cuentos por teléfono*. Barcelona: Juventud, 1993.
3. RODARI, Gianni. *Cuentos para jugar*. Madrid: Alfaguara, 2001.
4. RODARI, Gianni. *Cuentos escritos a máquina* Madrid: Alfaguara, 2001.
   Este libro de Rodari contiene veintiséis historias independientes entre sí, entre las cuales hay algunas con una dura crítica social y con algunas alusiones políticas. Hay, también, influencias surrealistas en algunos de los cuentos.

5. RODARI, Gianni. *Las aventuras de Tonino el invisible*. Barcelona: la Galera, 2005.
Tonino, un chico de barrio de Roma, sueña con convertirse en invisible. ¡Dicho y hecho! Su sueño se convierte en realidad. Ya no le hará falta volver a hacer los deberes y podrá tramar las mil y una travesuras sin ser visto. Pero poco a poco, Tonino se irá sintiendo solo y añorará a los amigos y a su figura.
6. RODARI, Gianni. *La fletxa blava*. Barcelona. La Galera, 1987.
La flecha azul es un tren eléctrico, el juguete más caro de la tienda. Francesco nunca tendrá bastante dinero para comprarlo, pero la Noche de Reyes los juguetes se escapan de la tienda y la Flecha azul se los lleva, veloz, con la protección de pieles rojas y *cowboys* que le flanquean la marcha. Al alba, todos, también Francesco, encontrarán un sorprendente desenlace.
7. RODARI, Gianni. *La tarta voladora*. Barcelona: la Galera, 2003.
Un misterioso objeto circular aterriza en Roma y alarma al Gobierno. Sólo dos niños, Paolo y Rita, descubren que aquella astronave es en realidad una tarta de muchos, muchos colores.
El sentido común de los niños hace que, finalmente, todo el mundo disfrute del pastel en lugar de destruirlo con misiles, cañones y otras barbaridades.
8. RODARI, Gianni. *Los enanos de Mantua*. Madrid: SM, 1987.
9. Esta entrevista imaginaria está redactada a partir de artículos de Rodari y otros autores:
Artículos de Rodari:
«La imaginación en la literatura infantil». En *Perspectiva Escolar*, nº 43 (marzo 1980).
«Un juguete llamado libro». En *Cuadernos de Pedagogía*, nº 36 (diciembre 1977).
«Apunts per a una escola de la creativitat» En *Perspectiva Escolar*, nº 30 (diciembre 1978).
Artículos sobre Rodari:
TONUCCI, Francesco. «El valor de inventar». En *Reforma de la escuela*, nº 21 (septiembre 1980).
DURAN, Teresa. «El mestratge de Gianni Rodari». En Perspectiva Escolar, nº 52 (febrero 1981).
«La gramática de la fantasía o el arte de contar historias». En *El desván*, nº 1. Seminario de Literatura Infantil de Guadalajara.
10. RODARI, Gianni. *Gramática de la fantasía*. Barcelona: Columna, 2001.
11. El ejemplo de la actividad *Qué pasaría si...* está extraído de la revista monográfica que, con motivo del décimo aniversario de la muerte de Rodari, fue objeto de unas jornadas rodarianas que implicaron a toda la colectividad de la escuela Sant Josep-El Pi.
12. El ejemplo usado en la explicación de la acción *El binomio fantástico* también pertenece a la revista monográfica sobre Rodari.
13. RODARI, Gianni. *Veinte cuentos más uno*. Barcelona: Aliorna, 1986.
14. El ejemplo de *La guía telefónica* pertenece a la revista monográfica sobre Gianni Rodari, elaborada por el alumnado de la escuela Sant Josep-El Pi.

CAPÍTULO 10

La aventura de escribir un libro o de las hierbas mágicas que crecen sobre las nubes

LA BIBLIOTECA ESCOLAR COMO IMPULSORA DE LA CREACIÓN DE LIBROS COLECTIVOS

> Todos podemos ser «creativos»
> a condición de no vivir
> en una sociedad represiva,
> en una familia represiva,
> en una escuela represiva...
> Es posible una educación hacia la «creatividad».
>
> MARTA FATTORI

Un deseo latente en la mente de muchos maestros es conseguir que el alumnado sea creativo, pero no sólo cuando tiene que hacer un dibujo o redactar un escrito, sino que se pretende una creatividad en todo momento: en el patio, en las relaciones personales o en la clase de matemáticas. Para conseguirlo hay que aparcar el rol de maestros amansadores de criaturas y convertirse en verdaderos animadores, ayudándoles a conformar su intelecto, orientando sus investigaciones y felicitando sus descubrimientos.

Escribir no es fácil. Si pretendemos que el niño consiga unas producciones dignas es necesario que antes oiga muchos cuentos, que practique y que tenga bien asumido el esquema necesario que hace que una historia sea una historia. Y si el niño tiene al lado un maestro que le «facilita» el proceso creativo, mejor. Una orientación del tipo «¿qué pasaría si...?» o «¿qué te sugiere esta imagen?» puede dar empuje a su desarrollo mental y puede iluminar los caminos oscuros y ocultos de la imaginación.[1]

La realización de libros colectivos es una estrategia que va en la dirección de la formación de lectores. Si se consigue crear un ambiente adecuado y existen las condiciones para generar relaciones afectivas y duraderas con el mundo de la letra impresa estamos ayudando a los niños en su proceso lector.

Formar lectores es, también, formar escritores. Leer y escribir a la vez. Aprender a leer escribiendo y aprender a escribir leyendo.

Cuando el niño está elaborando su libro personal o compartido, se establece una relación directa, diferente, con los libros, porque él mismo es partícipe de todo el proceso, desde la concepción de la idea inicial hasta su materialización completa, y en esta interacción deja de ser únicamente el receptor para pasar a ser escritor, productor, editor, ilustrador, etc.

En la escuela, *la aventura de escribir libros colectivos* se activa y emana directamente de las acciones relacionadas con la biblioteca escolar. Existen unos acuerdos previos del claustro y un proceso general que permiten este tipo de actividad.

Conviene recordar que en la biblioteca los niños y las niñas leen álbumes ilustrados, escuchan narraciones de cuentos, pasan por unos procesos de descubrimiento de toda clase de libros (clásicos y modernos, de ficción y de no ficción, de poesía y de prosa, cómics, diccionarios, etc.), comprenden su función (explica una historia, informa, enriquece), mantienen una actitud cercana y pueden usarlos como elemento de soporte en el propio proceso de aprendizaje, descubren las diversas maneras de ilustrar, manifiestan el deseo de escribir (pasan de ser lectores a creadores de textos), elaboran proyectos de lectura, de escritura, de fabricación de libros y conocen cuál es su proceso de elaboración.

En la realización de los libros colectivos se trabajan una serie de competencias –transversales, metodológicas y disciplinarias– alrededor de la lengua oral y escrita, entre las que destacamos:

- La construcción de la personalidad mediante las historias creadas y todas las situaciones que permiten diferenciar lo real de lo imaginario.
- La adquisición de la autonomía, aceptando la responsabilidad de las tareas encargadas para la elaboración de los materiales colectivos.
- La sensibilización de los valores estéticos durante la realización del proyecto.
- La adquisición de métodos de trabajo por lo que respecta a la previsión de las tareas, la anticipación, la realización de consignas, la organización material y personal.
- Reforzar la memoria.
- La aplicación de técnicas de escritura y dibujo.

El programa de invitación a la lectura de la escuela Sant Josep-El Pi proyecta durante el segundo trimestre unas acciones encaminadas a la creación de libros individuales o colectivos. Las acciones se llaman «**la aventura de escribir un libro**» y tienen como **objetivos**:

- Despertar el gusto y la afición del alumnado por la expresión escrita.
- Estimular la creatividad, la sensibilidad y el espíritu crítico.
- Acostumbrar a los niños a observar el medio donde viven, usando diversas fuentes de información para su conocimiento y valoración.
- Desarrollar la capacidad descriptiva, narrativa, de análisis y de síntesis.
- Perfeccionar aspectos formales de la expresión escrita: presentación, sintaxis, morfología, puntuación, ortografía, etc., todo desde un punto de vista práctico y funcional.
- Mejorar el vocabulario.
- Desmitificar la creación de un libro y, paralelamente, ayudar a los niños a valorar las obras literarias.
- Hacer partícipes a los familiares de la importancia de la expresión escrita en la educación.

Desarrollo de «la aventura de escribir un libro»[2]

Para que la experiencia sea posible, previamente hay que animar a los chicos y a las chicas a escribir y recordar al claustro que detrás de «la aventura...» hay un proyecto coherente con la manera que tiene la escuela de entender el lenguaje. Este proyecto sólo puede salir adelante con la participación activa de un claustro de maestros capaz de hacer nacer ilusiones y contagiar de espíritu creativo y de entusiasmo a los niños de la escuela, verdaderos protagonistas del proyecto.

El maestro o la maestra que propone a su grupo la creación de un libro colectivo es consciente de lo que está proponiendo. Él conoce y sabe que, a menudo, son impacientes y que, normalmente, están acostumbrados a unos resultados rápidos e inmediatos. Pero este maestro o esta maestra que acaba de proponer el reto de escribir e ilustrar un libro cree en la constancia, la tenacidad y la meticulosidad, y sabe que el resultado obtenido después de un esfuerzo produce satisfacción. Sospecha, también, que estos esfuerzos individuales y colectivos generan actitudes de confianza y los lazos afectivos unirán todavía más a un grupo capaz de conseguir lo que se propone.

En el espacio de tiempo que va desde el planteamiento inicial hasta que el libro colectivo ha terminado, la biblioteca se convertirá en un laboratorio donde se esparcirán ideas, discusiones y sugerencias diversas, se colaborará, se avanzará y se aprenderá.

La creación de un libro colectivo se puede plantear de múltiples maneras. Un libro colectivo puede ser:

- Una colección de diversos textos escritos sobre un tema predeterminado (poemas, cuentos, adivinanzas)[3] dibujados individualmente.
- Un trabajo en equipo en el que se distribuyen, de acuerdo con las posibilidades y capacidades de cada uno, las diversas tareas con el objeto de obtener un resultado que será la unión de todos los esfuerzos.
- La ilustración de un texto conocido (una leyenda, unos poemas de autor, una narración que nos cautiva) que se adapta y se dibuja intentando transmitir plásticamente las emociones leídas.
- El cambio de argumento de un cuento conocido por todos; la imaginación de historias diferentes a partir de personajes famosos.[4]
- Una pregunta que desata lo imaginario. Por ejemplo «¿qué pasaría si de repente un monstruo llegase y llamase a la puerta de la clase?», o también «¿y si estuvieseis en vuestra casa y saliese el monstruo de la pantalla del televisor?».
- La confección de un cancionero, ilustrado entre todos, de las canciones preferidas que se cantan en clase.
- La ilustración de un cuento clásico tradicional, conocido por el alumnado.
- La construcción de un libro-juego donde no intervenga ningún tipo de texto.

De entrada, cada grupo-clase dispone de las fichas orientativas del Programa de invitación a la lectura del segundo trimestre. Son acciones encaminadas a conducir y a hacer observar y analizar las diversas posibilidades de escritura. Las exigencias, naturalmente, varían según los niveles.

Las fases de la experiencia

1. **La elección del tema**
   ¿Sobre qué podemos escribir? Se sugiere la conveniencia de que los temas, ya sean realistas o fantásticos, tengan como protagonistas los personajes, lugares, tradiciones, etc., del barrio o de la ciudad, porque, entre las ventajas, se facilita mucho la tarea de observación y de búsqueda de información, aunque siempre se deja libertad total al grupo para hacer su *elección*.
2. **La búsqueda de información**
   Una vez el alumnado ha decidido sobre qué escribir, se procede a la *búsqueda* de información con la ayuda de los padres, maestros, abuelos, etc., y también con los materiales de la biblioteca (libros, revistas, internet).
3. **El uso de diversos géneros literarios**
   Cuando se ha decidido el tema y se ha recogido la información se comienza a escribir. Algunas de las sesiones programadas inciden en los diversos géneros, para que se conozcan y se puedan aplicar si es conveniente.
4. **La corrección**
   Es una de las tareas más pesadas y en las que más horas son necesarias para revisar y mejorar la presentación, la ortografía, la sintaxis, el tratamiento de los temas, etc.
5. **La ilustración**
   Con el texto acabado y corregido, se pasa a la ilustración. Se pueden hacer dibujos, usar fotografías, *collages*, etc.
6. **El prólogo, la dedicatoria y la biografía**
   Los libros se pueden prologar. Padres, maestros y compañeros pueden ser los encargados.
   Las dedicatorias pueden ir dirigidas a los abuelos, a los padres y madres o a los compañeros.
7. **La edición**
   La escuela, con los medios técnicos y económicos de que dispone, es la editora de los libros. Los alumnos verán cómo sus hojas, sus dibujos, las portadas, los prólogos, toman forma de libro, de su libro. De los que más éxito han tenido se puede hacer una edición limitada.

8. **Las presentaciones**
 Durante la semana cultural de la escuela o a lo largo de las Fiestas de Primavera de la ciudad se organizarán las presentaciones de los libros. Los resultados se expondrán a los compañeros de otros grupos y a los familiares.

De todos los aspectos que hemos enumerado[5] ampliaremos los dos más importantes: el texto y las ilustraciones.

El texto

Se necesita una historia para contar, el *contenido*, y una manera de explicarla, *la estructura narrativa*. El *qué* y el *cómo*.
 Estos elementos son los que configuran la narración.

El contenido

La producción de un texto surge a partir de una idea. Esta idea inicial puede nacer más o menos espontáneamente o se puede «forzar», es decir, se puede inducir a su producción.
 Para generar ideas se recurre a las propuestas de los mismos niños, recogiendo sus sugerencias.
 El objetivo será, en todos los casos, conseguir la idea base. Después se continuará decidiendo. Hay diversas opciones y se escogerá el tipo de escrito: un cuento humorístico, de aventuras, de animales, de ciencia-ficción, policiaco, etc.
 Paralelamente hay que considerar otros aspectos que ayudarán a ir formando toda la estructura:

- *Los protagonistas:* la narración tendrá unos personajes principales y otros secundarios. Colectivamente se deben ir definiendo los principales rasgos del carácter de cada personaje. Se incluirán aquí tanto las características físicas como las de personalidad. Se pueden elaborar unas listas donde se defina a cada personaje para saber cómo actuar en cada situación.
- *La intriga de la historia*: es la acción, las aventuras que vivirán los personajes y la manera que tendrán de resolver cada conflicto.
- *Los escenarios de la historia*: son los lugares donde pasará la acción. Hay que definir cuál será el escenario principal y qué otros lugares pueden aparecer.

- *El tiempo histórico*: nos marca *cuándo* pasará la acción. Puede ser en un tiempo pasado indefinido, en el presente o en el futuro.

Con los elementos que se han presentado hasta ahora ya se puede elaborar un primer borrador. Será un primer *argumento*, el esqueleto de la narración.

El esquema básico será:

1. Un *inicio o planteamiento* donde aparecen los personajes, el tiempo y el lugar donde se desarrolla la historia. Se muestra el conflicto, que será el nudo que se tendrá que resolver.
2. Un *núcleo* donde se desarrollará el conflicto presentado. Se irán encadenando diversas acciones y se llegará al punto más emocionante de la historia.
3. Un *final o desenlace,* a partir del cual se inicia la resolución del conflicto.

La estructura narrativa

Ahora ya se dispone del argumento, pero antes de empezar a escribir hay que tomar otras decisiones:

- *El tiempo de la narración*: referido al tiempo verbal. Escribir en pasado da más libertad porque permite moverse mejor en el tiempo. El presente da más dinamismo y rapidez a la acción.
- *La modalidad narrativa*: se refiere al tipo de discurso que se utilizará. En este apartado, la elección pasará por resolver cómo se incluyen las voces de los personajes, si mediante el diálogo o mediante la narración en tercera persona.
- *La voz narrativa*: ¿quién hará de narrador? Se puede optar por narrar desde fuera, en tercera persona, pero también existe la opción de dar a un protagonista el papel de narrador. En este caso el texto se escribe en primera persona y será a través del personaje que narra como se va viendo todo lo que sucede.

Cuando se han tomado todas las decisiones mencionadas anteriormente, se entra en la elaboración del texto. Para que la escritura sea lo más correcta posible, se deben considerar los elementos que proporcionarán coherencia al fondo y a la forma.

- *Coherencia de fondo*: los acontecimientos deben tener relación los unos con los otros, el desenlace debe ser coherente con el conflicto, las acciones se tienen que orientar hacia la resolución de los conflictos planteados, las características de los personajes tienen que ir relacionadas con la personalidad que se les ha otorgado.
- *Coherencia de forma*: referida a la estructura del texto, que se entienda aquello que se quiere expresar. Se tendrán que vigilar los tiempos verbales, el léxico y los conectores.

La revisión del texto

Una vez hemos hecho una primera redacción del texto, entraremos en el proceso de revisión.

En esta revisión final intentaremos hacer una lectura más alejada y situarnos en el punto de vista de un futuro lector. Un texto que hemos hecho con la pretensión de una cierta calidad tendrá que ser agradable y fácil de leer.

La ilustración

En este punto partimos, de entrada, con una cierta ventaja: el niño disfruta dibujando. La motivación, prácticamente, no es necesaria.

La función del maestro o de la maestra es la de saber crear el ambiente necesario, no limitar sus posibilidades creativas y dejar que avance sin directrices ni normas por la vía del placer creador. Es importante estar muy atentos a los pensamientos o soluciones plásticas originales.

En un principio se parte de un texto escrito por los niños –un cuento, un poema, una descripción– que se ha de ilustrar.

El proceso a seguir es el siguiente:

- Primero es aconsejable verificar que el texto se ha comprendido y se ha imaginado perfectamente. Va bien una lectura en voz alta o que se explique de qué va la historia intentando describir los matices, las sensaciones, los colores, las imágenes.

- Después hay que definir los personajes, es decir, anotar los rasgos que los caracterizan, su profesión…, así como el lugar donde pasa la acción, la época y el momento.
- A continuación hay que delimitar los episodios o escenas que se quieren dibujar, incidiendo en aquellos momentos de más intensidad, los cuales ayudarán a comprender mejor la historia.

    El maestro o maestra, asimismo, dedica algunos ratos a hacer observar a su grupo los diferentes planos que se usan habitualmente en las ilustraciones. Los álbumes de Tintin suelen ser de mucha utilidad. Hergé, su creador, se documentaba exhaustivamente. Para dibujar los paisajes del álbum *La isla negra* envió a uno de sus colaboradores a Escocia e Inglaterra a hacer fotografías. En otras ocasiones recurrió a los libros o revistas, o visitaba museos para encontrar los objetos o las imágenes que utilizaría.[6]
- Cuando se tiene una idea aproximada de los dibujos que se van a hacer, ya se puede empezar a esbozar. Primero hay que hacer unos apuntes a lápiz –no es necesaria la precisión en el detalle– procurando que los diversos planos realcen, sugieran y embellezcan la historia que se está creando. Conviene pensar en la medida del soporte. Por ejemplo, una panorámica pedirá un espacio más grande que un detalle predeterminado. En estos esbozos hay que dar libertad para que los niños den rienda suelta a su imaginación, a su espontaneidad y a su originalidad.
- El paso siguiente, una vez obtenida la visión global de aquello que se quiere dibujar, será entrar a crear la imagen exacta del personaje. Va bien ayudarse de algún modelo que se preste a representar con mímica la acción que hay que dibujar. Si los personajes tienen que aparecer en diversos dibujos es necesario conservar sus particularidades (color del pelo, vestuario, estatura, aspecto...), si es que la narración así lo exige.

Podemos usar cualquier técnica, aunque es recomendable que sea una que el grupo domine, de manera que su uso no suponga una dificultad añadida. Si se quiere que el chico o la chica dé intensidad, densidad y profundidad a la producción, hará falta facilitarle una superficie proporcional a su fecunda capacidad creativa.[7]

Hay que dejar tranquilo al niño que ha empezado a dibujar. Dejarlo que investigue, que disfrute, que encuentre su propio estilo, que deje su propia huella personal, que sea su «genio» que recree la realidad, que se tome el tiempo que haga falta, que pueda volver a empezar, que retoque, que pinte en libertad.

Una vez finalizada la elaboración del libro colectivo –tanto la parte escrita como la plástica– se le ha de dar forma, y eso es lo que va a constituir la realización del libro en sí.

Los libros colectivos pueden tener tantos formatos como seamos capaces de imaginar, dependiendo del uso que de ellos se haga. Será diferente si lo que se quiere es un libro de gran formato, del que sólo se hará un original pero que, al formar parte de la biblioteca, pasará por muchas manos (deberá ser especialmente sólido), o si se quiere un libro que permita hacer copias de manera que cada autor tenga su ejemplar (habrá que usar un formato de papel estándar).

Los libros colectivos nos ofrecen un gran abanico de posibilidades: pueden ser de medidas muy diferentes, muy pequeños o gigantes, pueden estar encuadernados en formato clásico con espiral o pueden encuadernarse para ser usados como un desplegable, pueden tener elementos móviles o páginas tridimensionales donde algún elemento sobresalga del fondo, etc.[8]

Se pueden crear pequeños libros, ideales para ser manipulados con facilidad, o libros muy grandes, ideales para ser explicados en grupo... La imaginación no tiene límites.

En cualquier caso, si el libro colectivo, por su medida y la técnica utilizada en la ilustración, permite ser plastificado y encuadernado página a página, siempre quedará más resistente y mejor acabado. Eso hay que tenerlo en cuenta, ya que es muy importante que una obra en la que se han invertido tantos esfuerzos sea sólida y duradera.

Hay que elaborar una cubierta y una contracubierta adecuadas donde debe constar el título, los autores del texto y las ilustraciones, el nivel educativo y el nombre de la escuela.

En la escuela, la realización de libros es una práctica habitual. Se hacen de muchas maneras y con diferentes estímulos. La actuación del maestro o de la maestra es la de acompañante que percibe cómo se ponen en movimiento un gran número de conocimientos y actitudes –escribir, recortar, copiar, etc.– y la de observador que disfruta viendo cómo su grupo trabaja, se equivoca, recomienza, borra, encuentra una buena idea, se da cuenta de que no sirve, vuelve a empezar, vive, asume todos los roles.

Como maestro no te queda más remedio que admitir que no se ha perdido el tiempo, que el progreso ha sido evidente y el resultado muy rico. Como maestro no te queda sino felicitar a tus alumnos y emocionarte con ellos cuando lees un poema que ha escrito una alumna de tercer ciclo.[9]

> Pensaba el marinerito,
> cuando se hallaba en alta mar,
> este mensaje que tengo,
> ¿cómo se lo haré llegar?
>
> Miraba a las gaviotas
> que volaban sobre el mar,
> estaban tan juguetonas
> que no querían escuchar.
>
> Piensa, piensa, marinero,
> ¿qué podrías hacer tú
> para que llegue el mensaje
> a tu amor en Santa Cruz?
>
> ¡Qué alegría, ya lo tengo!
> dijo al mirar la botella
> que llevaría el mensaje
> a su amor que estaba en tierra.

Un escrito de un grupo reducido de niños y niñas de segundo:[10]

[...] el maíz, cuando le llegó al vientre, con el calor del fuego del dragón, se abrió y empezó a explotar y a hacer palomitas. Entonces el dragón también explotó. Fue el día que llovieron trocitos de color verde por toda la ciudad [...]

O el resultado de una lluvia de ideas y la posterior puesta en común del cuento colectivo de los niños y las niñas de parvulario:[11]

[...] y se fueron volando a buscar las hierbas mágicas. Él sabía dónde estaban y sólo él podía cogerlas. Para crecer, las hierbas mágicas necesitan agua. El caballo volador sabía dónde había agua: en las nubes. **Las hierbas mágicas crecen encima de las nubes** y es por eso que no las vemos[...]

Finalmente, para ejemplificar y resumir lo que hemos explicado a grandes rasgos sobre la creación de libros colectivos, presentamos dos acciones concretas: *Historia de un círculo rojo* y *El sueño de Fellini*.

Ejemplo número 1

Historia de un círculo rojo

Actividad realizada con el alumnado de primer curso de primaria. Ocupó cuatro sesiones de 45 minutos.

Los **objetivos** marcados inicialmente eran:

1. Dar a conocer un libro relacionado con el tema objeto de trabajo para la confección de un libro individual.
2. Desarrollar lo imaginario a partir de una forma y de un color.
3. Observar los aspectos técnicos de un libro: variedad de formatos, encuadernación, tipo de papel, etc.

El **desarrollo** de las cuatro sesiones fue el siguiente:

Sesión 1

El alumnado descubre en la biblioteca un libro que habla de un globo rojo. Es *El globito rojo*,[12] un libro sin texto que presenta en su primera imagen a un niño que está hinchando un globo rojo. En las páginas siguientes el globo crece y se escapa. Después aparece una cola que parece el hilo que sujeta el globo. Éste va cambiando de aspecto hasta convertirse en manzana. La manzana llega a una rama a la que se adhiere. Pasa el tiempo, madura y cae. Al caer, se abre y toma la forma de una mariposa... A medida que vamos pasando las páginas la mancha roja va variando su aspecto, se convierte en flor y, cerrando el círculo, finalmente aparece en la mano de un niño (posiblemente el mismo niño que hinchaba el globo), arranca la flor y continúa su viaje con una última transformación: llueve y la flor es ahora un paraguas.

Una vez se ha contado y mirado el cuento se presenta otro, que también habla de un globo, pero de un globo azul.[13] Se explica y, posteriormente, se hacen las comparaciones entre los dos cuentos.

La sesión se acaba experimentando con globos. Se reparte a cada niño un globo rojo y se juega: se inflan los globos, se estiran, se les deja escapar el aire poco a poco, se golpean, se frotan con el dedo ensalivado, se hace explotar alguno, se pintan con rotuladores... Se los llevan a casa.

Sesión 2

Se inicia la sesión recordando y volviendo a mirar *El globito rojo*.

Después cada uno recibe la consigna de imaginar aquello que nos puede evocar un círculo de color rojo. Se verbaliza en un gran grupo. Sentados, como siempre, en círculo, las manos se levantan y se van apuntando todas las opciones:

- Un círculo rojo puede ser una cereza.
- También puede ser un botón.
- A mí me recuerda la nariz de un payaso.
- Pues a mí me hace pensar en una gota de sangre.

La imaginación se dispara y las propuestas llegan a más de treinta.

Después se entrega un folio-plantilla para que dibujen doce posibilidades de las comentadas.[14]

Sesión 3

De todas las opciones que surgieron el día anterior, se escogen las más celebradas (escogemos siete para nuestro libro). Son propuestas del estilo *globo, manzana, corazón de flores, botón, cerezas, nariz de payaso, mariquita, tomate, fresas, perlas de un collar, dirección prohibida*, etc.

Con las siete propuestas escogidas se plantea la posibilidad de hacer un «minilibro».

Se discute y se decide que en la cubierta sólo estará el título (*Historia de un círculo rojo*), un círculo rojo dibujado y pintado, y el nombre del niño o la niña.

La primera página planteará la pregunta: «¿Qué ves tú en este círculo rojo?».

El resto de páginas serán las propuestas escogidas. En la parte de arriba de cada página se escribe la propuesta y los niños la dibujan.

Antes de irse se redactan un par de páginas.

Página 1:
¡El corazón de una flor!
¡Ahhhhhhhh!, ¡Qué olor tan agradable!
¡Es posible que esté esperando a una mariposa!

Página 2:
¡Un helado!
La bola del medio es de fresa y las otras dos son de limón y de vainilla.

Con la ayuda de la maestra, el grupo recibe el encargo de acabar, en clase, la redacción de los textos que faltan y traerlos en la próxima sesión.

Sesión 4

El gran grupo empieza revisando el texto definitivo. Se aprueban también las ilustraciones de cada página.
Después se reparten las tareas de concreción y maquetación y cada uno participa aportando lo que sea más necesario para el grupo. Unos pasarán el texto a ordenador, otros rotularán y pulirán los dibujos, un grupo se encargará de hablar con conserjería y quedar para ir a hacer las copias, otro grupo será el que lo encuadernará, etc.
Este es un procedimiento sencillo y habitual para conseguir un pequeño libro colectivo. Lo hemos dividido en cuatro sesiones pero conviene remarcar que corresponden a las horas presenciales en la biblioteca. Las horas que en realidad se dedican son algunas más. El resto es trabajo de aula y labor de la tutoría.

Ejemplo Número 2

El sueño de Fellini

Actividad realizada con el alumnado de segundo curso del ciclo inicial de primaria. Ocupó tres sesiones de 45 minutos.
Los **objetivos** marcados inicialmente eran:

1. Dar a conocer un libro relacionado con el tema objeto de trabajo para la confección de un libro colectivo.

2. Memorizar el vocabulario específico del circo. Evidenciar la necesidad de utilizar el diccionario.
3. Realizar un libro colectivo.

El **desarrollo** de las tres sesiones fue el siguiente:

Sesión 1

En la primera sesión se narra el cuento *El sueño de Fellini*[15] y se observan los dibujos. Se trata de un cuento basado en la vida del director de cine Federico Fellini. Nos explica que Federico es un niño soñador, de cara pálida y alargada como la luna, que una mañana cuando se levanta ve pasar un circo. No se lo piensa dos veces y se une a la caravana. Allí conoce a Gelsomina, una payasa. El chico quiere actuar en el circo y se declara mago. Aquella noche, unos extraños personajes venidos de las estrellas le ayudarán en su actuación y dejará al público boquiabierto. Es el momento en el que él sabrá que siempre, siempre será mago.

Las ilustraciones del álbum, en tonos suaves, son muy sugerentes y recrean perfectamente el espíritu del circo y el mundo mágico que le rodea.

Después de contar el cuento, se habla del circo. Algunos niños han ido y otros han visto carteles por la calle. Se recuerdan los personajes que actúan en el circo, cómo se llaman y qué hacen.

Para la segunda sesión nos comprometemos a aportar más informaciones.

Sesión 2

Comienza la sesión con el recordatorio del cuento narrado el día anterior y la conversación mantenida. Después se observan los materiales aportados por el grupo: dibujos, otros libros, recortes de periódico, una entrada, fotografías, una información sacada de Internet... Todo vale.

Es el momento de repasar los nombres de los espectáculos y explicar en qué consisten:

▸ Este dibujo representa a un trapecista, que es un hombre o una mujer que se sube arriba del todo de la carpa, se hace silencio y los tambores redoblan. Entonces se oye que hará

el triple salto mortal. Es peligroso y se pueden caer. Por eso hay una red debajo...
- Los payasos llevan unos vestidos estrambóticos, unos zapatos enormes y la cara pintada. Algunos payasos tocan instrumentos musicales, otros hacen juegos malabares, y los hay que hacen de domadores, ¡pero todos hacen reír!
- Los magos pueden sacar un conejo de un sombrero o hacer que un pañuelo se transforme en una paloma. Los magos tienen un objeto mágico que es su varita. A veces pueden hacer desaparecer objetos e incluso personas.

Y también el hombre forzudo, los payasos, el domador de leones, los cocodrilos, los monos, los dromedarios, los equilibristas, la mujer bala, los contorsionistas, los vendedores de golosinas y de cacahuetes, los músicos...

Con la ayuda de un diccionario averiguamos qué quieren decir exactamente estos nombres y buscamos las semejanzas (equilibristas – acróbatas, magos – prestidigitadores, etc.).

Hacemos un listado de los «números» que queremos incluir en nuestro libro colectivo (trapecistas, equilibristas, domadores, payasos, magos, funámbulos).

Repartimos a los niños y a las niñas en grupos y con el encargo de encontrar momentos para dibujar y redactar los diferentes capítulos del libro, nos despedimos hasta la próxima sesión.

Sesión 3

Durante la semana, en clase, se han dedicado ratos a las producciones. Han dibujado, pintado y escogido aquellas imágenes que hoy confeccionaremos.

Es el momento de dar forma al libro. Cada grupo organiza su apartado siguiendo el mismo esquema. Sobre la base de un DIN-A3 dividido en tres partes se van pegando los elementos. A la izquierda el nombre de los personajes, en el centro los dibujos y a la derecha la explicación.

A los laterales de cada hoja se hará un agujero para pasar una cinta de modo que cada dibujo pueda juntarse con sus adyacentes.

El libro se presentará vertical y simulará la pista del circo. Un trozo de fieltro rojo será la base, como si fuese la pista.

Se hará una caja para guardar todo el material. Esta caja servirá para que el libro pueda ir de casa en casa sin estropearse.

Notas

1. Algunos libros de los cuales se pueden extraer muchas ideas:

    - RODARI, Gianni. *Gramática de la fantasía* Barcelona: Hogar del Libro, 1985
    - PASSATORE, Franco y otros. *Yo soy el árbol, tú el caballo*. Barcelona: Reforma de la escuela, 1984.

2. En el desarrollo de la aventura de escribir un libro colectivo nos hemos basado en los siguientes documentos, de los que hemos cogido ideas o sugerencias para orientar nuestro proceso. Son:

    - El opúsculo *Pautas y sugerencias para ilustrar y escribir colectivamente un cuento*, escrito por Montserrat Castillo (ilustración) y por Mercè Company y el equipo de Editorial Barcanova, con la colaboración de Anna Camps (escritura).
    - Un artículo de Istvan titulado «Un libro para chicos. Ingredientes y cocción», editado en *La obra. Revista de educación* (Buenos Aires, mayo de 2001) y que se puede leer por vía telemática en la revista virtual *Imaginaria* (www.imaginaria.com.ar).
    - Las orientaciones del GFEN (Groupe Française d'Education Nouvelle).
    - Las indicaciones elaboradas por Joan Portell y Jaume Centelles para el Plan de animación lectora, perteneciente al programa biblioteca-escuela de la Fundación Bertelsmann.

3. Si nos decidimos a confeccionar, por ejemplo, un pequeño libro de adivinanzas, partiremos de un trabajo en el que enseñaremos diferentes adivinanzas, que tienen que ser suficientemente fáciles para ser comprendidas perfectamente. Posteriormente miraremos algún libro de adivinanzas sencillo, donde éstas tengan una solución visual y gráfica. Un buen ejemplo serían los libros *¿Qué es esto?* o *¿Quién soy?* de Ediciones SM. A continuación se confeccionarán las adivinanzas gráficas diferentes siguiendo el modelo de estos libros, pero partiendo de algunas del folclore popular, o de otras inventadas colectivamente

4. Nuevamente Gianni Rodari nos da muchas pistas. Por ejemplo, en el capítulo 17 de la *Gramática de la fantasía*: «Caperucita en helicóptero».

5. Si analizamos los aspectos anteriores deberemos señalar:

Los niños y las niñas de educación infantil y de primer ciclo de primaria es conveniente que trabajen con folios, como mínimo, de medida DIN-A4. Necesitan espacio para escribir y dibujar con facilidad, sin los límites que pueden comportar hojas de medida más pequeña que la citada. Además, si el libro contiene ilustraciones, ha de permitir incluir dibujos de medida grande.

A partir del ciclo medio, la medida utilizada puede ser variable. A pesar de eso, una medida similar a la de un libro de lectura (cuartilla) permite que los chicos y chicas tengan la impresión de estar escribiendo un libro «como los de verdad».

Si el libro ha de formar parte de la biblioteca de la escuela o de la biblioteca pública del barrio sólo es necesario hacer un original y, por lo tanto, la dificultad de producción que pueda comportar queda reducida sólo a aquello que lo imaginario de los autores determina.

Si, en cambio, el libro tiene que ser entregado a cada uno de los autores que ha colaborado en su producción, es importante que permita una reproducción económica, del tipo fotocopias. Si este fuera el caso, es conveniente emplear un papel estándar, que facilite la reproducción. Todas las técnicas que se usarán en las ilustraciones quedarán también limitadas por el método de reproducción.

Las medidas de papel más empleadas para reproducciones en fotocopias son las DIN-A4 y DIN-A3. Si empleamos estas medidas no tendremos problemas a la hora de reproducir diversos ejemplares para cada uno de los niños que han colaborado en la obra.

6. Podemos buscar –para hacer su observación y análisis– en los álbumes de Tintin:

- Planos generales panorámicos: se usan para representar espacios amplios.
- Planos generales: en los que se hace referencia al ambiente que envuelve a los personajes.
- Planos americanos o ¾: en los que se corta la figura humana a la altura de las rodillas.
- Planos medios: recortan el espacio aproximadamente a la altura de la cintura.
- Primeros planos: recortan el espacio a la altura de los hombros.
- Planos de detalle (o primerísimos planos): recortan el espacio alrededor de una figura o de un objeto en particular. Son de lectura rápida y señalan un momento significativo de la acción.

7. Si el formato es demasiado pequeño, la imaginación y el trazo de la mano se limita; si el formato es muy grande puede provocar una paralización, un vacío, y el alumnado puede sentirse perdido.

   Cuanta más edad tenga el grupo, más pequeño puede ser el formato de soporte.

   Antes de empezar, es interesante reflexionar sobre diversos aspectos que nos ayudarán en la elección de una u otra medida: ¿qué edad tienen los autores?, ¿qué técnicas plásticas dominan?, ¿qué divulgación tendrá el libro colectivo?, ¿tendremos que hacer fotocopias del libro colectivo para todo el alumnado?
8. Para dar un acabado adecuado al libro colectivo, es interesante que se encuaderne de manera atractiva y resistente. Algunas de las técnicas que se pueden usar para encuadernar son las siguientes: grapado por el lomo, cosido, con una guía de plástico, con espiral metálico, uniendo los laterales de las hojas con cintas de colores.

   La encuadernación con grapas se puede embellecer tapándolas con cinta adhesiva de colores.

   Todas estas técnicas servirán para conservar y dar resistencia al libro colectivo. Al final sólo es necesario colocar el libro en la biblioteca de la clase o de la escuela para que pase a formar parte de las lecturas habituales de los niños.
9. Poema de una alumna, extraído del poemario *Poemas*, del que se hicieron 200 ejemplares y se repartieron durante el transcurso de una fiesta *happening* donde se leyeron todos los poemas delante de familiares y amigos.
10. Fragmento del cuento *El día que llovió verde*, extraído de *Nuestros cuentos*, recopilación de cuentos del alumnado de segundo de primaria, editado con motivo del día de Sant Jordi de 1998.
11. Extracto de la grabación de un cuento inventado colectivamente en la clase de P5. El proceso siguió las orientaciones del GFEN francés. Está recogido en el dossier nº 6 de la colección «Experiencias», editado por el Departamento de Dinámica Educativa del Ayuntamiento de L'Hospitalet de Llobregat, en diciembre de 1985.
12. MARI, Iela. *El globito rojo*. Sevilla: Kalandraka, 2006.
13. INKPEN, Mick. *El globo azul*. Barcelona: Molino. 1990. Es un libro que explica la historia de un niño que encuentra un globo algo especial porque este globo puede ser invisible, cuadrado, indestructible, sirve para jugar y nunca se sabe qué puede pasar con él. El formato es resistente y tiene algunas páginas con pestañas que se pueden abrir y descubrir las múltiples posibilidades de juego que nos ofrecen los globos.
14. Plantilla de hoja DIN-A4 entregada a los niños:

Imagina y dibuja qué puede ser un círculo rojo.		

15. SANBERG, Mónica; GALLI, Letizia. *El sueño de Fellini*. Barcelona: Destino, 1994.

CAPÍTULO 11

«De rana a rana y tiro porque…» o cómo saber si dentro de la jaula hay un kiwi ave o un kiwi fruta

LA BIBLIOTECA ESCOLAR COMO FAVORECEDORA DE LAS POSIBILIDADES EDUCATIVAS DEL JUEGO

> É difficile fare
> le cose difficili:
> parlare al sordo,
> mostrare la rosa al cieco.
> Bambini, imparate
> a fare le cose difficili :
> regalare una rosa a un cieco,
> cantare per il sordo,
> liberari gli schiavi
> che si credono liberi.
>
> GIANNI RODARI

Gianni Rodari interpretó perfectamente el significado de la expresión libre, creativa, que habría de presidir la vida escolar en todos los ámbitos; entendió que *expresión libre* significa investigación, conocimiento, comunicación, socialización, creatividad y, sobre todo, **actitud permanente de juego**. Pero resulta que, a menudo, enfrente de esta actitud permanente de juego se sitúan la rigidez de los programas, los horarios, el espacio, los estereotipos, etc.

Esta reflexión nos hace pensar que leer de manera creativa no es leer para la escuela ni para conseguir superar una evaluación o unos ejercicios de comprensión. La lectura se debe entender como una lectura para uno mismo, y no para comentar unos textos ni para reseguir en silencio el fragmento que un compañero lee en voz alta.

El maestro tiene que procurar que su grupo tenga, cada día, unos momentos para la lectura silenciosa individual, tiene que organizar el rincón de la lectura en el aula con libros adecuados o interesantes y debe sistematizar y potenciar el descubrimiento de estos buenos libros, y así favorecer las actividades creativas.

El maestro debe implicarse en el descubrimiento, en el juego que permita un aprendizaje socializado de la realidad, una concienciación de los problemas reales a partir de las posibilidades expresivas y creativas de los niños.

En la biblioteca de la escuela organizamos algunas sesiones que tienen el juego como hilo conductor de la actividad lectora. Tomamos como base las normas de juegos de mesa conocidos por todos (rompecabezas, dominó, cartas, etc.), sobre las que hacemos las adaptaciones correspondientes. Hay libros que lo permiten especialmente. A partir de la acción del juego se descubrirán los libros que, más tarde, quedarán a disposición del alumnado que quiera continuar la lectura.

En este capítulo presentamos algunos juegos que usamos habitualmente:

- *Óscar y el león de Correos*. Es un juego en el que la resolución de crucigramas, las siete diferencias y el jeroglífico nos da las pistas para conocer un libro antes de su lectura. Se trata de aplicar las estrategias y habilidades necesarias para la resolución de juegos y ser capaces de hacer predicciones a partir de los datos relacionados.
- *Mitos*. Es una actividad que se basa en el *Juego de las familias* y nos sirve para situar el lugar donde pasan las historias (la Grecia clásica) y conocer a la vez algunos de los personajes que aparecen o algunas leyendas de la mitología griega. También nos permite aprender a respetar las normas del juego.
- *Manual de monstruos domésticos*. Se trata de un juego basado en las normas del *Memory*, con el que se pretende leer el citado libro mientras se va jugando y, posteriormente, practicar la escritura como instrumento de comunicación.
- *Hasta (casi) 100 bichos*. Basado en el conocido juego de la oca. Cada casilla corresponde a un capítulo del libro que hay que leer en voz alta a los compañeros cuando se cae en una de ellas. Además de conocer el libro y el autor, se le pide al alumnado que sea capaz de compartir durante un rato el juego, respetando las normas.
- *¿Quién soy?* Un libro-juego que nos introduce en el mundo de las adivinanzas y nos ayuda a leer expresivamente un texto breve. Sirve también para querer al libro como a un juguete, como a un amigo y como patrimonio colectivo.

▶ *Los juegos de la liga de los libros*. Son unas actividades para jugar en gran grupo. Forman parte las acciones que cada año concentran a trescientos niños de diferentes escuelas de la ciudad para compartir juntos la fiesta de clausura de *la liga de los libros*. Explicamos cuatro: *Relacionar portadas con el texto, El Bingolibro, Los personajes perdidos* y *El saber perdido*.

Óscar y el león de Correos[1]
Vicente Muñoz Puelles

El autor nació en Valencia en el año 1948 y con esta novela consiguió el Premio Nacional de Literatura, en 1999.

Ha colaborado con la ilustradora Noemí Villamuza en otros libros infantiles como *Laura y el ratón* (Madrid: Anaya, 2000) y *Ricardo y el dinosaurio rojo* (Madrid: Anaya, 2003).

Noemí Villamuza nació en Palencia en 1971. Estudió bellas artes y se especializó en diseño gráfico. *Óscar y el león de Correos* fue su primer libro infantil.

Otros libros que ha ilustrado son *Un vaquero con babero* de Mercedes Garín (Madrid: SM, 1998), *De verdad que no podía* de Gabriela Keselman (Madrid: Kókinos, 2001) y *Me gusta* de Javier Sobrino (Madrid: Kókinos, 2002).

Resumen

Este libro habla de los miedos de un niño y cómo vencerlos. Uno de los miedos es la noche, la oscuridad, un miedo muy común. A pesar de tener el apoyo de sus padres, que le ayudan a comprobar cada uno de los rincones de la casa, llega un momento en el que, inevitablemente, se queda solo en la cama, a oscuras, y entonces aparece *la criatura de la noche*.

El otro miedo de Óscar es un buzón de correos, de esos que tienen la forma de la cabeza de un león con la boca abierta por donde se introducen las cartas. Un buzón de latón que parece de oro. El niño tiene que ir a depositar algunas cartas y se inventa una manera muy original de mantener entretenido al león.

A los seis años, a Óscar le daban miedo dos cosas: la criatura de la noche y el león de Correos. No le daban miedo los mayores. Tampoco le importaba pelearse con otros niños, aunque prefería no hacerlo.

Pero cuando pensaba en la criatura de la noche o en el león de Correos, los dientes le castañeteaban como cuando pasaba demasiado tiempo en la bañera y el agua se enfriaba.

Actividad
Recomendada para el segundo ciclo.

Antes de presentar el libro al alumnado, propondremos una serie de pasatiempos que deberán resolver para obtener algunos datos que les permitirán saber el título y otros aspectos de la lectura que haremos.

Se distribuyen en pequeños grupos (de dos en dos o de tres en tres). A cada grupo se le entregan dos folios con los pasatiempos y se les pide que, cuando acaben, se reserven las soluciones hasta que el resto de compañeros los hayan resuelto. Se da un tiempo prudencial, por ejemplo, veinte minutos.

Si hay que explicar la mecánica de alguno de los pasatiempos, se puede hacer antes con cualquier otro ejemplo extraído de algún diario o de alguna revista.

Cuando se acaba el tiempo se comprueban los resultados y se hacen las correcciones oportunas. Es el momento de establecer una conversación y de hacer una predicción colectiva a partir de las soluciones.

Finalmente, se presenta el libro *Óscar y el león de Correos* y se comenta que este libro está en la biblioteca y que hay otros de la misma colección muy interesantes (los podemos mostrar, naturalmente).

Jeroglífico

Titulo del libro

Fig. 18.

Crucigrama

HORIZONTALES
1. Lo contrario del día, el momento en el cual aparece la criatura que aterroriza al personaje de esta historia.
2. Es dulce y sirve para distraer a la bestia que atemoriza al protagonista del libro. Antes de comértelo le has de quitar el envoltorio que lo contiene.
3. Nombre del protagonista de la narración.
4. Edad del protagonista.
5. Tren muy veloz que leído al revés nos da el nombre de la hermana del protagonista.

VERTICALES
6. Oficina a la que vamos a llevar cartas o a recoger paquetes que nos envían los familiares o amigos.
7. La madre del protagonista lo envía a Correos a echar una.
8. Última comida del día.
9. Sentimiento que nos envuelve cuando percibimos algún peligro. Hay quien lo sufre durante las tormentas, muchos viendo películas de monstruos y todos cuando nos perdemos.
10. Agujero dónde echamos las cartas que queremos enviar.

Las diferencias

Entre estos dos dibujos hay 7 diferencias. Señaladlas.

Fig. 19.

«Guardaba en su habitación las cartas sin enviar, entre las páginas de un libro de cuentos...»

Mitos [2]
GERALDINE MCCAUGHREAN

Resumen

Se trata de una colección que recoge los mitos de la Grecia clásica. En cada volumen hay una, dos o tres historias. Están escritas de una manera muy amena. Las ilustraciones de Toni Ross, en blanco y negro, son un complemento ideal tanto por su expresividad como por la forma que tienen de estar insertadas en el relato.

Mitos como *Perseo y la gorgona Medusa*, *Los doce trabajos de Hércules* o *Teseo y el Minotauro* son una manera de entrar en las referencias culturales occidentales, así como un motivo de goce para poder disfrutar de las aventuras clásicas.

–Lo siento –dijo el rey Minos–, pero no te puedo dejar salir de Creta, Dédalo. Tú eres el único que conoce el secreto del laberinto y cómo huir de él. Este secreto no puede salir nunca de esta isla. Así que me parece que tú e Ícaro os tendréis que quedar aquí durante un tiempo.
–¿Durante cuánto tiempo? –le preguntó Dédalo con un hilo de voz.
–No demasiado, sólo hasta que muráis –le respondió Minos, sonriente–. Pero da igual, tengo muchísimo trabajo para un hombre tan listo como tú.

Actividad
Recomendada para el tercer ciclo

Según el Diccionario de la Real Academia de la Lengua Española, un mito es una «narración maravillosa situada fuera del tiempo histórico y protagonizada por personajes de carácter divino o heroico. Con frecuencia interpreta el origen del mundo o grandes acontecimientos de la humanidad». También entendemos como mito una narración fabulosa o puramente inventada.

La mitología griega es una de las más conocidas y de las más extensas. La editorial SM ha publicado una colección donde se presentan las leyendas mitológicas más notorias. Son unos libros escritos de manera clara y fácil de entender, con un vocabulario muy actual.

Empezamos la actividad explicando a los chicos y chicas dónde se sitúa Grecia, qué era la Grecia clásica, qué ciudades eran las más importantes y cuáles eran sus creencias.

Después les explicamos qué eran los mitos, los dioses, los héroes, quién era Ulises, etc., y narramos algún mito, de viva voz. Son adecuados los de *Dédalo e Ícaro* (volumen nº 5), o también los de *Perséfone y las semillas de granada* (volumen nº 3), pero cualquier otra historia puede ir bien. Todas son lo bastante interesantes como para cautivarlos.

A continuación les explicamos que conocerán algún detalle más de estos personajes, y que lo harán a partir de un juego que tiene unas normas parecidas a las del conocido juego de cartas *Familias de siete países*.

Se divide el alumnado en grupos (cinco o seis) de cuatro o cinco personas y a cada grupo se le entrega un juego llamado *familias mitológicas*.

El juego tiene 42 cartas en total, agrupadas en siete familias de seis figuras cada una.

En la parte de arriba hay un número dentro de un círculo, que es común a las seis cartas de la misma familia, seguida del nombre del dibujo que representa la carta. Por ej.: (1) ANDRÓMEDA.

En la parte de abajo está el nombre de la familia –que corresponde al título del libro al que pertenece la carta. Por ejemplo: PERSEO Y LA GORGONA MEDUSA.

Cada niño dispone de una hoja, que es la plantilla,[3] donde están los nombres de cada familia. Para empezar a jugar se reparten todas las cartas, de una en una, hasta que no quede ninguna sobre la mesa. Previamente se ha determinado quién será el primer jugador. Se puede hacer por medio de un sorteo cualquiera, de una canción eliminatoria, etc.

Fig. 20.

El jugador llamado «mano», el primero, pide a otro jugador una carta determinada de cualquier familia de la cual tenga como mínimo otra. Si el jugador al que se le pide la tiene, la debe entregar a quien al solicita. Quien la recibe continúa pidiendo cartas hasta que complete la familia o hasta que, cuando pida una carta, el jugador interpelado no la tenga. En este momento el jugador pierde su turno y empieza a preguntar el siguiente.

La finalidad del juego consiste en formar el mayor número posible de familias y cuando un jugador ha completado una, expone las cartas sobre la mesa. El juego continúa hasta que todas las familias han sido formadas. El jugador que ha sumado más familias es el ganador.

Los jugadores de los cinco o seis grupos serán los encargados de hacer una lectura en voz alta en la siguiente sesión.

En la segunda sesión, cuando el grupo llega a la biblioteca, encuentra el espacio preparado para la dramatización: una música de fondo, una mesa y unos compañeros –los ganadores– que serán los encargados de hacer la lectura. Con la ayuda del maestro, han escogido una de las mitologías que se leerá. Se han entrenado en pequeños grupos y se han repartido los papeles (uno hace la voz del narrador, otro es Minos, el rey de Creta; un tercero será Ariadna, etc.).

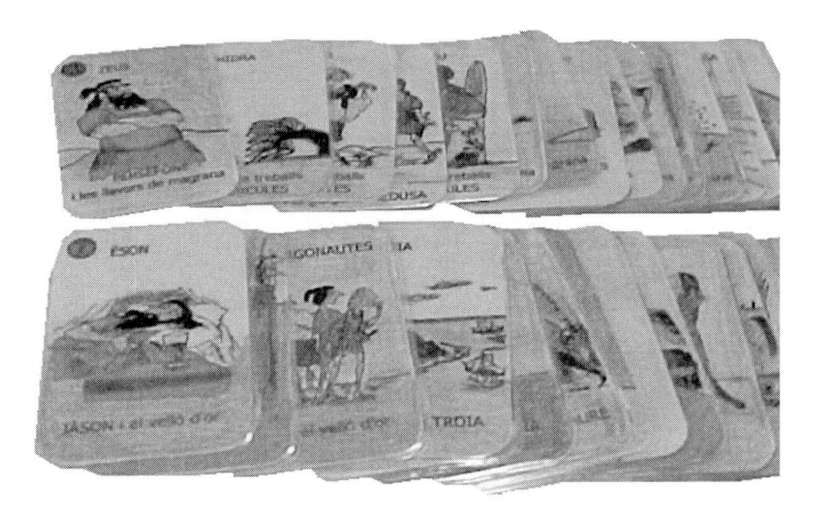

Fig. 21. *El juego de las mitologías* consta de siete familias de seis cartas cada una.

Manual de monstruos domésticos[4]
STANISLAV MARIJANOVIC

Stanislav Marijanovic nació en 1957 en Bosnia. Profesionalmente se dedica a la pintura. A causa del éxito del *Manual de monstruos domésticos* ha escrito un segundo libro con más monstruos, publicado recientemente.

Resumen

Manual de monstruos domésticos es un libro divertidísimo que presenta veintinueve monstruos que viven en las casas y a veces nos atacan. En cada página hay un dibujo con la explicación correspondiente de cómo actúa. Son unos personajes que tienen nombres tan simpáticos como *Voracio* («el monstruo de la glotonería y el apetito insaciable»), *Topamí* («el monstruo de la posesividad») o *Rayo Catódicus* («el monstruo de la televisión»). Su lectura nos lleva a la reflexión y a la constatación de los defectos o manías que todos tenemos. Algunos de estos defectos son muy familiares y comunes.

> PÁNICUS MATUTINUS
> El monstruo de las dudas de vestimenta (o el monstruo «no sé qué ponerme»)
>
> Pánicus Matutinus ataca por las mañanas, especialmente antes de ir al colegio. Sale de los armarios y de los cajones y, te pongas lo que te pongas, hace que te siente mal.
> Te va pasando, una tras otra, las prendas de tu armario, y no cesa hasta que todo tu guardarropa está desparramado encima de la cama. Un remedio eficaz: prepara tu ropa la noche anterior. (Este remedio también puede resultar útil a veces en el caso de los adultos.)

Actividad
Recomendada para el tercer ciclo

Se trata de conocer un libro y de leerlo de manera colectiva. Se divide la clase en cinco grupos y a cada grupo se le facilita un ejemplar del libro y un juego con 16 tarjetas (8 parejas) de los monstruos que conoceremos. (Ver la figura 26.)
Se juega igual que al *memory*. Las tarjetas son fotocopias reducidas de los monstruos que aparecen en el libro, duplicadas, recortadas todas iguales y plastificadas.
Se colocan las cartas sobre la mesa, boca abajo y barajadas. El primer jugador levanta dos cartas al azar. Si son iguales, se las queda, busca en el libro la página donde aparece el monstruo que le ha tocado y lee a los compañeros el texto que aparece. Si no son iguales, las vuelve a dejar en el mismo sitio y el siguiente jugador

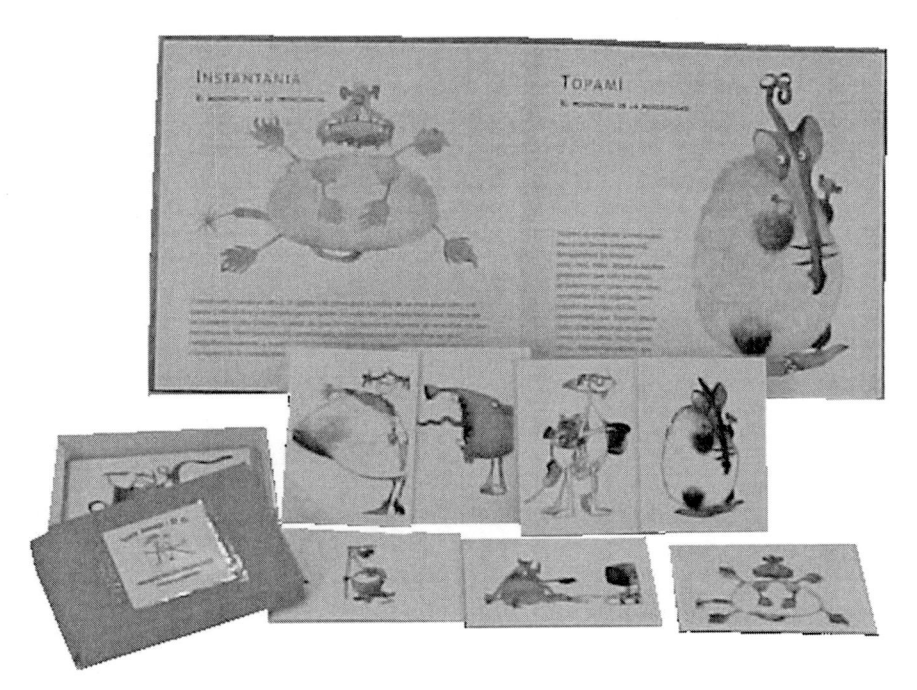

Fig. 22. El *memory* consta de dieciséis tarjetas y un ejemplar del libro.

tiene su oportunidad. El juego se acaba cuando no quedan cartas sobre la mesa.

Cuando se acaba la partida, el grupo ha leído ocho monstruos del libro. Es el momento de recordar que en la biblioteca hay algunos ejemplares por si quieren conocer más monstruos domésticos.

El maestro o la maestra podrá iniciar un debate sobre algunos de los monstruos que han leído, preguntar a quién han «atacado» en alguna ocasión y qué se puede hacer para evitar su mordedura.

Se plantea, para acabar, un debate abierto sobre los otros monstruos que no aparecen en el libro pero que nos hacen ser, a veces, obsesivos y maniáticos. De los que se citen, se invita a los niños y niñas a hacer un dibujo y a escribir cómo actúan.

El alumnado de quinto inventa monstruos de este estilo:

Ordenadeitor
El monstruo del ordenador.
Ordenadeitor es un monstruo muy molesto que vive en la sala de informática. Hace que te lo pases bien haciendo las actividades pero

cuando el maestro dice que es la hora de acabar, notas que te cuesta cerrar el ordenador, no puedes porque tienes ganas de seguir y siempre eres el último en salir. Ordenadeitor puede ser un buen monstruo de compañía si lo adiestras adecuadamente.

Comikus
El monstruo de las viñetas.
Vive en la biblioteca, y cuando ataca hace que vayas directamente a la estantería donde están los Mortadelos, los Tintines y los Astérix. A él le encantan y te contagia el deseo de leerlos constantemente. Él puede leer seis cómics a la vez porque tiene nueve ojos y seis brazos, uno para cada libro.

Cada niño dibuja su monstruo y entre todos se hace un mural que se expone en la biblioteca.

Hasta (casi) 100 bichos[5]
DANIEL NESQUENS

El autor nació en Zaragoza y, en las pocas fotos que se encuentran de él en la prensa, se le ve siempre con un lápiz entre los dientes, como si fuese un pirata sujetando un sable antes de hacer un abordaje.

Por este libro le concedieron uno de los premios White Ravens. Otros libros de él son *Diecisiete cuentos y dos pingüinos* (Anaya, 2000), *Mermelada de fresa* (Anaya, 2001) y *Una travesura* (La Galera, 2001).

Elisa Arguilé, la ilustradora, nació en Zaragoza en 1972. Estudió grabado en la Escuela de Bellas Artes de Madrid. Uno de los libros que ha ilustrado (*Sombra de manos*) fue premiado en el II Certamen Internacional de Álbum Ilustrado Ciudad de Alicante 2002.

Resumen

Hasta (casi) 100 bichos es un bestiario muy bien editado. Se presentan los animales ordenados alfabéticamente, desde la *Abeja* hasta el *Zorro*. Está escrito en clave humorística y tienen cabida la parodia, las alusiones absurdas y las comparaciones delirantes. Todo el libro es un constante ir y venir de las palabras a los significados que evocan. Hay referencias a la lógica de las palabras, a las normas de ortografía, a la trasgresión lingüística, a las metáforas y a los clichés del habla.

Se puede seguir leyendo la numeración natural o ir saltando por los capítulos de manera desordenada.

Las ilustraciones están hechas con tonos oscuros, marrones, ocres y grises.

Tortuga
Se tiene la creencia de que la tortuga es lenta. Mentira. Claro que si comparamos una tortuga con un leopardo, o si la comparamos con un coche de fórmula 1, la tortuga es lenta, lentísima. Pero si comparamos una tortuga con un libro, ¿quién es el más rápido? Lo que les decía. [...]

La tortuga es muy fácil de dibujar por tres razones: tiene una forma sencilla y se mueve muy despacio.

Kiwi
Para diferenciar un kiwi ave de un kiwi fruta, basta con meterlos en una jaula. Una jaula con su comedero de alpiste, su agua y su hoja de lechuga. Si a los tres días lo que hemos metido en la jaula (todavía incógnita) no se ha movido un ápice, no ha comido, no ha bebido y, lo más importante, la hoja de lechuga está intacta, es que lo que está dentro de la jaula es un kiwi fruta. [...]

Actividad
Recomendada para el tercer ciclo

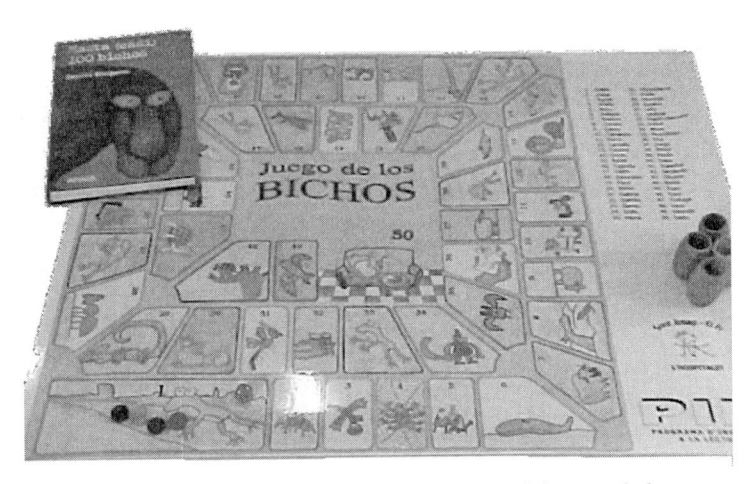

Fig. 23. Juego creado a partir de las normas del juego de la oca.

El juego de los bichos es una actividad basada en el popular juego de la oca. Se han sustituido las casillas con 50 animales de los que aparecen en el libro. Se juega en grupos reducidos y cada jugador tiene a su disposición una ficha y un dado. El primer jugador avanza tantas casillas como indica el dado y busca en el libro al animal que aparece en la casilla. Se lee en voz alta a los compañeros. A continuación, el siguiente jugador lanza su dado y repite la operación de lectura con el animal que le ha tocado.

Hay un personaje que permite avanzar más deprisa. Es la *rana* y cuando se cae en una casilla de este tipo se avanza hasta la siguiente mientas se dice «de rana a rana y tiro porque…».

El objetivo es leer unos cuantos animales del libro. Se acaba la partida cuando alguno de los jugadores llega a la última casilla, *el sapo*.

Algunos párrafos requieren una explicación previa o posterior. Por eso es conveniente que el maestro participe jugando o haciendo los comentarios correspondientes. Por ejemplo si en *araña* se lee «la araña y el gato se llevan de maravilla en el país de Alicia» es posible que haya que hacer una aclaración y recordar el capítulo del libro *Alicia en el país de las maravillas* donde está el famoso gato de Cheshire.

Al acabar la partida, se informa al alumnado de que el libro está en la biblioteca por si se lo quieren llevar en préstamo.

¿Quién soy?[6]
Aurélie Lanchais y Alain Crozon

Resumen

¿Quién soy? presenta veintiuna adivinanzas de animales de todas clases (domésticos, salvajes, mamíferos, aves, etc.). Las adivinanzas son rimas fáciles de recordar y de resolver. Hay una pista visual que permitirá a los niños encontrar la solución en la mayor parte de los casos.

¿Quién soy? forma parte de la colección «Adivina» en la que hay títulos como *¿Qué es esto?, ¿Qué vuela?, Adivinanzas de miedo, ¿Qué hacen?*, etc.

> Cuando te encuentras muy mal, yo te llevo al hospital.
> Por mi chimenea sale humo y llevo a los vagones de uno en uno.
> Si en mí quieres pasear, sólo tienes que pedalear.

Actividad
Recomendada para educación infantil

¿Quién soy? y el resto de títulos de la colección de adivinanzas, son unos libros que nos van muy bien para iniciar las sesiones de cuentos con niños de ciclo infantil.

Tienen un formato alargado y cada adivinanza da una pista para su solución. En el caso de las adivinanzas de animales suele ser una parte del animal (las patas, la cola, etc.).

En la escuela los presentamos mediante lo que llamamos «sacos de adivinanzas»: los sacos de adivinanzas son unas bolsas de tela o sacos, dentro de los cuales hay un objeto que es la solución (animales de peluche, vehículos de juguete, objetos domésticos, etc.). Cada objeto va ligado a una cinta de color que tiene en el otro extremo (el que está fuera de la bolsa) el texto que tiene la adivinanza que se tiene que leer. Si se acierta, se puede tirar de la cinta para que aparezca el objeto-solución.

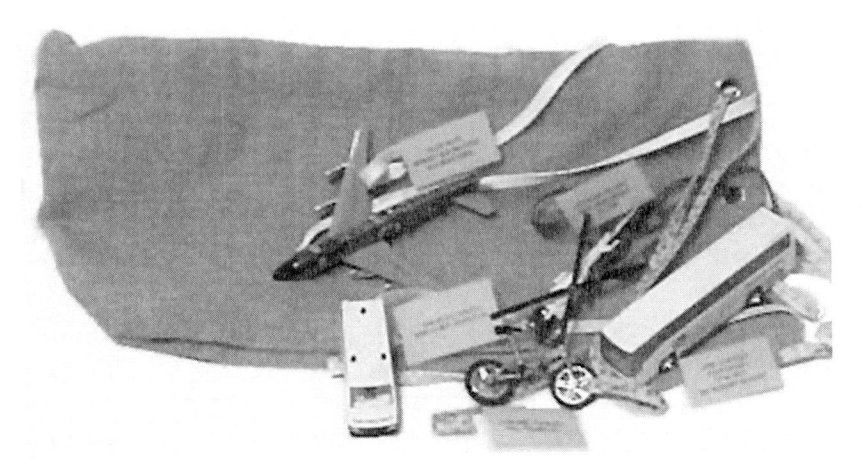

Fig. 24. Saco de adivinanzas basado en los libros *¿Qué rueda?* y *¿Qué vuela?*

Los juegos de la liga de los libros

La liga de los libros es una actividad de dinamización de la lectura que se ofrece al alumnado de quinto de primaria de los CEIP de L'Hospitalet.

Nuestra escuela participa habitualmente.

La actividad está organizada por el Área de Educación y Cultura y el Servicio de Bibliotecas del Ayuntamiento de L'Hospitalet.

Desde la escuela Sant Josep-El Pi tenemos un doble compromiso: por una parte, la participación del alumnado de quinto y, por otra, la colaboración del servicio de biblioteca de la escuela en la realización de la selección de las lecturas y la organización de los juegos que se montan en la fiesta final en los jardines de la Biblioteca Can Sumarro.

Los objetivos que se propone la liga de los libros son:

- Animar a los chicos y a las chicas a disfrutar del placer de la lectura.
- Reforzar el hábito, el dominio y la comprensión lectora.
- Acercar y dar a conocer las bibliotecas de la ciudad.
- Poner al alcance de los chicos y de las chicas un abanico de libros que les permitirán conocer los diferentes tipos de estilos narrativos.

Funcionamiento

La liga de los libros propone a cada grupo la lectura de 15 libros de temas y estilos variados, los mismos libros para todos los grupos participantes. Los lotes los proporciona el Ayuntamiento.

La participación en estos juegos es colectiva: cada equipo-clase debe leer los 15 libros propuestos.[7] Se pueden leer tantos libros como se quiera.

Cada grupo prepara preguntas y trampas sobre las lecturas, que irán dirigidas a los grupos con los que competirán. Las trampas tienen que ser concretas e ingeniosas, deben responder a cuestiones sobre los personajes, las situaciones, los paisajes. No se admiten preguntas sobre citas textuales de los libros.

La tarea del maestro se centra en el seguimiento de las lecturas de los niños, ayudándoles a preparar las trampas del libro. Por lo tanto, es necesario que el profesorado lea todos los libros para dinamizar y compartir la lectura y valorar si las trampas son adecuadas o no dentro del contexto.

La liga se estructura en sucesivas eliminatorias entre los grupos-clase de las escuelas participantes. En las eliminatorias se hacen las preguntas propuestas por los chicos y las chicas.

Todas las eliminatorias se realizan en las bibliotecas públicas de la ciudad.

Cuando se acaba la competición se organiza una gran fiesta con todo el alumnado y el profesorado participante.

Actividades

Como clausura de la liga de los libros se organizan unos juegos con todo el alumnado en los jardines de la Biblioteca Can Sumarro. Sirven de recordatorio y de resumen de las lecturas. Además, dentro del marco festivo, se cuenta con la participación de algún autor, se presenta un espectáculo de magia y se hace un almuerzo colectivo. No hay premios. El premio es la lectura y los buenos ratos que los libros nos hacen pasar.

A continuación presentamos algunos de los juegos que se han preparado en los últimos años.

1. Relacionar cubiertas con texto

Durante el curso 2000-2001 se proponía leer quince páginas de los libros (una página cada uno) y emparejarlas con las cubiertas. Los niños, agrupados en pequeños grupos, tenían que hacer la lectura y entre todos recordar a qué libro correspondía. Después, tenían que ir pegando la cubierta reducida en un cuadrado que se había insertado en la página. Así hasta llegar a completar las quince hojas.

El objetivo del juego era evocar todas y cada una de las lecturas.

2. El Bingolibro

En el curso 2001-2002 se proponía el juego llamado *Bingolibro*. Los chicos y las chicas, sentados en la hierba en grupos de cuatro, tenían a su disposición una plantilla[8] de cartulina en la cual estaban escritos nueve títulos de los libros leídos y unas pegatinas para irlas pegando en las respuestas encontradas.

De cada lectura se iban dando pistas para encontrar la solución. Había cinco pistas: un fragmento del libro, un personaje u objeto, un lugar, el autor y el tema.

Por ejemplo, del libro *Paloma, llegaste por los aires*, las pistas eran las siguientes:

Pista 1. Fragmento:
«Hace muchos años, en un momento en el que había mucha hambre, el abuelo de mi abuelo se vio obligado a matar a un elefante. Gracias a su carne, nadie de nuestra familia...»

Pista 2. Personaje:
Un pájaro

Pista 3. Lugar:
Aeropuerto

Pista 4. Autor:
Patxi Zubizarreta

Pista 5. Tema:
El libro explica por qué hay personas que deben dejar su país de nacimiento.

En la mayoría de los libros, fue suficiente la lectura de la pista primera para encontrar la respuesta correcta. En algún caso hubo que leer la pista segunda. Las pistas tercera, cuarta y quinta no fueron necesarias.

Los personajes perdidos

En la fiesta del curso 2002-2003 se planteó una actividad que consistía en recordar los personajes principales de cada una de las lecturas y relacionarlos con los libros. Cada grupo disponía de un tiempo para recortar los personajes de la hoja 1 y pegarlos en las casillas de los títulos de los libros de la hoja 2.

Hoja 1:
Chicos y chicas, tenemos un pequeño problema. A lo largo de este curso los quince ejemplares de *La liga de los libros* que habéis leído han compartido con vosotros escuela, aula y estantería. Y mira por dónde, los personajes que viven en su interior, han querido sumarse a la fiesta que hoy celebramos. Curiosos como son, no han podido evitar salir a saludarse, han montado un buen pitote y no hay manera de volverlos a meter en su sitio. Por eso pedimos vuestra ayuda. ¿Podríais distribuirlos bien? Nos ahorraríais mucho trabajo y los compañeros que los tienen que leer en el próximo curso os lo agradecerían de corazón.

Ramón	Nitserena	Julián	Laia Antonia	Doc Smith
Rex	Sonia	Pan	Miguel	Willy
Gerardo	Sirius	Zombi	Marta	Rollo
Sr. Hazell	Mangosta	Flamenco	Ulla	Violet
Ricardo	Pablo	Gracián	Okapi	Lucio
Conde Olaf	Magris	Ventura	Minos	Meritxell
Zacarías	Drácula	Florián	Eulalia	Dr. Spencer
Sra. Dubois	Jordi Canticorum	Fabrizio	Momia	Sunny
Apolo	G. G. A.	Alicia	Ramon Cistell	Kiko

Hoja 2

LAS AVENTURAS DE LA MANO NEGRA	DÉDALO E ÍCARO	DANNY, CAMPEÓN DEL MUNDO	UN MAL COMIENZO	UN CARACOL PARA EMMA

LA MÁQUINA DE LOS CUENTOS	SEGRESTATS D'INCÒGNIT	HASTA (casi) 100 BICHOS	SIGUE ESTANDO BIEN	EL MENSAJE DE LOS PÁJAROS

RETALLS POÈTICS	¿QUIERES SER EL NOVIO DE MI HERMANA?	HISTORIAS DE MIEDO	STONE FOX Y LA CARRERA DE TRINEOS	EL SABER PERDUT

Notas

1. MUÑOZ PUELLES, Vicente. *Óscar y el león de Correos*. Ilustraciones de Noemí Villamuza. Madrid: Anaya, 1998.
2. McCAUGHREAN, Geraldine. *Mitos*. Ilustraciones de Toni Ross. Madrid: SM, 2001.

    Toni Ross es un veterano ilustrador muy conocido dentro de la literatura infantil y juvenil. Nació en 1938 y estudió en la Escuela de Arte de Liverpool. Ha ganado numerosos premios y sus libros se encuentran por todo el mundo. Ha ilustrado autores contemporáneos y ha recreado a muchos de los clásicos. Entre sus obras de ficción para niños y jóvenes hay que destacar *El hijo del pirata*, *Una sarta de mentiras* y *Polvo de oro*.
3. PLANTILLA:

EL JUEGO DE LAS FAMILIAS MITOLÓGICAS		
Programa de invitación a la lectura		Tercer ciclo

1. Perseo y la Gorgona Medusa	2. Los doce trabajos de Hércules	3. Perséfone y las semillas de la granada
Perseo	Hércules	Demetrio
Acrisio de Argos	El león	Hades
Andrómeda	La hidra	Hermes
Dánae	Eristeo	Perséfone
Gorgona Medusa	Gigante Atlas	Zeus
Polidectos	Las amazonas	La granada

4. Teseo y el Minotauro	5. Dédalo e Ícaro	6. El caballo de Troya
Minos	Dédalo	Helena
El Minotauro	Ícaro	Troya
Egeo	Minos	Menelao
Teseo	Las alas	Ulises
Ariadna	El laberinto	El caballo
El hilo	La torre del castillo	Aquiles

7. Jasón y el vellocino
Jasón
El rey Fineo
Peleas
Los argonautas
Medea
Esón

4. MARIJANOVIC, Stanislav. *Manual de monstruos domésticos*. Barcelona: Lumen, 1997.
5. NESQUENS, Daniel. *Hasta (casi) 100 bichos*. Ilustraciones de Elisa Arguilé. Madrid: Anaya, 2001.
6. LANCHAIS, Aurèlie, CROZON, Alain. *¿Quién soy?* Madrid: SM, 1998.

7. Los 15 libros que se han leído en la última edición (curso 2005-2006) han sido:

   1. *La luz del faro*, de Vicente Muñoz Puelles. Ed. San Pablo. Colección La Brújula núm. 3. Madrid, 2005.
   2. *El noi que canviava d'ofici com de camisa*, de Joaquim Carbó. Ed. Planeta & Oxford. Colección Camaleó, sèrie verda, núm. 3. Barcelona 2005.
   3. *Siete reporteros y un periódico*, de Pilar Lozano. Ed. SM. Colección El barco de vapor. Serie naranja núm. 175. Madrid, 2005.
   4. *La visita del vampiro*, de César Fernández García. Ed. Siruela. Colección Las tres edades núm. 123. Madrid, 2005.
   5. *La verdad según Carlos Perro*, de Sergio Gómez. Ed. Anaya. Colección Sopa de libros, núm. 95. Madrid, 2004.
   6. *La venjança dels mofetes*, de Roddy Doyle. Ed. Columna. Barcelona 2000.
   7. *L'avi el Presumpte*, de Paloma Bordons. Ed. Edebé Colección Tucán núm. 97. Barcelona, 2004.
   8. *De Satanasset a Aletes-de-Vellut*, d'Enric Lluch. Ed. Barcanova. Colección Sopa de llibres, taronja, núm. 104. Barcelona, 2004.
   9. *El apestoso hombre queso y otros cuentos maravillosamente estúpidos*, de Jon Scieczka. Ed. Thule.
   10. *Em dic Skywalker*, d'Agustín Fernández Paz. Ed. Cruïlla, Colección Vaixell de vapor, 143. Barcelona, 2005.
   11. *El monstre i la bibliotecària*, de Alfredo Gómez Cerdá. Ed. Noguer. Barcelona, 2001.
   12. *Lliçons de vol,* de Maeve Friel. Colección Potingues i encanteris núm. 1, Ed. Cruïlla, Barcelona, 2004.
   13. *El regne de Kensuke,* de Michael Morpugo. Ed. La Magrana. Barcelona, 2003.
   14. *Retalls poètics*, de Lola Casas. P.A.M. Col. Els flautats. Barcelona, 2001.
   15. *Mi casa es tu casa*, de Marie-Thérèse Schins. Edelvives. Col·lecció Cuadernos de viaje de Sandra, núm. 1. Zaragoza, 2004.

8. Una de las plantillas del *Bingolibro*

Paloma, llegaste por los aires		Temporal en el islote negro		Bala perdida
	El apestoso hombre queso		La composición	Natacha
Danny, campeón del mundo	Óyeme con los ojos	Lota y la casa patas arriba		

CAPÍTULO 12

Ven conmigo a la biblioteca, dubi, dubi, dubi, dubi, dubi, dubá

EJEMPLOS DE ACCIONES DE INVITACIÓN A LA
LECTURA EN LA EDUCACIÓN PRIMARIA

> –Papá –dijo–, ¿no podrías comprarme algún libro?
> –¿Un libro? –preguntó él–, ¿para qué quieres un maldito libro?
> –Para leer, papá.
> –¿Qué demonios tiene de malo la televisión? ¡Hemos comprado un precioso televisor de doce pulgadas y ahora vienes pidiendo un libro! Te estás echando a perder, hija...
>
> ROALD DAHL[1]

La biblioteca es una caja llena de sensaciones y sentimientos, pero no está cerrada, sólo espera que alguien se atreva a abrirla. Con la invitación a la lectura pretendemos que esta caja que hemos abierto se transforme, mediante la narración de cuentos y la lectura, en un lugar mágico lleno de aventuras fantásticas en las que invitamos a los chicos y chicas a jugar con las palabras, a reír y a crear con los libros. Deseamos que entre un niño y un libro haya una relación abierta que se vaya produciendo de manera gradual, agradable, jugando, haciendo teatro, creando historias, cantando, hasta que llegue un momento en que se convierta en un auténtico lector.

El maestro hace de intermediario y debe procurar que el ambiente donde se produce el encuentro sea suficientemente digno, que se puedan expresar los sentimientos libremente. El maestro, naturalmente, debe ser lector, y por lo tanto, compartir las lecturas con su grupo. Tiene que hablar de ellas y también tiene que preocuparse por lo que leen sus alumnos.

La invitación a la lectura, los momentos semanales de trabajo en la biblioteca, aún siendo extraordinarios, se plantean como un servicio más que la escuela ofrece. En la biblioteca se organizan encuentros con autores, presentaciones de libros para los padres y las madres, juegos de lenguaje, lecturas de poemas, investigaciones en pequeños grupos, narraciones de cuentos, etc. La biblioteca es un foco generador de actividades que se esparcen por toda la escuela.

En los capítulos precedentes se han explicado las implicaciones del servicio de biblioteca en aspectos concretos de la programación. Se han comentado las sesiones que se dedican a la poesía, a la creación de libros colectivos y a las fiestas populares, entre otras cosas. En este capítulo incluiremos, a modo de cajón de sastre, ejemplos de otras acciones que se organizan habitualmente, dependiendo del grupo-clase o de circunstancias concretas y determinadas. Algunas de estas sesiones son *acciones-comodín* y no están preparadas para un momento específico.

Normalmente, un grupo de educación primaria realiza en la biblioteca treinta y dos sesiones al año. Estas visitas se reparten de la siguiente manera:

Veintitrés acciones fijas:

- Cuatro sesiones se dedican a las acciones-juego comentadas en el capítulo 11 «De rana a rana...».
- Cuatro sesiones para la formación de usuarios del tipo de las comentadas en el capítulo 6 «Entender la biblioteca...».
- Cuatro sesiones son para la poesía. Ved el capítulo 8 «Amar la poesía...».
- Cuatro sesiones dedicadas al ciclo festivo correspondientes a las fechas señaladas en el capítulo 5 «Castañas, barquillos, cuchufletas y dragones».
- Tres sesiones para las visitas a las exposiciones. Ved el capítulo 7 «Las exposiciones creativas...».
- Cuatro sesiones para la creación de libros colectivos. Ved el capítulo 10 «La aventura de escribir...».

Nueve acciones variables donde se incluyen:

- Las visitas a la biblioteca pública del barrio.
- El trabajo sobre un autor determinado, como las actividades sobre Rodari explicadas en el capítulo 9 «Recordando a Rodari».
- Las acciones de conocimiento de los libros recomendados para cada nivel.

Estas últimas acciones se programan a petición de los tutores o a propuesta del equipo de biblioteca y tienen como base las orientaciones del Departamento de Educación por lo que respecta a la educación primaria en las áreas de lengua, especialmente.

A continuación, y a modo de ejemplo, presentamos dos acciones para cada ciclo:

Para el primer ciclo:

- *¡Ahora no, Fernando!*, una actividad en la que, a partir de conocer un libro y su autor, se pretende reflexionar sobre la incomunicación entre las personas.
- *La estrella de Laura*, para escuchar con atención, disfrutar de la narración y hacer una producción plástica relacionada con el cuento.

Para el segundo ciclo:

- *La pachanga de la biblio* sirve para reflexionar sobre lo que se hace o no se hace en la biblioteca a la vez de potenciar la creación literaria y musical.
- *Los misterios del señor Burdik* es una acción que intenta relacionar el texto con la imagen y viceversa, desarrollando la capacidad creativa.

Para el tercer ciclo:

- *Operación Dragón Amarillo* es una lectura policíaca que ayuda a participar en un trabajo cooperativo resolviendo los enigmas planteados en la narración.
- *Cuando los gigantes aman* introduce al alumnado en el mundo de la fantasía y posibilita la reflexión sobre los sentimientos que aparecen en el libro: el amor, la ternura, la soledad.

Primer ciclo. Ejemplo nº 1

¡Ahora no, Fernando! [2]
David McKee

El autor es conocido sobre todo por la serie de aventuras del elefante Elmer. Otros libros suyos son *El monstruo y el osito*, *¿Qué es este ruido, Isabel?* y *El cochinito de Carlota*.

Resumen

Este pequeño cuento plantea la falta de atención de unos padres hacia su hijo. Cuando Fernando llega a casa y saluda al padre y a la madre, éstos están ocupados en los asuntos domésticos y le contestan siempre con la misma frase: «¡Ahora no, Fernando!».

El niño sale al jardín de casa y allí se lo come un monstruo que ocupa su lugar. El monstruo entra en la casa pero los padres ni lo ven. «¡Ahora no, Fernando!», le dicen. El monstruo hace todo lo que hace el niño habitualmente: cena, mira la televisión, rompe algún juguete y se va a dormir sin que los padres ni siquiera se den cuenta.

> [...] el monstruo se comió a Fernando enterito. No dejó ni una pizca. Luego el monstruo entró en la casa.
> «Grrr...», hizo el monstruo detrás de la madre de Fernando.
> «Ahora no, Fernando», dijo la madre de Fernando.
> El monstruo mordió la pierna del padre de Fernando.
> «Ahora no, Fernando», dijo el padre de Fernando.
> «Tu cena ya está lista», dijo la madre de Fernando.
> Y puso la cena delante de la televisión. El monstruo se comió la cena de Fernando. Luego miró la televisión. Después leyó algunas de las historietas de Fernando. Y rompió alguno de sus juguetes [...]

Actividad

En primer lugar se narrará o se leerá el cuento *¡Ahora no, Fernando!*, empleando como soporte visual fotocopias en color ampliadas de las páginas del libro.

Se puede plantear un diálogo sobre los padres y las madres que siempre están muy ocupados y no tienen tiempo para atender a los hijos.

Después observaremos qué colores pone David Mckee a las caras según los estados de ánimo (observaremos las del padre) y plantearemos qué color pondríamos a una cara enfadada, triste, sorprendida, indiferente, molesta, etc., y por qué.

Dividiremos la clase en cuatro grupos y pediremos a cada grupo que haga una lista de las cosas que hace cada personaje del cuento.

PADRE	MADRE	FERNANDO	MONSTRUO
Leer el periódico	Regar las plantas	Salir al jardín	Mirar la televisión
...	...	...	...

Para terminar, pediremos a cada grupo que haga dibujos de los personajes que han observado, recordando la conversación sobre la relación *color de la cara-estado de ánimo*.

Pegaremos las hojas dibujadas en un papel continuo que habremos dividido en cuatro secciones, una para cada grupo.

Acabaremos la sesión con la narración del cuento *Julieta y su caja de colores*,[3] donde se muestra la importancia de las ilustraciones como reflejo de las situaciones anímicas particulares.

Primer ciclo. Ejemplo n°2

La estrella de Laura[4]
Klaus Baughmart

El autor nació en 1951 en Alemania y estudió en Berlín, en la Escuela Superior de Artes y Oficios, donde se licenció en diseño gráfico. Actualmente trabaja como publicista.

Resumen

Laura no puede dormir y mientras mira por la ventana ve caer una estrella muy cerca de casa. La niña va a buscarla y la encuentra, pero una de las puntas está rota. La lleva a casa con mucho cuidado y la arregla con un esparadrapo. Aquella noche Laura duerme muy calentita con la estrella en su almohada pero, al día siguiente, cuando se levanta, la estrella ha desaparecido. La busca por todas partes pero no la encuentra. Aquél será un día triste para la niña, no tendrá ganas de jugar, ni de comer, ni de hacer nada.

Por la noche, cuando oscurece, la estrella vuelve a aparecer encima de la almohada. ¡Claro!, ¡sólo se ve de noche!, ¡qué alegría! Pero parece que ha perdido brillo y se está apagando… Puede que sea el momento de pensar en cómo devolverla al cielo.

Aún le quedan unos globos de su último aniversario. Un poco más triste, se despide de la estrellita, le da los globos, abre la ventana y la deja para que salga volando.

La sigue con la mirada durante un buen rato. Y siempre que Laura no puede dormir y mira por la ventana, tiene la sensación de que una estrella centellea sólo para ella.

Actividad

Cuando llegan a la biblioteca, los niños y las niñas se sientan en círculo. El libro está presente.

Se abre por la primera página y se van explicando y mostrando las ilustraciones, comentando con los niños los dibujos, los colores, la forma del personaje, la textura, las combinaciones de las imágenes y colores, etc.

Después se les invita a hacer una estrella como la del cuento para llevarla a casa o para adornar la biblioteca.

Se reparten hojas y pinturas y todos pintan su estrella. Cuando el dibujo está seco, se recorta la estrella y se engancha una tirita sobre una de sus puntas, como en el cuento.

Segundo ciclo. Ejemplo n° 3

La pachanga de la biblio[5]

Actividad

Esta acción se suele hacer durante el tercer trimestre porque, aunque es una acción de trabajo, tiene un tono festivo y divertido que redondea un año de búsquedas y lecturas.

También se puede organizar esta actividad durante las sesiones previas al Día del Libro o Sant Jordi. De este modo, el trabajo podrá ser mostrado a los compañeros durante la celebración de la fiesta.

Primero, se recuerda alguna de las canciones que se han cantado en la biblioteca en cursos anteriores y que, o bien han sido creación de los compañeros de cursos superiores, o bien son canciones que explican la historia que hay en un libro.[6]

A continuación se comenta que escribiremos una canción sobre las cosas que se pueden hacer y las que no se pueden hacer en la biblioteca. Abrimos un turno de palabras donde cada uno va diciendo qué le parece la biblioteca, qué efectos beneficiosos cree que tiene, qué le gustaría encontrar, qué libros le han interesado, o lo que sea.

Después se escogerán las ideas más aplaudidas, las más originales o las más divertidas, que servirán de base para la canción.

Cuando el texto está redactado se escucha la canción *La pachanga de la biblio* y se reparte una copia de la letra a cada niño. Se escucha una vez y se pide que cuando se vuelva a escuchar intenten sumarse a la canción mientras leen la letra que tienen delante. Se puede repetir dos o tres veces. Es divertida.

Con la ayuda del maestro de música se escoge una melodía de alguno de los CD que se trabajan en el aula de música, sobre la que se harán los arreglos de la letra y la melodía. También se buscará un estribillo bastante significativo, que sea fácil de recordar.

Con la canción terminada y redondeada (letra y música en sintonía) se hará una copia para todo el grupo y se pedirá que hagan un dibujo para la portada de la cinta o disco compacto. Con las posibilidades de que dispone la escuela se procurará hacer una edición que se guardará en la biblioteca.

Suelen ser canciones del tipo *Ven conmigo a la biblioteca* [7]

> Ven conmigo a la biblioteca,
> dubi, dubi, dubi, dubi, dubi, dubi,
> Ven conmigo a la biblioteca
> dubi, dubi, dubi, dubi, dubi, dubá.
>
> Es tan mágico este lugar,
> dubi, dubi, dubi, dubi, dubi, dubi,
> que te hará reir y soñar.
> dubi, dubi, dubi, dubi, dubi, dubá.
>
> Con Astérix, Harry Potter, la Matilda y Tintín,
> con la Maisy y Manolito nos vamos a divertir.
> dubi, dubi, dubi, dubi, dubi, dubi,
> dubi, dubi, dubi, dubi, dubi, dubá.
>
> Ven conmigo...

Segundo Ciclo. Ejemplo nº 4

Los misterios del señor Burdick[8]
CHRIS VAN ALLSBURG

Van Allsburg nació en 1949 en Michigan, Estados Unidos, donde estudió bellas artes y escultura. Ha escrito y dibujado muchos álbumes ilustrados, como *Jumanji, El Expreso Polar, La escoba de la viuda* y *El higo más dulce*.

Resumen

Un día llega a casa del editor el señor Harris Burdick. Lleva bajo el brazo catorce dibujos que corresponden a catorce cuentos que quiere publicar. Los deja en la editorial para que les echen un vistazo pero nunca vuelve a buscarlos. Los dibujos, muy buenos, van acompañados de la primera frase, la que da comienzo a cada relato. Nunca vuelve a llevar los textos o a recoger los dibujos. Desaparece. Treinta años después se publican en forma de libro, tal como los trajo, es decir, sólo con la primera frase y con la ilustración que le acompaña.

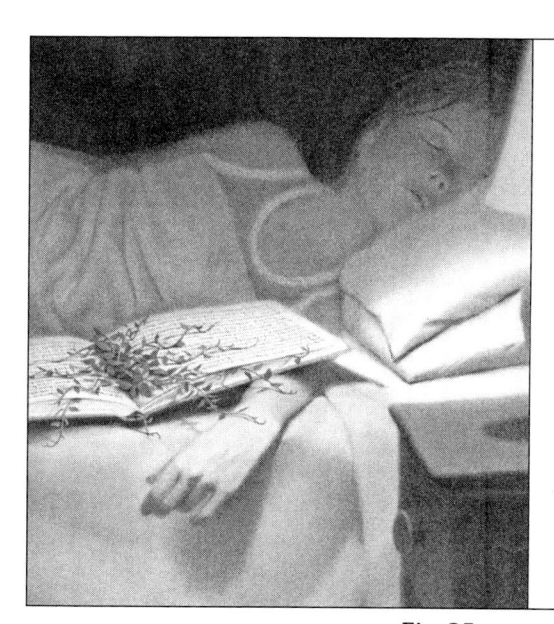

LA BIBLIOTECA DEL SEÑOR LINDEN

Él la había prevenido sobre el libro. Ahora era demasiado tarde...

Fig. 25.

Actividad

Normalmente, cuando se hace un libro se parte de un texto base que se ilustra en función de lo que se explica. Es el proceso habitual. Pero el camino inverso también es posible, es decir, explicar aquello que una imagen nos sugiere. En esta sesión recorreremos los dos caminos. Empezaremos por un texto que hay que ilustrar. Usamos un libro de Julio Cortázar llamado *Historias de cronopios y de famas*.[9] Son unos relatos breves que acompañarán a los chicos y a las chicas, más adelante, en el tercer ciclo.

Los dividimos en pequeños grupos y a cada grupo le entregamos unos rotuladores gruesos, un trozo de papel continuo blanco y el cuento de Cortázar «Las líneas de la mano». Se les pide que lo lean tranquilamente y que después intenten dibujar el recorrido que hace la línea del relato, ocupando todo el espacio de papel.

Las líneas de la mano

De una carta tirada sobre la mesa sale una línea que corre por la plancha de pino y baja por una pata. Basta mirar bien para descubrir que la línea continúa por el piso de parqué, remonta el muro, entra en una lámina que reproduce un cuadro de Boucher, dibuja la espalda de una mujer reclinada en un diván y por fin escapa de la habitación por el techo y desciende en la cadena del pararrayos hasta la calle. Ahí es difícil seguirla a causa del tránsito, pero con atención se la verá subir por la rueda del autobús estacionado en la esquina y que lleva al puerto. Allí baja por la media de nilón cristal de la pasajera más rubia, entra en el territorio hostil de las aduanas, rampa y repta y zigzaguea hasta el muelle mayor y allí (pero es difícil verla, sólo las ratas la siguen para trepar a bordo) sube al barco de turbinas sonoras, corre por las planchas de la cubierta de primera clase, salva con dificultad la escotilla mayor y en una cabina, donde un hombre triste bebe coñac y escucha la sirena de partida, remonta por la costura del pantalón, por el chaleco de punto, se desliza hasta el codo y con un último esfuerzo se guarece en la palma de la mano derecha, que en ese instante empieza a cerrarse sobre la culata de una pistola.

Los resultados obtenidos por cada grupo se comentan y se comparan. Después se pueden exponer en los pasillos de la escuela, al lado del texto.

Para hacerlo en el orden contrario, presentaremos el libro *Los misterios del señor Burdik* y lo explicaremos. Aprovecharemos la introducción del libro para recordar la figura del editor.

Una vez el libro ha sido leído se reparte a cada uno, al azar, una imagen[10] para escribir una historia partiendo de la frase que acompaña al dibujo.

Previamente a la escritura es conveniente, de manera general, confeccionar una lista de palabras –sustantivos y adjetivos– del vocabulario específico de estas imágenes: miedo, desconfianza, horror, aprensión, pánico, susto, recelo, espanto, temor, inquietante, escalofriante, amenazador...

Para confeccionar esta lista nos puede resultar muy útil comentar al grupo la existencia de diccionarios de sinónimos y antónimos.

Finalmente, se hará una lectura en voz alta de algunos de los escritos y se comentarán los diferentes caminos que han seguido los niños y las niñas partiendo del mismo dibujo.

Tercer ciclo. Ejemplo nº 5

Operación Dragón Amarillo[11]
Julian Press

Julian Press nació en Hamburgo (Alemania). Estudió artes gráficas e ilustración.

Operación Dragón Amarillo es su primer libro y sigue el esquema que inició su padre Hans Jurgen Press hace treinta años con la novela *Historias de la mano negra*. Ha escrito también *Operación Cetro de Oro*.

Resumen

Operación Dragón Amarillo es un libro que contiene ocho aventuras protagonizadas por el grupo «la banda del regaliz», formada por Leo, el dueño de una tienda de caramelos; Luis, un comisario de policía aficionado a la informática; tres niños (Carolina, Felipe y Florentino), y un loro.

La gracia del libro reside en la combinación de texto e ilustración. En cada página se plantea un enigma que hay que resolver observando detenidamente el dibujo en blanco y negro que hay en la página adyacente.

[...] estaban demasiado nerviosos por encontrar de una vez los microfilmes. Como la botella con el sobre ya no estaba en la taquilla, los detectives sospecharon que debía de estar detrás del escenario. En efecto la encontraron en un cajón del tocador. La botella tenía el corcho puesto, al lado estaba la carta. Felipe la abrió, le dio la vuelta y un montón de arena oscura cayó sobre un papel que habían extendido hasta que aparecieron los tres microfilmes [...]

Actividad

Cuando el grupo llega a la biblioteca, se agrupa por parejas. A continuación se presenta el libro y se habla de cómo está hecho. Se explica que hace falta que estén muy atentos a cada uno de los detalles de los dibujos para resolver los casos policíacos.

A continuación, a cada pareja se le pasa una fotocopia de las ilustraciones de uno de los casos (por ejemplo el caso «Operación Dragón Amarillo», que da título al libro, consta de siete enigmas) y se cuenta la aventura (narrada, no leída), parándose cuando haga falta para intentar resolver el caso entre todos. Cuando una pareja encuentra la solución se espera a que todo el mundo haya tenido tiempo para pensar.

Una vez encontrada la solución a cada enigma, se plantea una discusión colectiva donde se aportan los diversos puntos de vista y se hacen hipótesis sobre cómo puede continuar la historia.

Se va avanzando página a página hasta la resolución del caso.

TERCER CICLO. Ejemplo nº 6

Cuando los gigantes aman[12]
FOLKE TEGETTHOFF

Resumen

Cuando llega la primavera, el gigante Arnoldo se encuentra desconsolado y triste. Está atormentado y se encuentra solo, muy solo. No tiene nadie a quién coger de las manos, con quien hablar, a quien querer.

Sus vecinos, las personas que viven en el valle, deciden ayudarle y empiezan a buscar una compañera para el gigante. Envían cartas y visitan circos sin éxito. Sólo la llegada de un narrador de cuentos trae un rayo de esperanza: la giganta existe, se llama Jane y cría elefantes en Waihiteiki, Hawai.

A partir de aquí se suceden una serie de preparativos para el viaje: el traje nuevo, la foto que hay que hacer llegar a Jane, las cartas, el aprendizaje de cómo cruzar el océano cuando no se sabe nadar, etc. Cuando llega el momento, Arnoldo emprende el viaje pero por el camino vive alguna situación peligrosa y tiene que resolver un enigma antes de encontrar a Jane.

Este autor austriaco usa el humor y las exageraciones para explicar sus historias. Son narraciones que mantienen el esquema clásico de los cuentos de hadas, es decir, hay un héroe que sufrirá por superar un conflicto, necesitará la ayuda de unos auxiliadores, y se hará inevitable «luchar» contra el antagonista antes de alcanzar su objetivo.

Cuando los gigantes aman es una narración cerrada, con frases cortas y estructura sencilla, con predominio de diálogos que dan agilidad y plasticidad, con un lenguaje rico en imágenes sugerentes y poéticas.

> Con el dedo índice, el gigante araba los campos; dos puñados de semillas y un movimiento bastaban para sembrar medio valle. Con la izquierda cuidaba el bosque, donde podaba fácilmente pinos, abetos y otros árboles.
> A cambio recibía comida: verduras, frutas y cereales (pues el gigante era vegetariano).

Actividad

Cuando llegan los chicos y las chicas se les habla de los personajes menudos que aparecen en la literatura y también de los personajes grandes. Entre todos se hace una lista de los que recuerdan:

Personajes grandes	*Personajes pequeños*
El dragón	Garbancito
El gigante	Los enanos de Blancanieves
El ogro	Almendrita
Abiyoyo	Los enanos de Mantua

Después de la lectura del cuento y, al acabar, se proponen dos actividades:

- La primera, escuchar y aprender la canción *Cuando los gigantes aman*.
- La segunda, escribir y enviar una carta de amor como si fuesen Arnoldo y Jane. Tienen que ser cartas muy elaboradas, con adhesivos y dibujos, pequeñas o grandes..., hechas con diversos materiales y con mucha imaginación.

Notas

1. DAHL, Roald. *Matilda*. Madrid: Alfaguara, 2005.
2. McKEE, David. *¡Ahora no, Fernando!* Madrid: Altea, 1986.
3. PELLICER LÓPEZ, Carlos. *Julieta y su caja de colores*. México: Fondo de Cultura Económica, 1993.
4. BAUGHMART, Klaus. *La estrella de Laura*. Barcelona: Grijalbo, 1997.
5. *La pachanga de la biblio* se editó en forma de casete el verano de 1995 en la biblioteca Comtat de Cerdanya de Puigcerdà, con la colaboración de Xavier Terrones (composición), José Pedro Rodríguez (mezcla y grabación), Glòria Tapia (voz) y Josep Lizandra.
6. Hay un CD precioso editado por el Fondo de Cultura Económica de México con motivo del sexagésimo aniversario de la editorial. Recoge 15 libros de la colección «A la orilla del viento».
7. La partitura de *Ven conmigo a la biblioteca* es:

Fig. 26.

8. VAN ALLSBURG, Chris. *Los misterios del señor Burdik*. México: Fondo de Cultura Económica (A la orilla del viento), 1996.
9. CORTÁZAR, Julio. *Historias de cronopios y de famas*. Madrid: El País (Clásicos del siglo XX, 22), 2002.
10. Las imágenes son fotocopias en láser de las ilustraciones del libro. El texto se da traducido al catalán.
11. PRESS, Julian. *Operación dragón Amarillo*. Madrid: Espasa, 2003.
12. TEGETTHOFF, Folke. *Cuando los gigantes aman*. México: Fondo de Cultura Económica (A la orilla del viento, 33), 1995 .

CAPÍTULO 13

Café y libros
o cuando la biblioteca huele a verbena

UNA INTERACCIÓN DE LAS FAMILIAS CON LA ESCUELA
A PARTIR DE LA BIBLIOTECA ESCOLAR

> Pero lo más importante es que el niño vea a sus padres leer. Discretamente, y sin ostentación, pero de una forma arrebatada y absurda. El rubor de las mejillas de una madre joven, mientras permanece absorta en el libro que tiene delante, es la mejor iniciación que ésta puede ofrecer a su hijo en el mundo de la lectura.
>
> GUSTAVO MARTÍN GARZO[1]

Los niños reparten las horas del día entre la escuela y la casa. Los maestros y, sobre todo los padres y las madres, tienen una influencia fundamental en la promoción de la lectura. La familia puede estimular perfectamente –desde la estima, la amabilidad, la confianza y la paciencia– el placer que proporcionan los momentos de lectura.

En la escuela Sant Josep-El Pi se organiza, desde la biblioteca escolar, un programa que ofrece la posibilidad de compartir experiencias y dudas. Es un programa que llamamos *Café y libros* y que tiene como objetivo principal facilitar el encuentro de los familiares y organizar tertulias de debate y de discusión sobre temas relacionados con el mundo de los libros.

Café y libros es una actividad periódica que intenta encontrar respuestas, mediante la reflexión colectiva y la ayuda de especialistas, si es necesario. La participación es abierta y flexible. Un padre o una madre pueden ir a las sesiones que le interesen. De lo que se trata es de meditar sobre preguntas como:

- ¿Por qué es importante la lectura?
- ¿Por qué es importante que los niños lean en casa?
- ¿Cuál es el momento más adecuado para leer en casa?
- ¿Qué libros escogemos?

- ¿Debemos obligar a leer?
- ¿Cómo contar cuentos? ¿Cuándo?
- ¿Cómo aprende el niño a leer?

Estos encuentros, además, permiten un conocimiento y un enriquecimiento personal que sobrepasa el marco de las relaciones habituales, porque normalmente los padres y las madres sólo se relacionan con los familiares de los compañeros de curso de sus hijos. En *Café y libros* se crean vínculos y complicidades diferentes. Un padre o una madre que tiene un hijo más mayor podrá aconsejar, desde su perspectiva y experiencia, a otros que están viviendo situaciones nuevas.

Todas las sesiones se avisan con anticipación. El día y la hora son siempre los mismos y hay un personaje mascota que hace de animador, el superhéroe de la lectura, Bookman.[2]

Café y libros es una acción que pretende facilitar la interacción del triángulo escuela-lectura-familia y enviar mensajes hacia los tres sectores.

La actividad está conducida y dirigida desde la escuela, que es la encargada del soporte técnico (selección de materiales, infraestructura, coordinación y moderación).

Competencias de la escuela:

- La escuela convoca a todas las madres y padres para un día determinado de cada mes, por la tarde, desde las tres hasta las cuatro y media, en la biblioteca del centro.
- La escuela se ocupa de tener a punto el espacio (comodidad, tranquilidad, silencio, ambiente cordial y amistoso donde todo el mundo se encuentre a gusto, acogido y respetado).
- La escuela se encarga de tener preparado el café (además del azúcar, leche, pastas, tazas, las cucharas, servilletas, etc.).

Competencias de los maestros responsables de la actividad:

- Dos maestros, en representación del claustro, son los encargados de conducir las sesiones, moderar los debates, recoger las informaciones aportadas, proponer temas, recomendar lecturas, preparar las fotocopias de los documentos, etc.

- Los maestros, a su vez, se encargan de facilitar al claustro toda la información que surja de estos encuentros.
- Los maestros tienen el visto bueno del claustro y del equipo directivo para llevar a cabo las gestiones con las administraciones públicas (locales y autonómicas) y pedir las subvenciones y las aportaciones de material que la actividad exija.

Competencias de los padres y las madres:

- Las madres y padres participantes toman el compromiso de leer los documentos aportados en cada sesión. En el caso de los libros se comprometen a devolverlos y comentarlos en la sesión correspondiente.
- Las madres y los padres, dentro de sus posibilidades, se comprometen a colaborar activamente en las actividades que el programa proponga:
  ✓ narraciones de cuentos en casa (y, eventualmente, en la escuela)
  ✓ participación en la preparación de las exposiciones.

A lo largo del curso se hacen ocho sesiones. Hay un guión previamente conocido y consensuado por todos los asistentes. En la primera sesión se aprueba el calendario y la lista de temas presentada por los maestros responsables.

Algunas de las sesiones que se han organizado han sido:

Leer, ¿para qué?	Aproximación al libro como objeto. Leer para: ¿informarse?, ¿placer?, ¿necesidad básica?, ¿crecimiento personal?
Los álbumes ilustrados (de 0 a 6 años)	Características gráficas y temáticas de los álbumes para las primeras edades. Conocimiento de los títulos más adecuados. Lectura y comentario de álbumes.
Novedades editoriales	Presentación de las novedades aparecidas en el mercado. Criterios para hacer una buena compra (de acuerdo con la edad, el tema, la calidad literaria y plástica...).

La narración de cuentos	El decálogo del narrador. La hora del cuento en la escuela. El poder de los cuentos. Participación en las *12 horas de cuentos* de L'Hospitalet.
La red de bibliotecas de la ciudad	Invitamos a un responsable de la red de bibliotecas a explicar el funcionamiento de las bibliotecas públicas, especialmente las más cercanas (horas del cuento, préstamos, charlas…).
Lecturas para el verano	Selección de las novedades aparecidas en el Día del Libro. Lecturas para la educación primaria.

La biblioteca se transforma, una tarde al mes, en lugar de encuentro. Las madres y los padres, como integrantes de la comunidad escolar, la hacen suya y participan activamente en las tertulias. Lo hacen en beneficio de sus hijos, por su educación literaria. El tono de las conversaciones es relajado y el ambiente muy agradable. El olor del café impregna el ambiente y así, con la taza delante, un grupo de padres y madres, cómplices del mismo proyecto educativo, recrean un acto de querencia hacia la escuela, sus hijos y la lectura.

Siempre hay un momento para disfrutar del último poema que alguien ha leído, siempre hay un momento para escuchar a una madre que nos descubre una nueva manera de leer («en mi casa un día mi hija lee unas páginas y deja el punto en el lugar donde ha terminado, al día siguiente me lo explica y sigo leyendo yo, entonces se lo explico y ella continúa leyendo desde donde he dejado el punto, hasta que terminamos el libro. Lo llamamos lectura en bicicleta, es una bonita manera de compartir las lecturas»), siempre hay puntos de vista comunes y puntos de vista divergentes.

La tarde *Café y libros* respira bondad, nos hace sentir felices como maestros y nos aviva en el empeño de mejorar.

La biblioteca huele a café mezclado con el olor del papel y el olor de la verbena que sale del libro de Roberto Piumini.[3]

> ¿Por qué la biblioteca olía a verbena? Porque la señorita Luisa, la bibliotecaria, que tenía el pelo entre rubio y castaño y los ojos muy verdes, usaba un perfume de verbena que se mezclaba con los demás olores de la biblioteca de la calle Carabelas.

De todas las sesiones se redacta un acta que se reparte a los asistentes y sirve de resumen de los temas hablados. Se entrega, también, un punto de lectura hecho expresamente para cada sesión y que sirve de recordatorio.

A modo de ejemplo presentamos los resúmenes de tres sesiones:

- Leer, ¿para qué? La primera de las tertulias sirvió de punto de partida y a la vez permitió centrar los conocimientos previos de cada uno.
- Novedades editoriales. Con la presencia de un librero de la ciudad.
- Las relaciones con la red de bibliotecas públicas de la ciudad. Con la participación de un bibliotecario de la ciudad.

Escuela Sant Josep-El Pi	CAFÉ Y LIBROS
Servicio de biblioteca	LEER, ¿PARA QUÉ?

Asisten a esta tertulia 26 personas.

La tarde empieza con una referencia a **la evolución del hecho lector** y del tipo de lecturas. Se reparte la reproducción de un fragmento del cuadro *El filósofo que lee*, de Chardin,[4] y se abre la conversación analizando, a través de la visión de esta pintura, cómo se leía hace doscientos cincuenta años, cómo y qué leíamos hace veinte años y hacia dónde pensamos que se tiende actualmente.

Se hacen algunas anotaciones acerca del cuadro de Chardin. De su visión se pueden extraer algunas opiniones. Por ejemplo, sobre el *traje* del lector que se representa (un amigo del pintor) se comenta cómo la capa y el sombrero hacen pensar que el hombre va preparado como si fuese a un acto muy importante. Vestido para la ocasión, no de cualquier manera, como si la lectura fuese un acto serio. La ropa es rica y denota que la lectura era cuestión casi exclusiva de gente adinerada. Se trata de un encuentro ceremonioso.

En el cuadro hay, sobre la mesa, un reloj de arena que nos indica el paso del tiempo. Tiene la forma del signo de infinito. El tiempo pasa para nosotros. Hoy estamos y mañana no, pero las palabras y los libros permanecen esperando a que alguien, en el futuro, los vuelva a coger y a leer. El mármol se rompe y el hierro se oxida pero el papel perdura. Hay relación entre libros y tiempo. Los libros sirven para conservar la memoria de los hechos. ¡Quién sabe si un libro de los que hay en la biblioteca no servirá dentro de ochenta años para dar luz, conocimiento y placer a otro lector!

Otros elementos curiosos que se observan son tres discos de metal situados delante del libro. Parecen monedas o medallones. Se usaban para estirar las hojas, que eran muy grandes y tendían a arrugarse por las puntas.

El libro podría ser parte de una colección de diversos volúmenes porque detrás se entrevén un par más. Su presencia es majestuosa. No es un libro de bolsillo como los que llevamos encima y leemos en el metro. Es el centro del cuadro, el foco que desprende la luz que se refleja en la cara del lector.

Sobre la mesa también hay un cálamo o pluma de ave que nos hace pensar en la posibilidad de respuesta. Sirve para hacer anotaciones al margen. El lector puede contestar, puede anotar, puede copiar. Es un diálogo entre el lector y el libro.

Leer con el lápiz al lado para repetir las frases, para aprenderlas, para recordarlas... Lectura y escritura van (o deberían ir) de la mano.

En el cuadro se nota la presencia del *silencio*. Se nota en la pared, en las cortinas... todo hace pensar en el silencio, como si la lectura fuese un acto silencioso. Se comenta que, en cambio, hoy en día el ruido nos invade, hay una especie de mecanismo que nos acciona el cerebro y hace que seamos capaces de leer con música de fondo, con las discusiones de los vecinos, con la tele encendida, etc.

Después se abre un turno de palabras donde cada uno explica qué leía cuando era niño (Julio Verne, las aventuras de *Los cinco*, *Esther y su mundo*, los *TBO*, los cómics, etc.).

Una madre interviene criticando los cómics *manga* y algunas series de televisión. Se hace alguna reflexión respecto a la violencia que había en los tebeos hace unos años (*Capitán Trueno*, *Hazañas bélicas*). Hay quien considera que no es el mismo tipo de violencia. Parece un tema interesante. Se apunta para debatirlo en próximos encuentros.

Finalmente se explica que para la segunda tertulia se ha hecho un pedido de libros a la Biblioteca Tecla Sala. Es una selección al azar, sin filtrar. De lo que se trata es de leer lo que hay, tanto si es bueno como si es malo. De cara al próximo encuentro se pide que todo el mundo coja algunos de estos libros, los lea y así la tertulia será más dinámica y participativa.

Escuela Sant Josep-El Pi	CAFÉ Y LIBROS
Servicio de biblioteca	NOVEDADES EDITORIALES

Asisten a esta tertulia 21 personas.

El tema para la sesión de hoy es: **las novedades editoriales** aparecidas en los últimos meses.

Nos encontramos ante un mercado editorial que no para de crecer y en el que es difícil estar al corriente de lo que aparece diariamente. Mucho más difícil es saber qué materiales son realmente interesantes y cuáles no. Por este motivo se decidió invitar a esta sesión de *Café y libros* a un librero de la ciudad, **Carles Ferrer**, de la librería Perutxo.[5]

Los libreros tienen un papel muy activo en la difusión de los libros. Son las personas que nos acercan a las lecturas, nos llaman la atención sobre una obra determinada que de otra manera pasaría desapercibida, y también son las personas que nos pueden aconsejar y orientar.

Ante la avalancha de publicaciones y para sabernos mover con ciertas garantías de éxito, centramos la sesión en tres momentos:

Fig. 27. La tertulia literaria «Café y libros»

1. Cuando compres un libro… bájate de la parra.
2. Libros y editoriales comerciales.
3. Listas de libros recomendados.

1. Cuando compres un libro… bájate de la parra

Se reparte este documento elaborado a partir de unas orientaciones del equipo de colaboradores de la Fundación Germán Sánchez Ruipérez de Salamanca, en el que se aportan orientaciones y se dan pistas para comprar libros.[6]

Se van leyendo y se van comentando algunos aspectos sobre los que hay que insistir:

- No siempre el libro más caro es el más adecuado.
- Hay que pensar en el niño a quien va dirigida la compra del libro, sus aficiones, su edad…
- Hay que huir de los productos que provienen de películas o series de TV. El interés suele ser meramente comercial. Se menciona el caso de los libros que son fotogramas de las películas Disney.

De todo lo que se expone hay una frase de Carmen Martín Gaite[7] que podría servir. Dice así:

> Con los libros pasa lo mismo que con las personas, que unas empiezan a hablar de otras y se va tejiendo y ampliando una red de conocidos de amigos, y de amigos de conocidos, a las que se acaba conociendo por curiosidad o por azar.

2. Libros y editoriales comerciales

Más que hablar de listas exhaustivas de libros, conviene encontrar criterios más generales que nos puedan dar pistas a la hora de comprar un libro.

En este sentido hay un indicador fundamental que nos puede dar garantías o nos puede hacer fruncir el ceño: las editoriales.

Hay dos tipos principales de editoriales:

- Las que tienen como estrategia y como objetivo ganar todas las cuotas de mercado sea como sea.

- Las que tienen objetivos literarios o artísticos, que se preocupan de publicar obras de calidad creadas por artistas (novelistas, narradores o ilustradores).

De entre estas últimas se pueden señalar algunas:

- Siruela: tiene una colección muy buena («Las tres edades») indicada para todo tipo de lectores, especialmente a partir de ocho años.
- Fondo de Cultura Económica (FCE): su colección *los especiales* de «A la orilla del viento» es muy buena y encontramos libros para los mas pequeños de una gran calidad artística.
- SM: es una editorial que tiene colecciones muy interesantes como «El Barco de Vapor».
- Juventud. Publica clásicos de calidad.
- Para el mercado de 0 a 6 años hay editoriales que hacen verdaderas joyas. Son Corimbo, Kalandraka, Kókinos y Lóguez.

Se habla también del fenómeno Harry Potter y se indica que si bien lo libros que han aparecido hasta ahora son recomendables, hay que estar atento a toda la serie de productos que, a remolque de la película, están hechos únicamente con interés comercial.

Fig. 28. Presentación de novedades editoriales

Se comenta que hay editoriales que lo publican todo, empujadas por la necesidad de ofrecer novedades continuamente, y eso conlleva un nivel literario muy pobre.

Se cita el caso de la elección que se hace desde la escuela para *La liga de los libros*[8] dirigida al alumnado de quinto de primaria de las escuelas de L'Hospitalet. Cuesta encontrar buenos libros.

3. Lista de libros recomendados

Se insiste en que, ante el desconocimiento, se puede optar por:

- Consultar a los libreros, a los maestros o a los bibliotecarios.
- Seguir las indicaciones que salen en algunos suplementos de prensa escrita (pocos) y en las revistas especializadas que ofrecen comentarios de novedades. Es el caso de las revistas *Faristol, CLIJ, Imaginaria…*, pero tienen el problema de que no se encuentran en el mercado si no es por suscripción.
- Consultar a unos asesores importantes: los amigos, los vecinos y los mismos libros que nos llevan a otras obras.

Se acaba la sesión comentando algunos de los libros que Carlos nos ha traído y se deja tiempo para remover y mirar.

Escuela Sant Josep-El Pi	CAFÉ Y LIBROS
Servicio de biblioteca	LAS RELACIONES CON LA RED DE BIBLIOTECAS PÚBLICAS DE LA CIUDAD

A la sesión asisten 24 personas.

Se recuerda que las tertulias de *Café y libros* son libres y cada uno puede venir o dejar de asistir sin ninguna otra clase de compromiso. En este sentido se remarca que algunas de las personas asistentes hacen un esfuerzo considerable porque vienen directamente del trabajo a la escuela sin comer.

Hoy hemos invitado a José Luis de Blas,[9] bibliotecario de la Tecla Sala.

Para muchas personas nacidas en la ciudad es un placer poder comprobar cómo han ido creciendo las bibliotecas y ahora, con la inauguración de la nueva Biblioteca Josep Janés (en la plaza Guernica), el sueño de tener bibliotecas en condiciones en cada barrio está muy cerca.

Se recuerdan las primeras bibliotecas ubicadas en el barrio Centro, la de Mossèn Homar y la de La Caixa, con un funcionamiento bastante diferente al actual.

José Luis opina que, más que centrar la discusión sobre informaciones y datos, vale más reflexionar sobre el concepto de biblioteca, y así lo hacemos.

Se van apuntando algunas ideas:

- La biblioteca no es un almacén de libros. La biblioteca tiene una dinámica propia, que incide de manera favorable en la vida de muchas personas.
- Las bibliotecas aún son lugares desconocidos por buena parte de la población. Los que la visitan saben, a pesar de ello, que es un punto de encuentro. Un punto donde se encuentran personas diversas y no sólo estudiantes que van a hacer los deberes. También hay gente mayor que va a leer el periódico, grupos que quieren información sobre un lugar concreto (un vídeo, por ejemplo) porque tienen que hacer un viaje en verano, inmigrantes que hacen uso del servicio gratuito de conexión a Internet para enviar correos electrónicos a sus amigos lejanos, y hay también niños que descubren por primera vez la biblioteca gracias a alguna actividad que allí se organiza, como talleres, visitas escolares, horas del cuento, o exposiciones.
- En la biblioteca no sólo hay libros. Actualmente podemos encontrar discos compactos, vídeos educativos, revistas y toda clase de materiales en diversos soportes.
- La biblioteca es un servicio gratuito que pagamos entre todos con los impuestos.
- El espacio donde se ubica la biblioteca debe ser acogedor. Por eso hay butacas, lugares de encuentro, salas para hacer trabajos, hilo musical, luz natural, etc.
- La biblioteca no debe ser sólo un lugar para consultar, para estudiar, sino también un lugar estimulante para conocer, descubrir, apasionarse y compartir nuestros descubrimientos. José Luis dice en tono de broma que en la biblioteca se liga más que en el gimnasio.

- La biblioteca de Bellvitge tiene un servicio para llevar libros a los enfermos del Hospital (el Hospital de Bellvitge, el centro de salud más importante de la ciudad, se encuentra no muy lejos de allí). Se explica su funcionamiento.
- Algunas bibliotecas organizan «libro-foros». Son encuentros voluntarios de gente que ha leído el mismo libro. Una persona[10] colaboradora es quien coordina la actividad y el resto opina sobre la lectura. Suelen ser muy enriquecedoras.

  A petición de una madre se propone hacer para la última sesión una experiencia similar con las personas que estamos aquí. Como es la segunda vez que surge el interés por las lecturas de los adultos, y a pesar de que no era el objetivo inicial de *Café y libros*, se toma la palabra y se harán las gestiones para buscar un libro adecuado y que nos pueda aportar a todos un rato de entretenimiento y reflexión. Se pedirá al servicio de bibliotecas la lista de libros del «libro-foro» y haremos una selección de los mismos entre cuatro o cinco personas.
- La biblioteca pública tiene el compromiso de relacionarse con las escuelas. Según la ley del sistema bibliotecario de Cataluña *en los centros de enseñanza no universitaria se establecerá una biblioteca escolar como parte integrante de la enseñanza y en colaboración con el Sistema de Lectura Pública.*

  En cada comarca y en cada municipio que cuente con una biblioteca central urbana hay una comisión de lectura pública. [...] Tiene por funciones [...] coordinar la actuación de bibliotecas públicas y escolares.

Dado que la biblioteca escolar no tiene un fondo tan completo que le permita dar respuesta a todas las demandas de sus usuarios, es aquí donde entra en juego el apoyo que la biblioteca pública puede prestar a la biblioteca escolar.

Las funciones de la biblioteca pública respecto a la biblioteca escolar son:

- *Información bibliográfica*: el acceso desde la biblioteca pública a los catálogos de la mayoría de redes de bibliotecas del país (comunidades autónomas, diputaciones, universidades, etc.) permite ampliar la información bibliográfica necesaria para los centros.

- *Préstamo interbibliotecario*: en los centros de enseñanza deben conocer la posibilidad de acceso a los fondos de otras bibliotecas mediante el préstamo bibliotecario.
- *Soporte temático*: la biblioteca pública puede ceder temporalmente lotes documentales de interés puntual a los centros.

Finalmente se reparte un artículo que parece interesante, «Las bibliotecas como bien público: el factor humano», de Javier Pérez Iglesias, publicado en *Educación y biblioteca* en enero de 1999.[11]

Notas

1. MARTÍN GARZO, Gustavo. «Instrucciones para enseñar a un niño a leer». Publicado el 17 de abril de 2003 y galardonado con un premio al mejor artículo de fomento de la lectura.
2. Nuestro superhéroe de la lectura, Bookman, es una creación de Douglas Wright, ilustrador argentino que publica sus tiras en la revista virtual *Imaginaria*. Bookman es un personaje de nariz grande –una nariz para oler los libros nuevos y viejos–, que disfruta oliendo la tinta y el papel, que cada noche se duerme con la sensación agradable de un libro abierto, bocabajo, contra el pecho, y a quien le gusta pasear al aire libre y sentarse bajo una encina a leer. Vive en un país imaginario, Bookland.
3. PIUMINI, Roberto. *Un amor de libro*. Zaragoza; Luis Vives, 2002. (Ala Delta Internacional; 50).
4. *El filósofo que lee* es un cuadro que está en el Museo del Louvre, en París. Fue pintado por Chardin en 1774. El pensador George Steiner hace un análisis exhaustivo del cuadro en el capítulo titulado «El lector infrecuente», dentro de su libro *Pasión intacta (ensayos 1978-1995)*, publicado en 1997 en Madrid por Siruela dentro de la colección «Biblioteca de Ensayo».
5. Carles Ferrer es uno de los socios de la librería Perutxo, situada en el barrio Centre de L'Hospitalet. Esta librería colabora con mucho gusto con la vida cultural de la ciudad y de las escuelas. Una actividad que hemos compartido con ellos y que ha resultado muy educativa es la visita que hacen los chicos y chicas de ciclo superior a sus locales. Allí les orientan y les explican qué es una librería, qué camino sigue un libro hasta llegar a las estanterías y qué servicios ofrecen.
6. La Fundación Germán Sánchez Ruipérez de Salamanca es uno de los centros de investigación y difusión de la literatura infantil más importantes del territorio español. Tienen una página web muy bien documentada y muy com-

pleta. Publican colecciones de libros de investigación y asesoran a cualquier maestro que lo solicite.

De sus orientaciones se elaboró el documento que se repartió a los asistentes de la tertulia:

CUANDO COMPRES UN LIBRO... BÁJATE DE LA PARRA
(Algunas sugerencias para comprar a vuestros hijos el libro más adecuado)

REGALA LIBROS... los días laborables, los de no cumpleaños.
REGALA LIBROS como quien regala llaves, planos o viajes. Estás regalando oportunidades para descubrir, orientarse y volar...

ANTES DE COMPRAR
- No siempre el libro más caro es el más adecuado.
- Hay ilustraciones que se crearon para la televisión y el cine, y su reproducción en libros sólo atiende a criterios meramente comerciales.
- Pensad en la edad del niño o del joven a quien queréis regalar el libro, y en sus gustos, aficiones...
- Las indicaciones de la edad con que las editoriales etiquetan sus libros son sólo orientaciones. Consultad con un especialista. Un librero, un bibliotecario o un profesor.

ALGUNAS ORIENTACIONES SOBRE INTERESES LECTORES
Antes de los 5 años
- Buscad libros donde la ilustración sea predominante, innovadora y estética.
- Hay ilustraciones que se crearon para la televisión o el cine.
- Aunque aún no lea, no compréis solamente libros exclusivamente de imágenes. Recordad que vosotros podéis descubrir las historias con él.
- Escoged un momento del día o de la noche para mirar o leer juntos los libros. Lo convertiréis en un espacio de comunicación y afecto.
- Mostradle las ilustraciones de los cuentos. El niño comprenderá que las imágenes también cuentan historias.

Intereses
- ✓ Libros de imágenes.
- ✓ Historias rimadas, con repeticiones.
- ✓ Historias donde el protagonista es un animal, humanizado o no.
- ✓ Cuentos de hadas sencillos.
- ✓ Historias cotidianas sobre las cosas que nos rodean.

A partir de los 6 años
- Ahora que empiezan a leer, no los abandonéis.
- Podéis seguir compartiendo aquellos momentos especiales alrededor de la narración del cuento, y eso será compatible con los pequeños ratos de lectura individual.

- Haced poco a poco su pequeña biblioteca particular: unos cuantos libros colocados estratégicamente entre sus cosas, en su habitación.
- Que tenga también a su alcance libros informativos: diccionarios, libros de cocina, manuales sobre las plantas y los animales... Descubrirá que la lectura, además de divertirnos, es útil y necesaria en nuestra vida cotidiana.

Intereses
- ✓ Historias que pasan en ambientes conocidos: la casa, la escuela.
- ✓ Cuentos sencillos con elementos maravillosos.
- ✓ Fábulas y leyendas.
- ✓ Cuentos folclóricos y tradicionales.
- ✓ Libros que responden a sus porqués (tanto de ficción como informativos).
- ✓ Cuentos e historias de humor.
- ✓ Poesías con rimas sencillas.
- ✓ Libros informativos.

Desde los 8 años
- Ya puede leer libros con algunos argumentos más complicados.
- Preguntadle qué temas prefiere antes de comprar algo que no tenga ningún interés para él.
- También hay tiras cómicas de calidad, que tienen su técnica y lenguaje propios.
- Se interesa por los temas más alejados de su entorno. Es el momento de ofrecer libros de información, partiendo de sus preguntas o comentarios. Fomentaremos así su curiosidad en torno a los libros de conocimientos.

Intereses
- ✓ Libros de aventuras.
- ✓ Cuentos fantásticos.
- ✓ Historias de pandillas donde los protagonistas son los niños de su edad.
- ✓ Libros de humor.
- ✓ Poesía.
- ✓ Libros informativos sobre: animales, deportes, juegos, otros países, invención, mecánica, ciencia y experimentos científicos.

Desde los 12 años
- Comprad revistas sobre temas que les interesen y prensa diaria. Es importante crear un ambiente de lectura en casa y captar su atención hacia la lectura partiendo de temas de actualidad.
- Se interesa por temas diversos, propios de su edad. Encontrará respuestas en libros informativos.

Intereses
- ✓ Historias de suspense, de misterio. Historias policíacas.
- ✓ Aventuras peligrosas.
- ✓ La vida real: los sentimientos.
- ✓ Ciencia-ficción.
- ✓ Biografías.
- ✓ Ecología, pacifismo, convivencia.
- ✓ Libros informativos sobre: temas científicos, sexo, religiones, historia, futuro profesional...
- ✓ Los clásicos: Alicia, Tom Sawyer...

Y, ADEMÁS DE COMPRAR LIBROS...

- ▸ Es bueno crear un ambiente donde la lectura y la escritura formen parte de nuestra vida cotidiana. Consultar un diccionario, preparar las vacaciones con una guía de viajes, comprar la prensa, comentar los libros que hemos leído, visitar librerías, ir a la biblioteca...
- ▸ Facilitar espacios y tiempos de lectura en casa. La lectura exige una concentración y hay que crear un ambiente adecuado.
- ▸ La lectura no consiste en «devorar» libros: hay que enseñar a nuestros hijos a disfrutar de lo que se lee.

7. MARTÍN GAITE, Carmen. *El cuento de nunca acabar*. Barcelona: Anagrama, 1998.
8. *La liga de los libros* es una actividad propiciada por el servicio de bibliotecas de L'Hospitalet en el que participan quince escuelas. Los niños de quinto de primaria reciben un lote de libros y tienen unos meses para leerlos. Antes de fin de curso, normalmente en mayo, se organizan unos encuentros en las bibliotecas donde se comentan las lecturas hechas.
9. José Luis de Blas es un bibliotecario de larga tradición en la ciudad. Actualmente trabaja en la Biblioteca Tecla Sala, después de haber sido muchos años adscrito a la Biblioteca Popular de Bellvitge. Como persona vinculada a la ciudad forma parte del grupo Sopa de Letras, el cual depende del Centre d'Estudis de L'Hospitalet.
10. Minerva Álvarez es la persona que coordina los libro-foros en las bibliotecas de la ciudad. Una gran lectora que estuvo muy vinculada –como madre– a nuestra escuela.
11. PÉREZ IGLESIAS, Javier. «Las bibliotecas como bien público: el factor humano». En *Educación y biblioteca*, 97 (Enero de 1999).

CAPÍTULO 14

Sísifo, el mito del esfuerzo inútil o cuando el voluntarismo, la tenacidad y la constancia se diluyen inevitablemente por la falta de consistencia legal

LA NORMATIVA QUE REGULA EL FUNCIONAMIENTO DE LAS BIBLIOTECAS ESCOLARES

> En la mitología griega Sísifo, el rey de Corinto, representa a un héroe hábil y listo que es capaz de desafiar a los dioses, sabiendo que la lucha será desigual.
> En la leyenda, Sísifo es vencido y queda condenado a empujar una roca hasta la cima de una montaña, y una vez arriba, la roca vuelve a caer rodando hasta el pie de la misma.

La posibilidad de avanzar en la definición de un modelo de biblioteca escolar pasa por la aprobación de unas normativas legales que la amparen y le permitan desarrollarse plenamente.

Hay un amplio colectivo de maestros –determinados desde hace unos cuantos años a defender la bondad y las ventajas que supondría para el alumnado un correcto funcionamiento de la biblioteca escolar– que está pidiendo, por una parte, un compromiso administrativo que se traduzca, básicamente, en dotación económica; y por otra, el aumento del personal con la implantación de la figura del bibliotecario o bibliotecaria escolar.

En estos últimos tiempos existe también la percepción de un cierto desencanto en el mundo educativo por los cambios periódicos de leyes y por la aparente falta de criterios a la hora de enfocar ésta y otras cuestiones que no se acaban de concretar.

Los días pasan, los cursos también, y se sigue a la espera del «gesto» que ponga en marcha el despliegue real de unas normativas que llenen de contenido el vacío actual. Mientras esto no suceda los maestros tozudos continúan, como en la leyenda de Sísifo, destinados a hacer rodar la piedra, ilusionados, esperanzados y pensando que la próxima vez no caerá y no habrá que volver a empezar.

Es notorio que el colectivo de educadores (o una parte) se caracteriza por la generosidad y por la ilusión con que a menudo suplantan las deficiencias organizativas dedicando las horas y los esfuerzos que sean necesarios para sacar adelante proyectos de biblioteca. Enumerar las experiencias que se hacen –todas– en Cataluña, por no hablar del resto de España, queda fuera de nuestro alcance, pero sí que podríamos detallar algunas acciones bastante exitosas que hemos conocido o de las cuales teníamos constancia.

En Cataluña se organizan encuentros de maestros constituidos en **grupos de trabajo** para intercambiar opiniones, redactar proyectos y profundizar en la literatura infantil y juvenil. Son significativos, entre otros:

- El colectivo de maestros del Baix Llobregat de Sant Vicenç dels Horts, un grupo de maestros que quincenalmente se reúnen de manera itinerante en las escuelas de la zona.[1]
- El grupo de maestros de las zonas de Sant Andreu, Sant Martí y Sants-Montjuïc de Barcelona, coordinados desde los CRP respectivos, que se encuentran en la biblioteca de Can Fabra o en la del Vapor Vell para organizar unas tertulias que llaman *Aperitivo y libros*.[2]
- El colectivo de maestros del Baix Penedès, un grupo muy activo y muy dinámico que se reúne periódicamente para debatir, conocer y difundir sus experiencias.[3]

También hay escuelas que piden **asesoramientos** puntuales:

Son centros con voluntad de comprometerse como colectivo y que a través de los planes de zona organizan seminarios en sus centros y se implican afectivamente. Nos gustaría citar el caso de la escuela Sant Julià de l'Arboç, como ejemplo de progresión espectacular. En un par de años y con las ideas muy claras han sido capaces de organizar y dinamizar la biblioteca escolar de tal manera que, ahora, les resulta imprescindible.[4]

Podemos citar escuelas que cuentan con un **soporte** efectivo de los departamentos de educación **de los ayuntamientos** respectivos.

Son las escuelas de algunos municipios que tienen establecidos convenios y reciben ayudas económicas (dotaciones de libros, de mobiliario, de ordenadores, etc.). El colectivo más afortunado es el de las escuelas municipales de Barcelona, acogidas al Plan de bibliotecas escolares (1998-2010), protegido por la Comissió de Lectura Pública de l'Ajuntament,[5] pero también hay colaboraciones importantes en otros municipios como el Prat de Llobregat o Cornellà.

Finalmente hay maestros que asisten y participan en los cursillos que se organizan en las **Escoles d'Estiu i cursos de tardor** (los que se organizan desde la Associació de Mestres Rosa Sensat), **charlas** puntuales, **jornadas**, etc.

La voluntad está presente y experiencias hay un buen puñado. Estamos, en estos momentos, viviendo una fase en la que se empiezan a buscar referentes, a conocer las prácticas que, aquí y allí, colectivos de maestros han ido gestando, pero aún está todo un poco descoordinado. Es una etapa que podríamos llamar *experimental* y de difusión.

Éste ha de ser el camino porque después de la fase de experimentaciones diversas llegará una fase de *consolidación* cuando, fruto de las necesidades fehacientes y contrastadas, finalmente se aprueben las normativas que regulen un funcionamiento ordenado y normal de las bibliotecas, de su dotación presupuestaria y de personal. Debe llegar.

Sea como fuere, los claustros, colectivos y movimientos de maestros tienen en la actualidad poco a lo que agarrarse. De las leyes que regulan las bibliotecas escolares y de las declaraciones de intenciones de algunos organismos internacionales hablaremos en este último capítulo.

La referencia más amplia y general la tenemos en la CONSTITUCIÓN ESPAÑOLA,[6] aprobada en 1978. En ella hay un artículo que hay que mencionar.

Es el artículo 148 e indica que «las comunidades autónomas podrán asumir competencias en los museos, las **bibliotecas** y los conservatorios de música de interés para la comunidad autónoma».

En Cataluña tenemos otro referente principal: L'ESTATUT. Podemos leer en el artículo 9:

> «La Generalitat de Catalunya tiene competencia exclusiva sobre las materias siguientes: archivos, **bibliotecas**, museos, hemerotecas y otros centros de depósito cultural que no sean de titularidad estatal.»

Por lo que respecta a las últimas leyes orgánicas que han regulado la educación en los últimos tiempos –la LOGSE, la LOCE y la LOE–, podemos leer en ellas algunas líneas que citan cuestiones relacionadas con la biblioteca escolar.

En la primera de ellas –en la LOGSE[8]– el término *biblioteca escolar* no aparecía. De todas maneras hubo una serie de indicaciones y orientaciones metodológicas y de objetivos didácticos que sólo se podían concretar de manera efectiva con una buena biblioteca escolar que dispusiese de personal, un buen fondo documental y una estructura organizada (espacio, horarios, préstamos).

El mismo año en que se aprobó la LOGSE, el Ministerio de Educación y Ciencia presentó el Diseño Curricular Base (DCB) para las etapas de infantil, primaria y secundaria obligatoria. En este DCB se apuntaban las intenciones educativas de cada etapa y se definía un plan para conseguirlas. Eran propuestas abiertas que las autonomías debían desarrollar y concretar. Eran propuestas en las que, a pesar de que la biblioteca y otros servicios no quedaban del todo definidos, sí que se podía entrever cómo estos servicios (bibliotecas y centros de documentación) se consideraban necesarios.

Un año después se promulgó la legislación correspondiente donde se indicaba que en las escuelas de educación primaria se debería contemplar la existencia de una biblioteca, como mínimo de 45m^2 (artículo 20).[9]

La segunda de las leyes mencionadas, la LOCE,[10] volvió a dejar escapar una nueva oportunidad de regular y de dar un impulso realmente efectivo a la biblioteca escolar. Como había pasado con la LOGSE, las referencias que aparecían eran mínimas. Unos apuntes a la exposición de motivos que iniciaba su redacción, donde se hacían algunas reflexiones sobre el momento actual de la educación, indicaba que «nuestros alumnos se sitúan por debajo de la media de la Unión Europea en sus conocimientos de materias instrumentales como pueden ser las matemáticas y las ciencias», e insistía en «las graves deficiencias de expresión oral y escrita que están relacionadas con la falta de hábitos de lectura. La solución pasa por potenciar un mejor uso y funcionamiento de las bibliotecas escolares».

La actual LOE,[11] en cambio, ya incluye un artículo específico, el 113, en el cual se especifica, en cinco puntos, de manera clara, lo siguiente:

Artículo 113. Bibliotecas escolares.
1. Los centros de enseñanza dispondrán de una biblioteca escolar.
2. Las Administraciones educativas completarán la dotación de las bibliotecas de los centros públicos de forma progresiva. A tal fin

elaborarán un plan que permita alcanzar dicho objetivo dentro del periodo de implantación de la presente Ley.
3. Las bibliotecas escolares contribuirán a fomentar la lectura y a que el alumno acceda a la información y otros recursos para el aprendizaje de las demás áreas y materias y pueda formarse en el uso crítico de los mismos.
4. La organización de las bibliotecas escolares deberá permitir que funcionen como un espacio abierto a la comunidad educativa de los centros respectivos.
5. Los centros podrán llegar a acuerdos con los municipios respectivos, para el uso de bibliotecas municipales con las finalidades previstas en este artículo.

Sin duda, un gran paso adelante.

Ley de bibliotecas de Cataluña[12]

El año 1993 el Parlamento de Cataluña aprobó una nueva Ley de bibliotecas que venía a sustituir la anterior de 1981, en la que se citaba expresamente «todas las bibliotecas públicas deberán informar a los usuarios del contenido de sus fondos y facilitar gratuitamente su consulta y su uso, excepto las bibliotecas escolares» (artículo 3.2.). Esta ley del año 1981 fue muy criticada y contestada desde el Colegio Oficial de Bibliotecarios-Documentalistas de Cataluña en una declaración publicada el año 1989, donde se señalaba que «las bibliotecas escolares, excluidas de la Ley de bibliotecas han sido menospreciadas [...] la mayoría de la población escolar no dispone de bibliotecas en las que complementar y ampliar su formación».

En la Ley de 1993, en cambio, ya se puede leer, en el título IV, el siguiente articulado:

Artículo 44
Bibliotecas de los centros de enseñanza no universitaria:
1. «Las bibliotecas de los centros de enseñanza no universitaria proporcionan el material necesario para el cumplimiento de sus funciones pedagógicas, facilitan el acceso a la cultura, educan al alumno en el uso de sus fondos y le permiten complementar y ampliar su formación»
2. «En los centros de enseñanza no universitaria se debe establecer una biblioteca escolar, como parte integrante de la enseñanza y en colaboración con el Sistema de Lectura Pública».

3. «Las normas específicas sobre la organización, la actividad y el financiamiento de las bibliotecas de los centros públicos de enseñanza no universitaria deben ser fijadas por reglamento».

Con doce años de retraso, finalmente, se aprobó en 2005 el reglamento que iniciaba el proceso hacia la implantación de la biblioteca escolar en los centros educativos.

Fue mediante uno de los Programas de Innovación Educativa denominado Bibliotecas escolares «puntedu».

Justo es decir que fue acogido con ilusión por los docentes, esperanzados en que el proceso resultara irreversible.

El programa de bibliotecas escolares se ha implantado progresivamente. Así, el curso 2005-06 se ha aplicado a 289 escuelas y institutos y el curso siguiente 2006-07 serán otros cuatrocientos centros los que se podrán acoger al «puntedu». El Departament d'Educació dedica una partida presupuestaria generosa y dota a las escuelas que se acogen al Programa de recursos informáticos, económicos y humanos,[13] respondiendo a la vieja demanda del profesorado.

Es un buen comienzo, aunque hay otros organismos y documentos bastante esclarecedores que nos ayudan a otear hacia dónde hemos de ir y cuáles deben ser las reivindicaciones prioritarias. Entre ellos, destacamos:

- Las conclusiones de las Segundas Jornadas de Bibliotecas Escolares celebradas en Cornellà en 2002.[14]
- El manifiesto adoptado por el PGI de la UNESCO en diciembre de 1998.[15]
- Una parte del último documento publicado por la IFLA/UNESCO, *School Library Guidelines*[16] *(Guía para la biblioteca escolar)*, donde se presentan consideraciones acerca de los objetivos y la política, los recursos, el personal, el programa, las actividades, etc. En concreto nos referimos a los capítulos segundo (recursos económicos) y tercero (recursos humanos).

Finalmente están los maestros, las personas que, día a día, en las aulas y fuera de ellas, se esfuerzan en hacer de su alumnado personas de pleno derecho, personas que tengan todas las oportunidades de crecer en las mejores condiciones. Los maestros, uno a uno, también tienen cosas importantes que decir, reivindicaciones y propuestas de mejora que pedir. Organizados o no, debemos volver a recuperar el espíritu combativo que en otras épocas nos ha identificado como un grupo necesario y con opinión. Como en la canción de Patxi Andión:[17]

> Con el alma en una nube
> y el cuerpo como un lamento
> viene el problema del pueblo
> viene el maestro.
> Dicen que lee con los niños
> lo que escribió un tal Machado
> que anduvo por estos pagos
> antes de ser exiliado.
> Les habla de lo innombrable
> y de otras cosas peores,
> les lee libros de versos
> y no les pone orejones.

Notas

1. Se pueden consultar sus progresos y sus inquietudes en la página web del CRP Baix Llobregat VI. Es un grupo relativamente nuevo, coordinado por Helena Larreula, maestra muy preocupada por los aspectos relacionados con la lectura y las bibliotecas escolares.
2. Los encuentros, de periodicidad bimensual o trimestral, tienen como objetivo conocer novedades editoriales e intercambiar experiencias concretas realizadas en las escuelas respectivas. El *Aperitivo y libros* de Sant Andreu y Sant Martí está coordinado por Montserrat Gabarró y Mercè Abeyà, ambas integrantes del núcleo del plan de bibliotecas de Barcelona. Las reuniones Sants-Montjuïc están coordinadas por Maria Vallverdú. Se pueden consultar los datos en las páginas web de los CRP respectivos y hay un apartado con fotografías de las sesiones.
3. Es un colectivo que se reúne quincenalmente, los jueves, en la Fundació Àngels Garriga, en Banyeres del Penedès. Poco a poco, dejándose asesorar, leyendo, compartiendo dudas y encuentros y siendo rigurosos, empieza a ser un referente de cómo se deben construir y compartir los proyectos.
4. A menudo hacen falta personas con ideas claras y con un empuje y un magnetismo personal como los de Manuel Piñero y Sandra García para hacer posibles los proyectos más atrevidos. Lo que están consiguiendo en la Escola

Sant Julià es tan valioso que ni ellos mismos se lo imaginan. Conocerlos y verlos trabajar te hace sentir orgulloso de ser maestro.
5. La Comisión de Lectura Pública del ayuntamiento de Barcelona encargó al Instituto de Educación la creación de un grupo de trabajo sobre bibliotecas escolares e inició diversas acciones para promover su funcionamiento. Bajo la dirección de Marina Subirach y con la gestión del CDAM y los CRP de Sant Andreu y Sant Martí han elaborado estudios del estado de la cuestión en los IES y en los CEIP de las zonas respectivas, han dinamizado actividades de formación y han hecho actuaciones específicas en las escuelas municipales (dotación de maquinaria: ordenador, lector óptico, conexión del Absys Web Prof, dotación de fondo de libros de soporte externo para asesorar en el funcionamiento de la biblioteca e iniciar el proceso de informatización).
6. La Constitución Española fue publicada en lengua castellana en el *Boletín Oficial del Estado*, nº 311.1, el día 29 de Diciembre de 1978.
7. El Estatut d'Autonomia de Catalunya fue publicado en lengua catalana y en lengua castellana en el *Diari Oicial de la Generalitat*, nº 38, el día 31 de diciembre de 1979.
8. La LOGSE (Ley Orgánica de Ordenación General del Sistema Educativo) fue aprobada en el año 1990.
9. Real decreto 1004/1991, de 14 de junio, por el que se establecen los requisitos mínimos de los centros que impartan enseñanzas de régimen general no universitarias.
10. La LOCE (Ley Orgánica de la Calidad de la Educación) sustituyó a la LOGSE a partir de junio de 2002.
11. La LOE (Ley Orgánica de Educación) fue aprobada el 26 de diciembre de 2005.
12. Ley 4/1993, de 18 de marzo, del sistema bibliotecario de Cataluña (DOGC núm. 1727, de 29/3/1993).
13. En concreto, una dotación económica de 2000 € para la adquisición de fondos para la biblioteca-mediateca según las necesidades del centro, recursos informáticos (tres ordenadores, impresora, conexión a la red, escáner, lector óptico, programa *epergam* para catalogación), recursos humanos (ampliación de la plantilla de los centros en media jornada dedicada exclusivamente al «puntedu»), participación en los cursos de formación y apoyo directo de los centros de renovación pedagógica.
14. **CONCLUSIONES FINALES DE LAS SEGUNDAS JONADAS DE BIBLIOTECAS ESCOLARES**
Cornellà de Llobregat, 13, 15 y 16 de febrero de 2002.
Los participantes en estas jornadas han llegado a las conclusiones siguientes:
Con el objetivo de tener una biblioteca que pueda afrontar los retos de la sociedad es necesario:

1. Tener definido un modelo educativo que implique aprender a utilizar la información y que incida en los procedimientos de búsqueda, selección, tratamiento y análisis de la información. El centro debe propiciar estructuras metodológicas y de organización que faciliten la incorporación de este trabajo en el currículum y en el aula. Para hacerlo posible la biblioteca debe ser una prioridad para el claustro y debe estar integrada en el Proyecto Educativo de Centro y en todos sus documentos internos de funcionamiento.
2. Disponer de recursos económicos, de espacio adecuado y de recursos materiales, seleccionados y organizados según las necesidades de sus usuarios. La integración de las tecnologías de la información y la comunicación dentro de la biblioteca escolar es imprescindible para entenderla como un recurso más de información y ocio.
3. Disponer de las herramientas necesarias con el mínimo coste posible, económico y humano, para la gestión de la colección, del presupuesto y de los servicios. Para compartir los recursos, sería necesario crear un catálogo colectivo gestionado por un centro catalogador único y trabajar conjuntamente con los grupos y entidades que se dedican a la selección de materiales, a la promoción de la lectura y a la formación en el uso de la información. En este sentido es de especial relevancia la colaboración con la biblioteca pública.
4. Convertir la biblioteca escolar en un espacio y en un tiempo de encuentro, de trabajo y disfrute, diferente del aula, que permita incentivar el placer por la lectura y hacer posible la transformación de la información en conocimiento. La biblioteca escolar es una parte integrante del Proyecto de Lectura, que debe partir del PEC. Por eso, el responsable de la biblioteca y los tutores deben conocer los libros y los demás materiales y, también, conocer los gustos y los niveles de lectura de los chicos y chicas para orientarlos en la lectura y formarlos en su utilización.
5. Poner la biblioteca al servicio de la comunidad educativa y priorizar su apertura en horario lectivo. Hay que intentar, no obstante, tener también abierta la biblioteca en horas no lectivas para facilitar el uso compartido de padres y alumnos.
6. Dotar la biblioteca de la figura del responsable de biblioteca, que debe ser seleccionado, a propuesta del equipo de dirección, entre las personas formadas para esta finalidad. La formación específica del responsable de biblioteca escolar debe contemplar aspectos pedagógicos –que consideramos prioritarios para la educación primaria– y biblioteconómicos, que complementen su formación inicial.
7. Garantizar la viabilidad y continuidad de la biblioteca mediante la creación de una comisión de biblioteca. Esta comisión debería estar integrada por miembros del equipo directivo, responsables de biblioteca (2 como mínimo con dedicación suficiente), maestros o profesores de cada

ciclo/seminario y de diversas disciplinas, representantes del AMPA y representantes de los alumnos. Esta comisión tiene como funciones principales la elaboración de un proyecto de biblioteca y el establecimiento del plan de trabajo anual.
8. Participar activamente en las organizaciones que dan soporte a las bibliotecas escolares y hacer que las bibliotecas escolares y públicas estén cada vez más presentes en la sociedad.

Cornellà, 19 de febrero de 2002

15. **MANIFIESTO DE LA UNESCO SOBRE LA BIBLIOTECA ESCOLAR**
Adoptado por el PGI de la UNESCO en diciembre de 1998

La biblioteca escolar en el contexto de la enseñanza y del aprendizaje para todos

La biblioteca escolar proporciona información e ideas que son fundamentales para tener éxito en la sociedad contemporánea, basada en la información y en el conocimiento. La biblioteca escolar dota a los estudiantes con las herramientas que les permitirán aprender a lo largo de toda su vida y desarrollar su imaginación, haciendo posible de esta manera que acaben siendo ciudadanos responsables.

Misión de la biblioteca escolar

La biblioteca escolar ofrece servicios de aprendizaje, libros y otros recursos a todos los miembros de la comunidad escolar para que desarrollen el pensamiento crítico y utilicen de manera eficaz la información en cualquier soporte y formato.

Las bibliotecas escolares están ligadas a la amplia red de bibliotecas y de información, de acuerdo con los principios del *Manifiesto de la UNESCO sobre la Biblioteca Pública*.

El personal de la biblioteca ayuda a utilizar los libros y otros recursos de información, tanto los de imaginación como los de conocimiento, tanto impresos como electrónicos y tanto de acceso directo como de acceso remoto. Estos materiales complementan y enriquecen los libros de texto, los materiales docentes y los métodos pedagógicos. Se ha demostrado que cuando bibliotecarios y educadores trabajan en colaboración, los estudiantes mejoran la lectura y la escritura, el aprendizaje, la resolución de problemas y trabajan mejor con las tecnologías de la información y la comunicación. Los servicios de la biblioteca escolar se tienen que dirigir por igual a todos los miembros de la comunidad escolar, sin distinción de edad, raza, sexo, religión, lengua y condición social o profesional. Hay que ofrecer servicios y materiales específicos a aquellos usuarios que, por alguna razón, no puedan utilizar los servicios y materiales habituales.

El acceso a los servicios y al fondo debe regirse por los principios de la Declaración universal de los Derechos Humanos de las Naciones Unidas y no pueden estar sometidos a ninguna clase de censura ideológica, política o religiosa, ni tampoco a presiones comerciales.

Financiación, legislación y redes
La biblioteca escolar es un componente esencial de cualquier estrategia a largo plazo para la alfabetización, la educación, la provisión de información y el desarrollo económico, social y cultural. La biblioteca escolar es responsabilidad de las autoridades locales, regionales y nacionales, y, por lo tanto, debe tener el soporte de una legislación y una política específica. La biblioteca escolar debe disponer de la financiación suficiente y regular para destinar a personal formado, materiales, tecnologías y equipamientos. La biblioteca escolar debe ser gratuita.
La biblioteca escolar es un colaborador esencial en las redes locales, regionales y nacionales de bibliotecas y de información.
Si la biblioteca escolar tuviese que compartir sus locales y/o recursos con algún otro tipo de biblioteca, como por ejemplo una biblioteca pública, sería necesario que los objetivos específicos de la biblioteca escolar fuesen reconocidos y preservados.

Funciones de la biblioteca escolar
La biblioteca escolar es parte integrante del proceso educativo.
Las funciones siguientes son esenciales en la adquisición de la lectura y la escritura, de las capacidades para informarse y para el desarrollo de la educación, del aprendizaje y de la cultura. Estas funciones son los fundamentos de los servicios de la biblioteca escolar:

- dar soporte y facilitar la consecución de los objetivos del proyecto educativo y de los programas;
- crear y fomentar en los niños y adolescentes el hábito y el gusto por la lectura, de aprender y de utilizar las bibliotecas a lo largo de toda su vida;
- ofrecer oportunidades de crear y utilizar la información para adquirir y comprender conocimientos, desarrollar la imaginación y entretenerse;
- enseñar al alumnado las habilidades para evaluar y utilizar la información en cualquier soporte y formato, fomentando la sensibilidad por las formas de comunicación presentes en su comunidad;
- proporcionar acceso a los recursos locales, regionales, nacionales y globales que permitan al alumnado conocer ideas, experiencias y opiniones diversas;
- organizar actividades que favorezcan la toma de conciencia y la sensibilización cultural y social;
- trabajar con el alumnado, el profesorado, la administración del centro y las familias para cumplir los objetivos del proyecto educativo del centro;

- proclamar la idea de que la libertad intelectual y el acceso a la información son indispensables para conseguir una ciudadanía responsable y participativa en una democracia;
- promover la lectura, así como los recursos y los servicios de la biblioteca escolar dentro y fuera de la comunidad educativa.

Para cumplir estas funciones, la biblioteca escolar debe aplicar políticas y servicios, seleccionar y adquirir materiales, proporcionar recursos de formación y disponer de personal formado.

Personal

La responsabilidad de la biblioteca recaerá en aquel miembro del equipo escolar cualificado profesionalmente para hacerse cargo de la planificación y funcionamiento de la biblioteca escolar, ayudado por el personal de soporte necesario. Este profesional trabajará con todos los miembros de la comunidad escolar y en contacto con la biblioteca pública y otros centros.

El papel del bibliotecario escolar variará en función del presupuesto, de los programas educativos y los métodos pedagógicos de los centros, dentro del marco legal y financiero establecido.

Hay áreas de conocimiento que son fundamentales en la formación de los bibliotecarios para aplicar y desarrollar servicios eficaces de la biblioteca escolar: gestión de recursos, de las bibliotecas y de la información, y pedagogía.

En un entorno cada vez más conectado en red, los bibliotecarios escolares deben ser competentes en la planificación y en la enseñanza de las diferentes técnicas de utilización de la información tanto a docentes como a estudiantes. Por tanto, deben mantenerse continuamente al día y perfeccionar su formación,

Funcionamiento y gestión

Para garantizar un funcionamiento efectivo y con resultados:
- hay que formular una política de la biblioteca escolar que defina los objetivos, las prioridades y los servicios de la biblioteca en función del proyecto educativo;
- la biblioteca escolar debe organizarse y gestionarse según los estándares profesionales;
- los servicios de la biblioteca escolar deben ser accesibles a todos los miembros de la comunidad escolar y deben implicarse en el contexto de la comunidad local;
- hay que asegurar la cooperación con el profesorado, los órganos de dirección del centro escolar, la administración de quien depende, las familias, las asociaciones de interés dentro de la comunidad y otros bibliotecarios y profesionales de la información.

Implantación del manifiesto
Se insta a los gobiernos, a través de sus políticos responsables de educación, a elaborar estrategias, políticas y programas que permitan aplicar los principios enunciados en este manifiesto. Estos planes deberían prevenir la difusión de este Manifiesto en los programas de formación inicial y formación permanente de bibliotecarios y educadores.

(Este manifiesto ha sido adoptado por el PGI de la UNESCO en diciembre de 1998. Traducido al catalán por el Grupo de Bibliotecas escolares del Colegio Oficial de Bibliotecarios-documentalistas de Cataluña, y traducido al castellano a partir la citada traducción al catalán por el traductor del presente libro.)

16. **GUÍA PARA LA BIBLIOTECA ESCOLAR (IFLA)**
En el último informe *School Library Guidelines (Guía para la biblioteca escolar)* se presentan algunas consideraciones interesantes en torno a los objetivos, los recursos, el personal, las actividades, etc.
Hay dos apartados dedicados a los recursos humanos y económicos que son los que deberían contar con un apoyo por parte de la administración educativa. Respecto a estos puntos, la *Guía* apunta, entre otras cuestiones:

CAPÍTULO 2. RECURSOS

Financiación de la biblioteca escolar
Hay que asegurarse de que la biblioteca reciba la proporción justa de los recursos económicos de la escuela, un plan de financiación debe incluir una parte para los recursos nuevos (libros, revistas, material no impreso), otra parte para los materiales de papelería y de administración y el gasto por utilizar equipamiento de nuevas tecnologías.

Generalmente, la financiación del material de la biblioteca tendría que ser como mínimo del 5% del gasto destinado a cada alumno. Los costes del personal de la biblioteca se pueden incluir dentro de la financiación de la biblioteca o contabilizarse como personal en general. Los proyectos especiales requieren una financiación aparte. Estaría bien escribir informes sobre la utilización del presupuesto y clarificar si la cantidad de dinero gastado en la biblioteca ha sido suficiente para cubrir los objetivos. Vale la pena justificar el aumento de soporte económico recordando que:

- Un buen funcionamiento de la biblioteca revierte en los éxitos académicos.
- Los alumnos con mejores notas en los exámenes oficiales suelen venir de escuelas con personal bibliotecario y más libros, revistas y materiales de vídeo, sin tener en cuenta otros factores.

Situación y espacio

Consideraciones que hay que tener presentes.

- Localización central, en la planta baja si es posible.
- Accesibilidad y proximidad, cerca de las aulas.
- Polución acústica, sectores o rincones de la biblioteca libres de ruidos externos.
- Luz suficiente y apropiada.
- Temperatura adecuada.
- Sin barreras arquitectónicas.
- Medida suficiente para alojar los materiales de lectura, áreas de estudio, de lectura, espacio para los ordenadores, áreas de exposición.
- Área de estudio y de búsqueda con catálogos, ordenadores conectados, mesas de estudio e investigación, materiales de referencia y colecciones básicas.
- Área de lectura informal.
- Espacio para trabajar en grupo.
- Espacio de oficina para procesar los materiales de la biblioteca, guardar el equipamiento audiovisual, etc.

Los materiales de la colección

Una colección aceptable comprendería unos diez libros por estudiante. La escuela más pequeña debería contar como mínimo con 2500 ítems actualizados y relevantes para asegurar un stock nivelado para todas las edades, aptitudes y bagajes. El 60% del stock como mínimo debería estar relacionado con el currículum y con recursos de no ficción.

Además, una biblioteca debería adquirir materiales con finalidades lúdicas y de ocio, como novelas populares, música, juegos de ordenador, vídeos, revistas, pósters. Este tipo de materiales deben escogerse con la colaboración de los alumnos para asegurar que reflejan sus intereses.

Recursos electrónicos

Incluyen: acceso a internet, materiales de referencia, bases de datos, paquetes de software, cederrones y DVD.

Es importante escoger un sistema para catalogar la biblioteca aplicable para clasificar y catalogar los recursos según los estándares bibliográficos aceptados nacionalmente o internacionalmente. Eso facilitará su inclusión en redes más amplias. Alrededor del mundo las bibliotecas escolares se benefician del hecho de estar unidas/conectadas por un catálogo. Colaborar así puede hacer aumentar la eficiencia y la calidad de la tramitación de los libros y puede facilitar la combinación de recursos.

CAPÍTULO 3. EL PERSONAL

El personal de la biblioteca
La riqueza y la calidad de la biblioteca dependen del personal con quien se cuenta. Es importante contar con personal motivado y bien preparado. El término «personal» en este caso significa bibliotecarios y asistentes de bibliotecas. Además, puede haber personal de soporte como profesores, técnicos, padres y voluntarios. Los bibliotecarios escolares deberían estar preparados y calificados profesionalmente, con estudios adicionales de teoría educativa y metodologías de aprendizaje.

El papel del bibliotecario escolar
El bibliotecario tiene los conocimientos y las habilidades referentes a la provisión de información y es experto en la utilización de todos los recursos, tanto impresos como electrónicos. Además, debería liderar las campañas de lectura y la promoción de la literatura infantil.

El soporte de la escuela es esencial si la biblioteca debe llevar a cabo actividades interdisciplinares. El bibliotecario debe ser aceptado como un miembro más del colectivo, debe tener el derecho de participar en las reuniones y de trabajar en equipo como jefe del departamento de biblioteca.

Cooperación entre los maestros y el bibliotecario escolar
La cooperación entre el profesorado y el bibliotecario es esencial para optimizar el potencial del servicio.

Maestros y bibliotecarios trabajan juntos para conseguir:
- Desarrollar, instruir y evaluar el proceso educativo.
- Desarrollar y evaluar las habilidades informativas de los alumnos y su aprendizaje.
- Desarrollar unidades de programación.
- Integrar la tecnología informativa en el currículum.
- Informar a los padres de la importancia de la biblioteca escolar.

Los deberes del bibliotecario escolar
Se espera que el bibliotecario haga lo siguiente:
- Analizar los recursos y las necesidades informativas de la comunidad escolar.
- Desarrollar políticas y sistemas de adquisición de recursos bibliotecarios.
- Catalogar y clasificar el material.
- Instruir en la utilización de la biblioteca.
- Instruir en las habilidades informativas.
- Ayudar a los alumnos y profesores en la utilización de los recursos y de la tecnología.

- Responder demandas informativas y de referencias utilizando los materiales adecuados.
- Promover acontecimientos culturales y programas de lectura.
- Participar en la planificación de actividades relacionadas con la concreción del currículum.
- Participar en la preparación, realización y evaluación de actividades de aprendizaje.
- Promover la evaluación de los servicios bibliotecarios como parte del sistema general de evaluación de la escuela.
- Tener vínculos con organizaciones externas.
- Preparar y gestionar los presupuestos.
- Diseñar planes estratégicos.

17. ANDIÓN, Patxi. Fragmento de *El maestro*, canción incluida en su disco *A donde el agua*, de la discográfica Philips, que data del año 1973.

Agradecimientos

Quiero dar las gracias a Glòria Bordons por haberme acompañado con su discreta presencia y por sus aportaciones oportunas para la gestación de este trabajo. El capítulo «Amar la poesía» va dedicado a ella, y también a Mercè Segarra y Patrici Batalla, compañeros maestros de la escuela El Puig d'Esparreguera.

Hay un escrito paralelo al que tenéis en las manos; de hecho, fue como la última novela de Harry Potter respecto a un cuento de Augusto Monterroso –*Cuando despertó, el dinosaurio todavía estaba allí*–, pero no está hecho con letras y signos ortográficos. Podríamos decir que diversas circunstancias (tiempo, limitaciones personales) me impiden haceros llegar todas las conversaciones, dudas compartidas y enseñanzas que he recibido de muchas personas. He aprendido de todas ellas. De las más cercanas y cotidianas, es decir, de los compañeros y las compañeras de la escuela Sant Josep-El Pi, y de las ocasionales, con las que me he cruzado en Calahorra, Orihuela, Avalón o Ushuaia, por ejemplo, en jornadas de lectoescritura, conferencias sobre literatura infantil o intercambios de experiencias bibliotecarias. Personas sabias que han enriquecido mi vida con su presencia, como Ana López, maestra del CEIP Diego Velázquez de Fuenlabrada; Aitor Zenarruzabeitia, que me hizo ver la relación estructurante entre la lectura y la música; Benito Olleros, maestro del Centro de Profesores de Logroño; o Sílvia Gràcia, compañera de escuelas de verano y aperitivos literarios.

A Maria Dolors Rius, la persona que –con el permiso de Noam Chomsky– divulga mejor que nadie los conocimientos de psicolingüística generativa.

A Dolors Nadal, la maestra más profesional que he conocido, por haberse leído y por haber compartido buena parte de las experiencias que hemos comentado. Ella es, al igual que el señor Hunterg, el profesor de la película *El club de los emperadores* (Michael Hoffman, 2002), uno de los pilares de la estructura más íntima de la escuela porque pasa a ser la fuerza impulsora de la energía que acompaña a su grupo.

A las personas que, con pasión, han compartido lecturas infantiles y juveniles los jueves por la tarde en los encuentros del grupo de trabajo de la Asociación de Maestros Rosa Sensat: Josep-Francesc Delgado, Isabel Batlló, Magalí Serra, Sílvia Soler, Pilar Ferriz, Montse Pujol, Amália Ramoneda, Maria Guarro, Josette Morant, Rosa Cano, Eva M. Cantón, Àngels Sánchez, Felisa Balsera y Verònica Cano.

A Pau Raga por la atención con que ha tratado siempre mis rudimentarias demandas bibliográficas.

A los amigos y a las amigas de L'Hospitalet con quienes he conversado sobre los aspectos más nobles y sobre los más liliputienses en las tertulias de la «Sopa de letras»: Nelly Peydró, Anna Riera, José Luis de Blas, Núria Vila, Montserrat Solana, Carles Ferrer y Laura.

Biotzez eskerrik asko Herminio Apariciori, Alfonso Santamariari eta Bizkaiko Acex programaren eskoleetako lankidei bere liburutegietako ateak zabaltzeko.

[Gracias también a Herminio Aparicio, Alfonso Santamaría y a los compañeros y compañeras de las escuelas del programa ACEX de Vizcaya por abrirme las puertas de sus bibliotecas.]

A las compañeras maestras de L'Hospitalet que colaboraron en los opúsculos de los cuentos editados por el Casalet (Asociación de maestros de L'Hospitalet) durante los años 1990, 1991 y 1992. Algunas de las ideas que expresamos en el capítulo dedicado a las fiestas populares son compartidas. Gracias a Simona Barber, Gemma Bas, Pilar Blasi, Cristina Carreras, Lídia Esteban y Montserrat García.

Otro agradecimiento a Ignasi y a Anna Delclós por las horas dedicadas desinteresadamente a la lectura y traducción del inglés de la guía de usuarios de la IFLA. Me consta que han sido horas «robadas» a asuntos más emocionantes.

A Ferran porque –él aún no lo sabe– algún día será un buen maestro. Él es como Mitch Albom, el alumno de Morrie satisfecho de ofrecer a los demás todo lo que puede dar, y no me refiero a dinero. Me refiero a su tiempo, a su interés y a su capacidad por infundir entusiasmo a cuantos le rodean.

A Conxa Planas y a Marta Martínez por el afán mostrado en la corrección lingüística de todos y cada uno de los capítulos. Los errores –los que hay– son responsabilidad exclusivamente mía.

A Pedro Sáenz por enseñarme la canción de Patxi Andión *El maestro*.

A Neus Juvillà por su colaboración en la organización de las actividades de *La liga de los libros*.

A todas y a todos los que menciono en algún capítulo del presente trabajo.

A los alumnos de la escuela Sant Josep-El Pi de L'Hospitalet, a los actuales y los de antes, porque como destinatarios principales han retornado siempre su agradecimiento y han mostrado una alegría contagiosa que nos ha impulsado a intentar mejorar día a día, paso a paso.

Un agradecimiento muy especial a Maribel Santana por su comprensión, por su cariño y por mostrarme la cita de Zoé Valdés del libro *El pie de mi padre*, en el que la protagonista explica que ... «había presentado un proyecto poético –sí, aún existen sitios donde los proyectos pueden ser poéticos– en La Rochelle, y había ganado una beca de seis meses, billete de avión y estancia...»

A todas y a todos, gracias. Y a ti, también.

Bibliografía

AA.DD. *La nova biblioteca escolar*. Barcelona: Rosa Sensat/Edicions 62, 1999.

CARRERAS, Concepció; MARTÍNEZ, Concepció; ROVIRA, Teresa. *Organització d'una biblioteca escolar, popular o infantil*. Barcelona: Rosa Sensat/Edicions 62, 1985.

BARÓ, Mónica; MAÑA, Teresa. *Formar-se per informar-se: propostes per a la integració de la biblioteca a l'escola*. Barcelona: Rosa Sensat/Edicions 62, 1994. (Rosa Sensat. Didactiques; 41)

COLOMER, Teresa. *La formación del lector literario. Narrativa infantil y juvenil actual*. Madrid: Fundación Germán Sánchez Ruipérez, 1998. (El árbol de la memoria)

CORONAS, Mariano. *La biblioteca escolar: un espacio para leer, escribir y aprender*. Navarra: Gobierno de Navarra, Departamento de Educación y Cultura, 2000. (Blitz, ratón de biblioteca. Serie verde; 1)

DURAN, Teresa; ROS, Roser. *Primeres literatures. Llegir abans de saber llegir*. Barcelona: Pirene, 1995. (Deixeu-los llegir)

EQUIPO PEONZA. *El rumor de la lectura*. Madrid: Anaya, 2001.

GAMARRA, Pierre. *Llegir: per que? El llibre i l'infant*. Barcelona: Pirene, 1987. (Deixeu-los llegir)

HÜRLIMANN, Bettina. *Tres siglos de literatura infantil europea*. Barcelona: Juventud, 1982.

JEAN, Georges. *El poder de los cuentos*. Barcelona: Pirene, 1998.

La biblioteca escolar: un derecho irrenunciable. Kepa Osoro (coord.). Madrid: Asociación Española de Amigos del Libro Infantil y Juvenil, 1998.

La nova biblioteca escolar. Assumpció Lissón (coord.); Concepció Martínez (coord.). Barcelona: Edicions 62, 1999. (Llibres a l'abast. Serie Rosa Sensat; 342)

LLADÓ, Cecilia; SOLÉ, Silvia. *Projecte marc per a la biblioteca mediateca escolar*. Barcelona: Rosa Sensat/Federació de Moviments de Renovació Pedagògica de Catalunya, 1997. (Per una immensa minoria)

MORENO, Víctor. *El deseo de leer. Propuestas creativas para despertar el gusto por la lectura*. Navarra: Pamiela, 1993.
PASSATORE, Franco y otros. *Yo soy el árbol (tú el caballo)*. Barcelona: Reforma de la escuela, 1984. (Pedagogía; 9)
PATTE, Genevieve. *¡Dejadles leer! Los niños y las bibliotecas*. Barcelona: Pirene, 1988. (Dejadles leer; 1)
PENNAC, Daniel. *Como una novela*. Barcelona: Anagrama, 1993. (Argumentos; 137)